本书研究及出版获得以下基金项目资助：国家自然科学基金项目（71703163、71774165、71622014、41771564）、北京市自然科学基金项目（9174037、9192012）、中国人民大学科学研究基金项目（17XNS001），中国人民大学科学研究基金（中央高校基本科研业务费专项资金资助）项目（11XNL004）

中国家庭能源消费研究报告

郑新业 魏楚 主编

能源消费转型背景下的家庭取暖散煤治理评估

谢伦裕 魏楚 张晓兵等 著

科学出版社
北京

内 容 简 介

能源消费向绿色清洁高效转型是我国实现发展与环境的友好和谐,实现可持续发展的重要途径。京津冀地区作为空气污染重灾区,各级政府自2013年起推出多项散煤治理措施,旨在通过"煤改电""煤改气""优质燃煤替代"等措施减少散煤消费。为实现散煤治理措施的有效实施和推广,政策制定者需全面了解家庭散煤使用情况并对现有政策的实施效果进行精确评估。因此,本报告对家庭散煤治理政策进行了梳理,对其推行情况以及推行效果进行了描述和分析,对散煤治理政策的环境收益和成本,对能源贫困和能源不平等的影响进行了量化研究,旨在识别效率与平等兼顾的散煤治理措施及其作用途径,为散煤治理政策的改善和推广提供坚实的理论基础和实证依据。

本书可供相关政府部门决策者和相关领域研究人员参考,也可供高等院校相关专业师生及普通读者阅读。

图书在版编目(CIP)数据

能源消费转型背景下的家庭取暖散煤治理评估/谢伦裕等著. —北京:科学出版社,2020.1

(中国家庭能源消费研究报告)

ISBN 978-7-03-062981-4

Ⅰ.①中… Ⅱ.①谢… Ⅲ.①家庭消费–能源消费–研究报告–中国 Ⅳ.①F426.2

中国版本图书馆 CIP 数据核字(2019)第 244196 号

责任编辑:林 剑/责任校对:樊雅琼
责任印制:吴兆东/封面设计:无极书装

科学出版社 出版

北京东黄城根北街16号
邮政编码:100717
http://www.sciencep.com

北京厚诚则铭印刷科技有限公司 印刷
科学出版社发行 各地新华书店经销

*

2020年1月第 一 版 开本:720×1000 1/16
2021年1月第二次印刷 印张:13 1/4
字数:270 000

定价:148.00 元
(如有印装质量问题,我社负责调换)

《中国家庭能源消费研究报告》
编委会

主　编　郑新业　　魏　楚
副主编　谢伦裕　　宋　枫
委　员　(以姓名拼音为序)
　　　　安子栋　　陈占明　　黄　滢　　秦　萍
　　　　夏晓华　　虞义华　　张晓兵　　郑　瑾

《能源消费转型背景下的家庭取暖散煤治理评估》撰写委员会

谢伦裕　　魏　楚　　张晓兵

常亦欣　　夏晓华　　陈占明

黄　滢　　虞义华　　秦　萍

前　言

中国人民大学能源经济系自2013年展开了全国性的家庭能源消费调查问卷（Chinese residential energy consumption survey，CRECS）。通过入户问卷，收集居民上一年度的家庭基本情况、能源消费品种、能源消费支出等。第一次、第二次、第三次的家庭能源调查已经形成了向社会公开的家庭能源消费数据库，《中国家庭能源消费研究》双语系列报告（中文版由科学出版社出版，英文版由Springer出版社出版），以及多篇学术论文（发表于 Nature-Energy，Energy Policy，China Economic Review 等学术期刊上），引起了包括决策者、研究者和社会公众的广泛关注。

以散煤治理为主题的家庭能源消费调查于2017年夏季正式实施。这次调查主要针对北京市和河北省散煤治理措施推行情况。本报告以调查问卷数据为基础，对家庭散煤治理政策及其推行情况和效果进行了汇总分析，对散煤治理政策的环境收益和成本，对能源贫困和能源不平等的影响进行了量化研究。

本次入户调查是多方共同努力、共同合作的结果：中国人民大学能源经济系牵头，负责整个问卷设计、调查员培训、数据回访与校对、研究报告写作等工作；中国人民大学调查与数据中心负责样本抽样等前期工作；中国人民大学校团委负责调查访员招募与过程管理等工作。

中国人民大学国家发展与战略研究院为前期调研提供了部分资助，国家自然科学基金、北京市自然科学基金、中国人民大学科学研究基金项目为本调研及本书的研究和出版提供了资助，在此表示衷心感谢。

此外，在报告写作阶段，还得到了国务院发展研究中心洪涛主任、中国社会科学院朱彤教授、中国农村能源行业协会任彦波秘书长、北京师范大学张力小教授、清华大学鲁玺教授、清华大学胡珊教授等对报告初稿提出的大量宝贵意见；中国人民大学能源经济系的同学们也为此问卷成功实施和报告的撰写承担了大量高效的助理研究工作，在此一并表示感谢。

本报告分为五篇十二章：第一篇为研究背景与中国家庭散煤消费现状介绍，包括中国家庭散煤治理政策背景、家庭散煤消费现状及对家庭散煤治理政策的概述；第二篇为调研与数据分析，包括问卷与实施情况介绍及调研数据统计分析；第三篇为政策的实施及效果分析，包括政策试点的空间选择分析、政策推行方式梳理、政策实施情况和效果评估及政策的环境收益和成本分析；第四篇为政策的影响分析，包括政策对能源贫困和能源消费不平等的影响分析；第五篇为结论与建议，包括总结研究发现、提炼家庭散煤治理的难点及提供政策建议和展望。

本报告写作中，各位作者对书稿写作、修改和完善作大量工作。各章节的主要贡献者分别如下：

第一章：夏晓华、常亦欣

第二章：常亦欣、钮碧莲

第三章：张力、吴宛忆

第四章：常亦欣

第五章：常亦欣、相晨曦、陈占明、朱梦舒

第六章：魏楚、朱蓓

第七章：谢伦裕、常亦欣、王漫玉、周鸥泛、费吟昕、朱梦舒

第八章：谢伦裕、常亦欣、王漫玉、周鸥泛

第九章：谢伦裕、吴宛忆、冯紫茹

第十章：谢伦裕、胡弦

第十一章：张晓兵、费吟昕

第十二章：谢伦裕、郑新业、魏楚

全文统稿校稿：沈子玥、常亦欣

由于作者能力有限，本报告难免存在不足，恳请专家和读者批评指正。

本报告编写组

2019 年 6 月

目 录

前言

第一篇 研究背景与现状

第一章 中国家庭散煤治理政策背景 ················ 3
第一节 中国家庭能源消费结构变迁 ················ 3
第二节 我国北方地区取暖能源结构 ················ 7
第三节 取暖散煤散烧的环境问题 ················ 8

第二章 家庭散煤消费现状 ················ 12
第一节 特征与内涵 ················ 12
第二节 规模与分布 ················ 13
第三节 排放与危害 ················ 17

第三章 家庭散煤治理政策概述 ················ 21
第一节 煤改电 ················ 23
第二节 煤改气 ················ 28
第三节 优质燃煤替代 ················ 31
第四节 其他 ················ 35

第二篇 调研与数据

第四章 问卷与实施 ················ 41
第一节 全国问卷 ················ 41
第二节 北京问卷 ················ 42
第三节 河北问卷 ················ 44

第五章 调研数据统计分析 ················ 46
第一节 家庭特征 ················ 46
第二节 住房情况 ················ 51
第三节 取暖家庭散煤消费特征 ················ 55

第四节　炊事家庭散煤消费特征 ································ 66

第三篇　政策的实施及效果分析

第六章　散煤治理政策试点的空间选择 ································ 75
　　第一节　政策发展概述 ································ 75
　　第二节　数据与描述性分析 ································ 77
　　第三节　实证分析 ································ 82
　　第四节　结论与建议 ································ 85
第七章　散煤治理政策推行方式 ································ 87
　　第一节　补贴 ································ 87
　　第二节　禁煤 ································ 95
第八章　散煤治理政策的实施情况和效果 ································ 98
　　第一节　政策实施情况 ································ 98
　　第二节　取暖能源结构变化 ································ 104
　　第三节　取暖支出 ································ 108
　　第四节　主观感受变化 ································ 114
　　第五节　政策实施效果和居民主观感受异质性分析 ································ 125
第九章　散煤治理政策的环境收益—成本分析 ································ 131
　　第一节　核算内容和方法 ································ 131
　　第二节　煤改电成本—收益核算 ································ 138
　　第三节　煤改气成本—收益核算 ································ 141
　　第四节　优质燃煤替代成本—收益核算 ································ 143
　　第五节　成本—收益核算综合对比分析 ································ 146

第四篇　政策的影响分析

第十章　散煤治理政策对能源贫困的影响 ································ 155
　　第一节　能源贫困概述 ································ 155
　　第二节　能源贫困的衡量方法 ································ 157
　　第三节　实证分析 ································ 160
　　第四节　结论 ································ 166
第十一章　散煤治理政策对能源消费不平等的影响 ································ 168
　　第一节　能源不平等概述 ································ 168

  第二节　能源消费不平等的度量方法 …………………………………… 170
  第三节　实证分析 ……………………………………………………… 171
  第四节　结论 …………………………………………………………… 180

第五篇　结论与建议

第十二章　结论与建议 ………………………………………………………… 183
  第一节　主要研究发现 ………………………………………………… 183
  第二节　家庭散煤治理的难点与对策 ………………………………… 185
参考文献 ………………………………………………………………………… 189

第一篇

研究背景与现状

第一章 中国家庭散煤治理政策背景

近几十年来，我国家庭能源消费结构持续优化，但是，在我国家庭能源消费结构中，煤炭所占比例仍然较高，存在着较大的优化空间。就取暖散煤而言，我国北方农村地区普遍使用分户式散煤取暖，产生了严重的环境问题。在我国能源结构不断优化的趋势下，以及政府和民众愈发重视环保问题的大背景下，我国采取了家庭取暖散煤治理政策，旨在引导农村居民取暖用能向清洁化方向发展，以改善大气环境质量，打赢蓝天保卫战。

第一节 中国家庭能源消费结构变迁

随着我国经济水平持续提高，以及城市化和消费升级、电源和电网建设加快、家用电器普及、非化石能源投入增加等，我国家庭能源消费结构不断升级优化。如图 1-1 所示，煤炭在居民生活能源的使用中呈现出明显的下降趋势，1986 年，我国居民煤炭的生活用能量为 148 千克/人，自 1990 年，煤炭用量开始减少，截至 2016 年，煤炭的人均生活用能量仅为 1986 年的 46%。与煤炭相比，对环境污染程度较低的电力、液化石油气、天然气等清洁能源的人均生活用能量持续上升。截至 2016 年，电力、液化石油气和天然气等清洁能源的人均生活用能量分别为 30 年前的 26.29 倍、29.97 倍和 45.13 倍。另外，如图 1-2 所示，我国农村和城镇居民人均生活用能量的差距也在不断缩小。1980 年，城镇居民人均生活用能量是农村居民的 5.53 倍，截至 2016 年，农村居民的生活用能量与城镇居民基本持平。

虽然我国清洁能源的消费占比逐年提高，但是与发达国家相比，我国家庭在清洁能源的使用上占比仍然较低，生活用能依然大量依靠煤和生物质能。大部分发达国家在石油时代之前都经历了以煤为主要能源的时期，但从 20 世纪 50 年代开始，发达国家通过能源国际化实现"降煤增油增气"、大幅提升能源使用效率，同时加大核能、可再生能源等非化石能源的研发力度，煤炭占全球（除中国外）一次能源消费比例从 1925 年的 70% 下降到 1965 年的 36%，随后又经过了近 50 年的时间，下降到 2013 年的 19%，从而有效控制了传统污染物和温室气体排放（李俊峰和柴麒敏，2016）。图 1-3 分析了 2015 年人均能源消费排名前 14

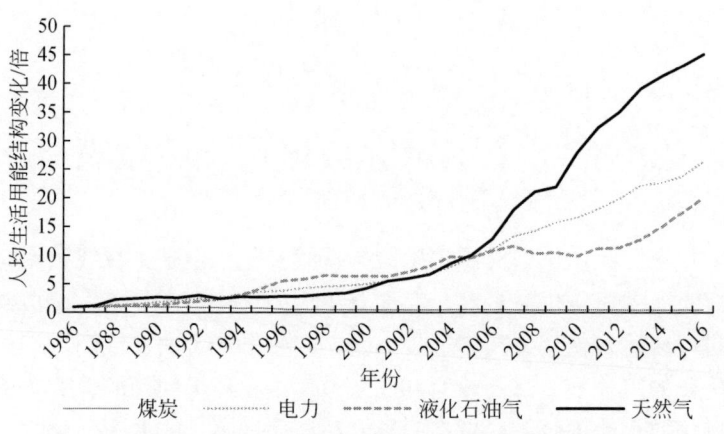

图 1-1　1986~2016 年我国居民人均生活用能走势（1986=1）
以 1986 年为基准，用能为其倍数

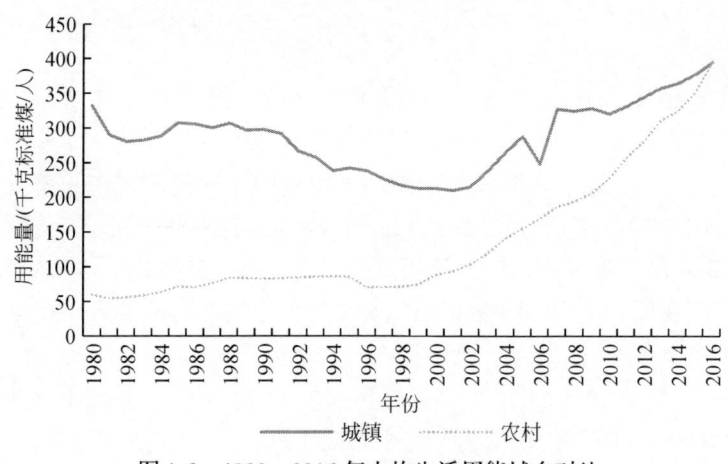

图 1-2　1980~2016 年人均生活用能城乡对比

的国家清洁燃料获取人口所占比例。数据显示，低收入国家、中等收入国家、高收入国家平均清洁燃料获取比例分别为 13%、57% 和 73%，2015 年中国这一比例为 58%，仅高出中等收入国家 1%。南美地区是全世界最早发展新能源工业的国家，经过近半个世纪的发展，南美新能源与普通老百姓的生活相关度极高，巴西的乘用汽车中，94% 是乙醇汽车。图 1-4 对比了中国、美国、印度家庭能源结构，如图所示，美国家庭早在 20 世纪 80 年代煤炭在家庭中的使用就几乎完全被取代，如今美国家庭用能以电能与天然气为主。与印度相比，中国家庭的生物质能消费较低，但煤炭消费量远高于印度。

在应对气候变化和推动低碳发展的大背景下，国际能源体系正在经历深刻变

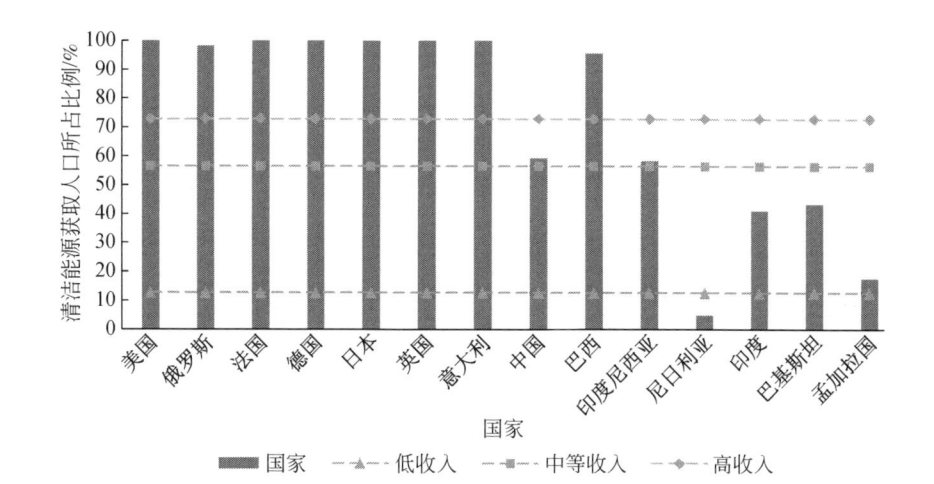

图 1-3　人均能源消费前 14 位国家的清洁能源获取人口所占比例

数据来源：Sustainable Energy for All（SE4ALL）database from WHO Global Household Energy database

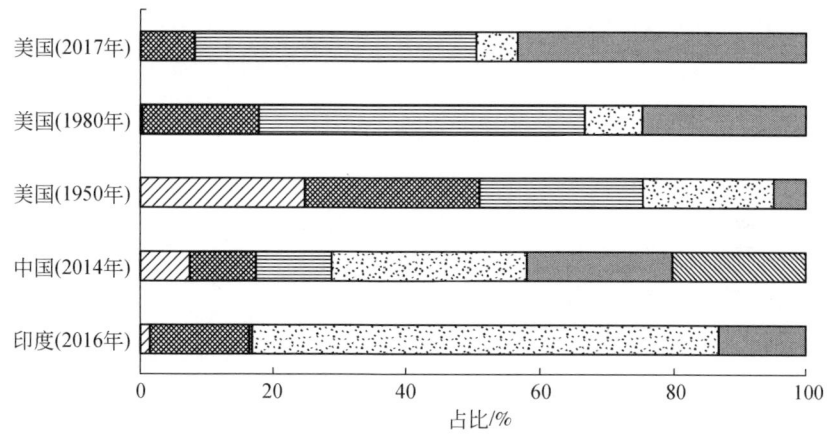

图 1-4　中美印家庭能源结构对比

数据来源：中国数据来自《中国家庭能源消费调查报告 2016》；美国数据来自 U. S. Energy Information Administration；印度数据来自 International Energy Agency

革，能源转型乃是大势所趋。2009 年以来，全球淘汰化石能源的步伐不断加快。2009 年 9 月，20 国集团（G20）匹兹堡峰会各国领导人同意逐步淘汰和退出化石燃料补贴，提出最终停止 3000 亿美元的全球化石燃料补贴。2013 年，世界银行宣布大幅限制向燃煤电厂项目提供的贷款。2015 年 6 月，德国巴伐利亚州 G7 峰会，各成员国同意在 21 世纪末完成全球经济"去碳化"，要求各国能源部门在

2050年实现低碳转型。能源结构转型有助于改善环境质量、应对气候变化,以及培育新动能、新增长点,实现经济社会的可持续发展。当前,我国家庭能源消费结构仍有很大的优化空间。为缓解能源结构对环境和资源造成的压力,国家出台了一系列政策(表1-1),大力发展清洁能源,优化能源结构。可以看出,未来我国能源政策将坚持以环境保护为导向,继续优化能源消费结构。

表1-1 我国能源转型相关政策及规划目标

时间	发布单位	文件	内容
2018年10月	国家发展和改革委员会 国家能源局	《清洁能源消纳行动计划(2018—2020年)》	到2020年,基本解决清洁能源消纳问题
2018年2月	国家能源局	《2018年能源工作指导意见》	坚持绿色低碳的战略方向,加快优化能源结构,壮大清洁能源产业,稳步推进可再生能源规模化发展,安全高效发展核电,推进化石能源清洁高效开发利用,提高天然气供应保障能力
2017年6月	国家发展和改革委员会等	《加快推进天然气利用的意见》	到2020年,天然气在一次能源消费结构中的占比力争达到10%左右。到2030年,力争将天然气在一次能源消费中的占比提高到15%左右
2016年12月	国家能源局	《能源发展"十三五"规划》	到2020年,能源消费总量控制在50亿吨标准煤以内,煤炭消费总量控制在41亿吨以内,非化石能源消费比重提高到15%以上,天然气消费比例力争达10%,煤炭消费比例降低到58%以下
2016年3月	国家能源局	《关于建立可再生能源开发利用目标引导制度的指导意见》	到2020年,我国非水电可再生能源电力的消纳比例要达到9%以上。预计"十三五"期间,风电装机量有望超过120GW规模
2016年3月	中国能源研究会	《中国能源展望2030》	到2030年光伏、风电装机分别再增加200GW的中期目标,可再生能源发电规模将持续扩大
2015年4月	国家能源局	《煤炭清洁高效利用行动计划(2015—2020年)》	到2020年,淘汰落后燃煤锅炉60万蒸吨,基本完成天然气、热电联供、洁净优质煤炭产品等替代

续表

时间	发布单位	文件	内容
2014年11月	国务院	《能源发展战略行动计划（2014—2020年)》	到2020年，水电、风电和光伏的装机目标分别是3.5亿千瓦、2亿千瓦和1亿千瓦
2014年11月	国家发展和改革委员会	《国家应对气候变化规划（2014—2020年)》	2020年天然气消费量在一次能源消费中的比例达到10%以上，利用量达到3600亿立方米
2014年11月	中国政府 美国政府	《中美气候变化联合声明》	中国计划2030年左右二氧化碳排放达到峰值且将努力早日达峰，并计划到2030年非化石能源占一次能源消费比重提高到20%左右
2014年9月	国家能源局	《煤电节能减排升级与改造行动计划（2014－2020年)》	到2020年，力争使煤炭占一次能源消费比例下降到62%以内，在此基础上电煤占煤炭消费比例提高到60%以上

第二节　我国北方地区取暖能源结构

虽然我国能源结构不断优化，但是煤炭占能源消费总量的比例仍然较高，尤其是家庭能源消费中，散煤散烧在家庭取暖能源方面占到很大的比例。2010年前，北方农村冬季取暖以做饭炉具散热为主，采用专用供暖设施的家庭相对较少，用煤普遍在1吨左右。近年来，随着农民生活水平提高，供暖需求逐年增加，不少家庭安装了取暖专用小型燃煤锅炉，并采用散热片或地暖形式为房屋取暖，取暖季用煤量大幅增加，普遍达2~3吨。根据《北方地区冬季清洁取暖规划（2017—2021年)》，我国北方地区取暖使用能源以燃煤为主，燃煤取暖面积约占北方地区总取暖面积的83%，天然气、电、地热能、生物质能、太阳能、工业余热等合计约占17%，取暖用煤年消耗量约为4亿吨标准煤，其中散烧煤（含低效小锅炉用煤）约2亿吨标准煤，主要分布在北方农村地区。根据《中国散煤治理综合调研报告2017》，我国民用散煤消费总量约为2.34亿吨标准煤，占散煤消费总量的31%，是散煤的重要来源。民用散煤主要分布于广大的农村地区，农村散煤消费量约占民用散煤消费总量的94%。农村散煤中，炊事及热水用煤约为0.2亿吨标准煤，采暖用煤约为2亿吨标准煤，约占民用散煤消费总量的91%，占散煤消费总量的27%。根据《中国家庭能源消费报告2016》，分户式自供暖的主要燃料为薪柴和煤，其中29.73%的家庭自供暖设备使用薪柴，

51.05%的家庭自供暖设备使用煤，使用电力、天然气等清洁能源取暖的家庭仅有1.6%和3.5%（图1-5）。

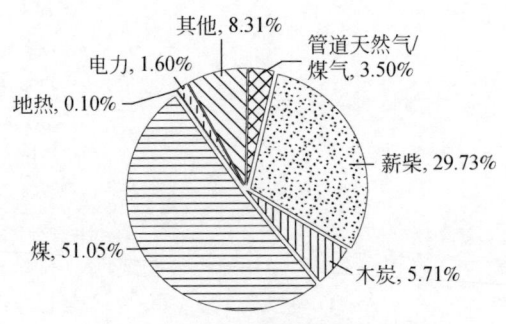

图1-5 分户自供暖使用燃料分布

数据来源：郑新业等，2017

北方清洁能源利用面临三大问题：一是劣质散煤的直接使用和大量污染物排放。劣质散煤的低价格适应了农村地区较低的消费能力，但不利于提高农民用能水平和生活质量，也是京津冀大气污染物排放的重要源头。二是电力、天然气等清洁能源对农村的供应能力总体不高。农村电网和天然气管网等基础设施不完善，制约了可再生能源的开发利用和天然气的大规模使用。三是可再生能源的经济开发和高效利用低。农村散煤具有污染重、用量逐年增加、管控相对困难等特点，是大气污染治理的重要组成部分之一（宫昊等，2017）。以京津冀地区为例，该地区太阳能、风能、生物质能、地热等可再生资源丰富，但能量密度偏低、开发经济性较差、利用率总体不高。推进北方冬季清洁取暖，归根结底是解决劣质散煤替代的问题，这是解决一系列综合问题的重要突破口。

第三节 取暖散煤散烧的环境问题

以煤为主的能源结构，不仅造成我国 CO_2 排放总量"居高不下"，还引发了日益严峻的污染问题，由此，能源结构与人民生活福利水平密切相关。对北方冬季散煤采取强有力措施，是在源头上解决这些问题的重要举措。

（1）散煤散烧是导致我国能源消费碳排放量居高不下的一个重要原因

中国工程院院士杜祥琬在"2016绿色中国发展论坛"的演讲中给大家算了一笔账："在京津冀地区，单位平方公里每年消耗的煤炭是全球平均值的30倍。中国煤炭的消耗，有一半是用来发电的，剩下一半是直接燃烧的，我们每年的散烧煤有7亿~8亿吨，而一吨散烧煤燃烧产生的污染比电煤产生的污染要多5~

10倍。因此，中国现在是资源的价格低，污染的成本低，能源结构高碳很明显。"图1-6显示了部分国家（地区）单位GDP的CO_2的排放量，中国、印度等发展中国家的碳强度始终相对较高的位置，中国的碳强度2011年以后才逐渐从1.5千克降低到2014年的1.23千克，中高收入国家平均则低于1千克。美国人均GDP与人均碳排放相比于日本均处于较高水平，但其碳强度也低于0.5千克，日本则是各指标均处于较低水平，属于低碳型发达国家。2014年，中国的碳强度是日本的6倍、美国的4倍、世界平均水平的2.5倍，甚至是印度的1.2倍。

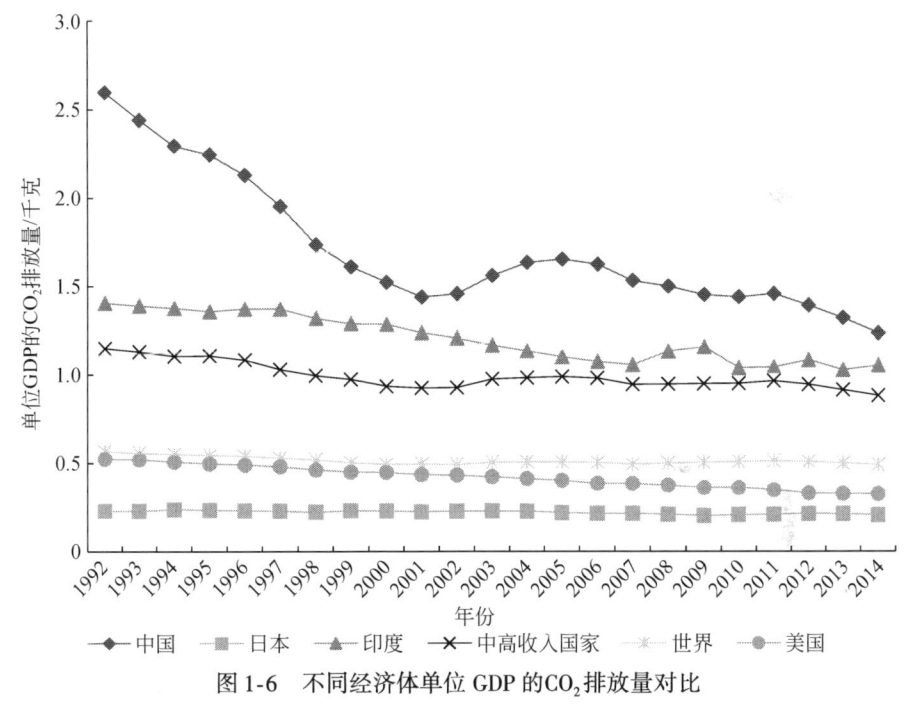

图1-6 不同经济体单位GDP的CO_2排放量对比

数据来源：https://serc.carleton.edu/resources/40906.html. World Bank, Carbon Dioxide Information Analysis Center

（2）散煤散烧引发了严峻的大气环境问题

随着国民经济的快速发展，能源消费的不断攀升，发达国家上百年工业化过程中分阶段出现的大气环境问题，在我国近二三十年内集中出现，以细颗粒物（$PM_{2.5}$）为特征污染物的区域性复合型污染日益显现，尤以北方地区为甚。多年来，国家对工业、交通等污染源的治理工作投入了大量的人力、物力和财力，对抑制污染物排放起到重要作用，但是2015年底的几次持续性重污染的出现表明，已有的措施还是远远不够，可能有其他的重要污染源被忽略，其中冬季散煤燃烧是一个很重要的因素（柴发合等，2016）。煤炭带来的环境问题是不可低估的，雾霾的一大诱因就是巨大的煤炭消费，世界上一半的煤炭在中国消耗，煤炭燃烧产生的二氧化硫、氮氧化物和烟尘排放分别占中国相应排放量的86%、56%和74%[①]。以北京为例，环境污染已经成为北京吸引跨国公司、国际组织和全球高端人才的一道鸿沟，严重阻碍了世界城市的建设步伐。根据图1-7，2017年，北京空气中$PM_{2.5}$、SO_2、NO_2、PM_{10}和CO的年平均浓度分别为$58\mu g/m^3$、$8\mu g/m^3$、$46\mu g/m^3$、$84\mu g/m^3$和$2.1mg/m^3$，除SO_2和CO达到国家标准外，$PM_{2.5}$、NO_2和PM_{10}分别是国家二级标准的1.66倍、1.15倍和1.2倍。根据《北京环境状况公报（2017）》，2017年北京空气质量达标天数为226天，占全年总天数的62%。在超标天数中，中度污染天数比例为27%，重度及以上污染天数比例为17%。据《2016年中国环境绿皮书》显示，在全国31个省会及直辖市城市空气质量排名中，北京位列第29位（即倒数第三位），公众通过微博参与大气颗粒物自测等行动，催生了一场"民间环保风暴"。

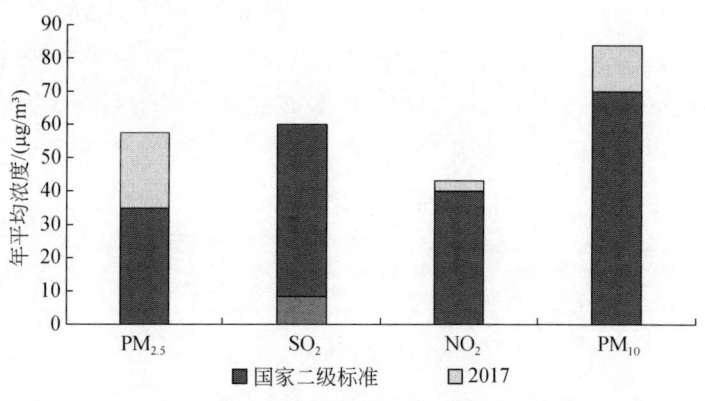

图1-7　2017年北京主要空气污染物达标情况
数据来源：北京环境状况公报（2017）

（3）散煤使用是我国北方地区冬季大气污染的重要来源

自2013年我国《大气污染防治行动计划》实施以来，各地狠抓大气污染治理，全国空气质量总体改善，京津冀、长三角、珠三角等重点区域改善明显，然而随着大气污染治理的深入，治理难度也逐渐加大，大气污染防治任务依然繁重。根据生态环境部的公开数据，我国雾霾天分布呈现明显的季节性特征，与其他季节相比，冬季重污染频发，空气质量相对较差（图1-8）。

---

① 数据来源：http://www.sxcoal.com/coal/3275622/articlenew.html.

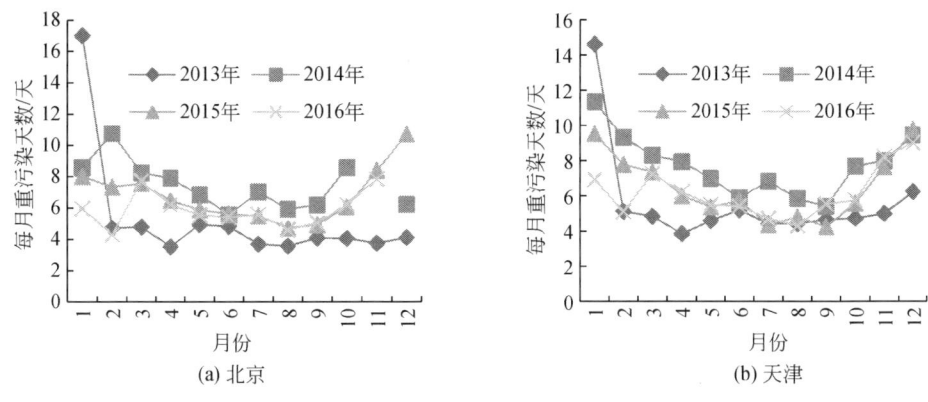

图 1-8 北京、天津空气质量变化趋势

(4) 解决散煤散烧、发展清洁能源与人民幸福息息相关

大量流行病学研究和毒理学研究证明，煤炭燃烧产生的污染物不仅会对呼吸系统、心血管系统和免疫系统造成损害，有些污染物还具有致癌和致突变作用。如图 1-9 所示，清洁燃料获取人口所占比例与人口寿命之间具有明显的正相关关系。相比于人口寿命，人类发展指数（HDI）能更全面地衡量福利水平。人类发展指数是由联合国开发计划署于 1990 年为替代传统的国民生产总值（GNP）指标而创立的综合指标，它按照人类预期寿命、教育水平、生活质量三个维度来衡量各成员国人类发展水平。根据魏楚等（2016）在《中国家庭能源消费报告》中的计算，非固体燃料（如电力、天然气等）获取人口所占比例与人类发展指数之间的相关系数为 0.76，两者呈现密切正相关性。

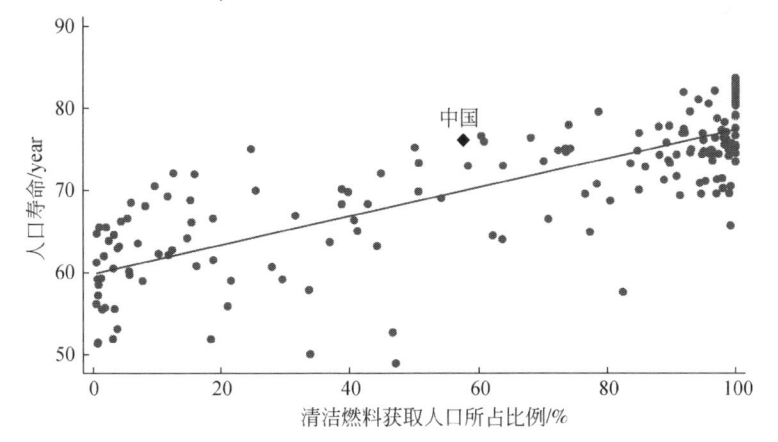

图 1-9 世界各国 2015 年清洁燃料获取人口所占比例与人口寿命关系散点图

数据来源：United Nations Development Programme. 2016. Human Development Report 2015. http://hdr.undp.org/en/content/human-development-report-2015-work-development

第二章 家庭散煤消费现状

第一节 特征与内涵

"散煤"通常指电力和工业集中燃煤以外的散烧煤,其消费主要集中于工业和民用两大领域。家庭散煤主要包括农村、城镇居民家中采暖、炊事、热水用煤;工业散煤主要用于工业领域的燃煤小锅炉、小窑炉。现阶段,各类相关政策性文件、相关学术文献对"散煤"概念及其内涵有着不同的表述,尚未形成统一的定义方式(表2-1)。

表2-1 相关政策性文件对"散煤"概念的表述

散煤定义	所在文件	提出时间	文件发行单位	相关内容
"散用"煤	《北京市2013—2017年清洁空气行动计划》	2013年9月	北京市人民政府	"推进城乡接合部和农村地区减煤换煤","2016年,基本实现农村地区炊事气化、无散用劣质煤,并大幅削减民用散煤使用量"
分散燃烧的、未经加工的原煤	《能源发展战略行动计划(2014—2020年)》	2014年6月	国务院办公厅	"加强进口煤炭质量监管。大幅减少煤炭分散直接燃烧,鼓励农村地区使用洁净煤和型煤","加快淘汰分散燃煤小锅炉,扩大城市无煤区范围,逐步由城市建成区扩展到近郊,大幅减少城市煤炭分散使用"
区别于洁净型煤的、未经洗选或加工的"劣质原煤"	《商品煤质量管理暂行办法》	2014年9月	六部委	"京津冀及周边地区、长三角、珠三角限制销售和使用灰分≥16%、硫分≥1的散煤"
与集中燃烧相对的、分散利用的燃煤	《煤炭清洁高效利用行动计划(2015—2020)》	2015年5月	中华人民共和国工业和信息化部	"发展热电联供、集中供热等供热方式,以天然气(煤层气)、电力等清洁燃料替代分散中小燃煤锅炉","加大民用散煤清洁化治理力度"

续表

散煤定义	所在文件	提出时间	文件发行单位	相关内容
分散式使用的动力用煤，也是民用煤的基本形式，并根据加工、洗选步骤分为"民用原煤"及"民用型煤"	《农村散煤燃烧污染综合治理技术指南（试行）》	2016年3月	中华人民共和国生态环境部	"民用煤：用于居民炊事、取暖等分散式使用的动力用煤，可分为民用原煤和民用型煤两类"，暂不具备清洁能源替代条件的地区应尽快使用优质无烟煤、洁净型煤、兰炭和民用焦炭替换劣质民用散煤"
"城中村、城乡接合部、农村地区"分散取暖所使用的燃煤	《京津冀及周边地区2017年大气污染防治工作方案》	2017年2月	中华人民共和国生态环境部	"将'2+26'城市列为北方地区冬季清洁取暖规划首批实施范围。全面加强城中村、城乡接合部和农村地区散煤治理"
煤质差、效率低、污染强度高的分散使用的散烧煤	《中国散煤综合治理调研报告（2017）》	2017年11月	中国煤控项目散煤治理课题组	"散煤是指电力和工业集中燃煤以外的、具备上述特征的散烧煤，涵盖工业、民用、农业生产、商用等领域"

由表 2-1 可以总结出业内普遍认可的关于"家庭散煤"这一概念的具体内涵和特征：①质量上，家庭散煤通常是未经严格加工、洗选的民用原煤，灰分和硫分都比较高，燃煤质量差，且污染强度更高。②使用上，散烧煤规模小、用量少，而家庭散煤则更为分散，通常以一家一户为单位；且散烧煤燃烧技术手段落后、燃烧炉具不节能，家庭散煤更甚，燃烧效率低。③管理、治理上，由于家庭散煤的燃烧使用是以家庭为单位，较之大型集中燃煤以企业或部门为单位，家庭散煤燃烧由其分散性和单位体量小，涉及人口和单位更多更广，治理起来难度更大，治理的成本也更高。

综上所述，我们认为狭义的家庭散煤是指：以家庭为单位分散使用的、劣质的传统家庭散煤；广义的家庭散煤则是指：以家庭为单位分散使用的家庭散煤，包括劣质的民用原煤和清洁化处理的民用型煤（包括优质无烟煤、洁净型煤、兰炭和民用焦炭等品种）。

第二节 规模与分布

根据《中国能源统计年鉴》，2016 年，我国家庭散煤消费量为 7655 万吨，其中，城镇家庭散煤消费量为 1788 万吨，占总消费量的 26.28%；农村家庭散煤消费量为 5867 万吨，占总消费量的 73.72%。河北省是我国散煤消费量最大的省份，年消费量达1530万吨。年消费量500万吨以上的用煤大省除河北外，还有贵州、新疆、湖北等省（自治区、直辖市）。根据《中国统计年鉴》（2017年）中分地区人口数量的数据，可计算出2017年各省（自治区、直辖市）家庭散煤人均用量。计算结果显示，全国人均散煤用量为0.055吨，其中城镇家庭人均用煤量为0.022吨，农村家庭人均用煤量为0.101吨。

分省来看，北京及其周边地区（河北、天津、山西、山东、内蒙古、辽宁）家庭散煤消费总量和人均用量普遍较大。其中，北京市用煤总量为241万吨，人均用煤量为0.111吨，在全国范围内属于较高水平，北京农村地区的人均用煤量更是高达0.508吨，远远高于全国大部分。与北京相邻的河北省无论是在居民用煤总量（1645万吨）还是人均消费量（0.220吨）上，都位居全国第一。山西省煤炭资源丰富，居民用煤总量（413万吨）和人均消费量（0.112吨）也均处于较高水平。同时，内蒙古（263万吨）、辽宁（212万吨）、山东（284万吨）的居民用煤总量也高于全国大多数省（自治区、直辖市）。以上五省二市中，只有天津市由于人口数量较少，居民用煤总量较少。2016年，以上五省二市家庭散煤消费量总计3132万吨，约占全国散煤消费总量的41%。

为对比不同区域家庭散煤的用煤差异，本书将我国各省（自治区、直辖市）划分为东北、华东、华北、华中、华南、西南、西北七个区域（表2-2）。从人均用煤量上看，西北地区用量最多，为0.126吨；华北、东北地区紧随其后，分别为0.118吨、0.083吨；华东、华南地区用量最少，均低于0.015吨。从用煤总量上看，华北地区用量最多，为2636万吨，远高于其他地区；其次为西南、西北地区，均超过1000万吨；华南地区用量最少，仅为55万吨（图2-1）。地区之间差异主要由以下几个原因所导致：①不同地区经济发展水平不同，华中、华东地区经济较为发达，居民有经济条件选择更加清洁、方便的供暖方式，如空调供暖、天然气供暖等。②不同地区气候条件不同，东北、西北、西南地区更加寒冷，有着更强烈的供暖需求。③不同区域人口密度不同，如西北地区地广人稀、人口数量较少，虽然人均用煤量较高，但是用煤总量远低于人口密集的华北地区。

表2-2　我国各省（自治区、直辖市）的地区划分

地区	省（自治区、直辖市）
东北	黑龙江、吉林、辽宁
华东	上海、江苏、浙江、安徽、福建、江西、山东
华北	北京、天津、山西、河北、内蒙古

续表

地区	省（自治区、直辖市）
华中	河南、湖北、湖南
华南	广东、广西、海南
西南	重庆、四川、贵州、云南、西藏
西北	陕西、甘肃、青海、宁夏、新疆

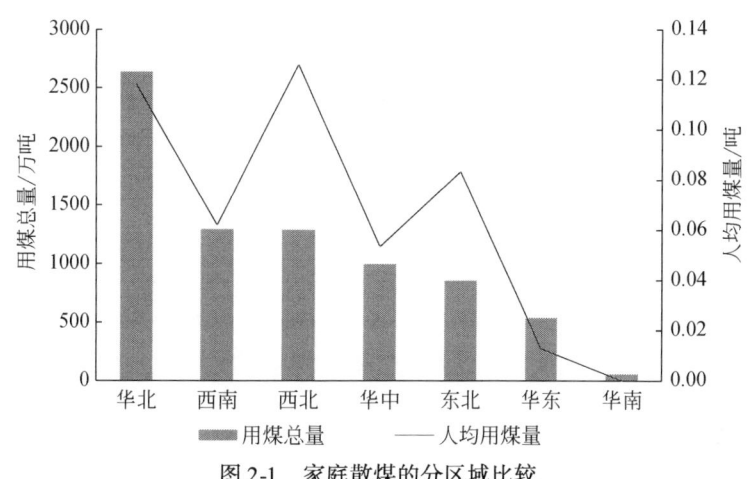

图 2-1　家庭散煤的分区域比较

由于我国幅员辽阔，地形复杂，各地气候相差悬殊，不同的气候条件的居民在供暖需求、燃料选择等方面的差异很大，因此本书参考《建筑气候区划标准》，将我国各省（自治区、直辖市）按照采暖需求划分为严寒、寒冷、夏热冬冷、温和、夏热冬暖等五类地区，考察不同气候条件下人均散煤消费量的差异。根据图 2-2，气候条件与人均散煤消费量有一定的相关性。总体来看，随着各省（自治区、直辖市）气温上升，供暖需求下降，家庭散煤人均消费量也随之降低。严寒地区的人均用煤量最大，为 0.12 吨；夏热冬暖地区的人均用煤量最小，仅为 0.003 吨。

由于生活方式等方面的不同，城镇家庭和农村家庭用煤情况也存在显著差异。如图 2-3 所示，全国范围内，农村家庭用煤量普遍高于城镇家庭用煤量。不同地区之间，农村家庭的用煤量差异也较大，农村用煤量最高的北京其农村家庭人均年用煤为 0.51 吨，而江苏、海南、重庆、西藏的农村家庭人均年用煤量接近于 0；城镇家庭的用煤量差异相对较小，城镇用煤量最高的黑龙江省其城镇家庭人均年用煤量也仅为 0.10 吨（图 2-3）。城乡用煤差异的原因在于：①燃煤

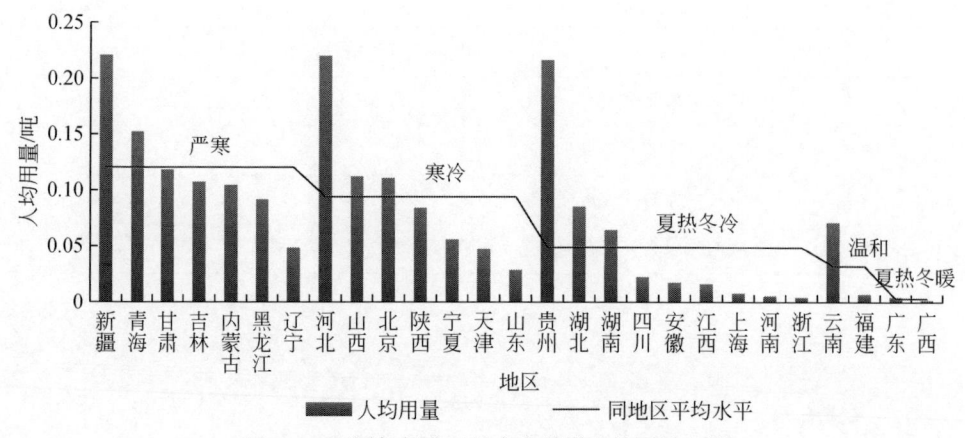

图 2-2　不同气候分区的家庭散煤人均用量比较

供暖是一种较为廉价的取暖方式,农村地区的收入水平较低,很多低收入家庭无法负担其他的供暖方式;而城镇地区的家庭更加愿意选择清洁、便捷的供暖方式,如天然气供暖、电力供暖等。②城镇的住宅分布相对集中,而农村的住宅分布相对分散。③城镇的公共基础设施建设更加完善,因此,城镇居民往往使用集中供暖,而农村居民中很大一部分采用包括燃煤在内的自供暖方式取暖。

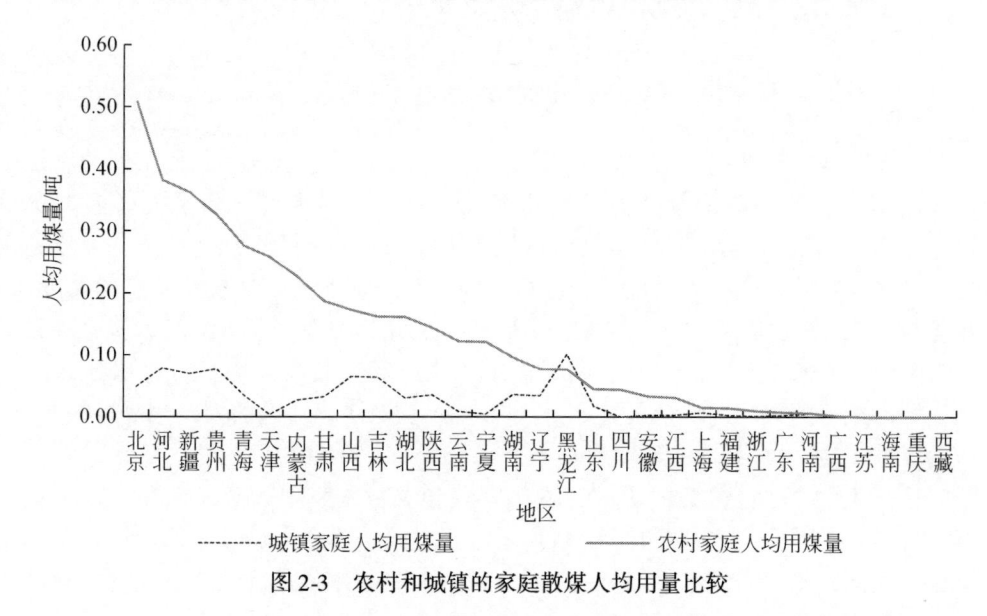

图 2-3　农村和城镇的家庭散煤人均用量比较

第三节 排放与危害

一、散煤燃烧污染物排放严重

煤燃烧的过程中会释放大量的污染物,包括颗粒物、二氧化硫(SO_2)、氮氧化物(NO_x)、挥发性有机物(VOCs)、一氧化碳(CO)、多环芳烃(PAHs)、多氯联苯(PCBs)、二噁英(PCDD/Fs)等。北京及其周边地区(河北、天津、山西、山东、内蒙古、辽宁)家庭散煤的消费规模较大,居民煤炭消费总量占到全国的50%。北京市环保局认为,2012~2013年$PM_{2.5}$来源中,区域传输贡献占28%~36%,本地污染排放贡献占64%~72%,特殊重污染过程中,区域传输贡献可达50%以上。在本地污染贡献中,燃煤、机动车、工业、扬尘为主要来源,仅燃煤就占到22.4%的排放比重(魏国强等,2016)。

与工业和发电用煤相比,散煤燃烧的环境影响更大。首先,家庭燃煤的设备主要是小锅炉,燃烧效率低,易发生不充分燃烧,产生的污染物无任何控制措施,直接通过烟囱排放,且高度较低。Eisenbud(1978)指出,根据大气物理学,大多数情况下,地面的污染物浓度与单位时间内污染物排放量成正比、与污染源距地面高度的平方成反比,假设其他情况不变,发电厂使用的大型工业烟囱(1000英尺①)地面污染物排放量仅为家用烟囱(100英尺)的1%。其次,由于家庭散煤的渠道来源不一,很多来自非正规渠道,质量没有保证,经常出现劣质煤、高硫煤等。以北京为例,2014年北京市电力行业煤炭消耗量为714万吨,SO_2、NO_x、PM_{10}和$PM_{2.5}$排放量分别为0.8万吨、1.8万吨、0.4万吨和0.3万吨;民用燃煤量328万吨,SO_2、NO_x、PM_{10}和$PM_{2.5}$排放量分别为2.8万吨、0.7万吨、1.9万吨和0.9万吨;民用燃煤集中在采暖季,采暖季民用燃煤的SO_2、NO_x、PM_{10}、$PM_{2.5}$日排放强度约为电力行业的7倍、1.2倍、8倍和5倍(潘涛等,2016)。与燃煤电厂相比,1吨散煤燃烧排放的污染物约为等热量情况下电厂排放SO_2、NO_x和烟粉尘的5倍、2倍和66倍。特别是在农村地区,绝大部分以劣质原煤为主,燃煤平均硫分在0.8左右,灰分在18%左右,燃煤污染排放系数更大(金玲和闫祯,2016)。民用燃煤无脱硫设备,SO_2排放系数约为11千克/吨标准煤,电厂燃料煤燃烧的SO_2排放量约为1.55千克/吨标准煤;在缺少除尘设施的情况下,民用燃煤的颗粒物排放将是型煤的10倍以上;散烟煤做成型后,燃烧的PM_{10}和$PM_{2.5}$的排放强度分别为1.64千克/吨标准煤,和1.16千克/吨标

---

① 1英尺=0.3048米。

准煤，而电厂 PM_{10} 和 $PM_{2.5}$ 的排放强度为 0.53 千克/吨标准煤和 0.37 千克/吨标准煤（高天明等，2017）。另外，民用燃煤具有比大型燃煤锅炉高 3~5 个数量级的多环芳烃（PAHs）排放因子（Oanh，1999）；民用炉灶的黑碳（BC）排放因子比工业锅炉高出 3 个数量级（Zhang et al.，2008）。

散煤的污染排放问题在英、美等众多发达国家也曾经是一个严重的问题。1952 年 12 月，英国的雾霾导致了数千人死亡（Clay and Troesken，2010），20 世纪三四十年代，美国的众多中西部城镇也经历了与煤炭有关的严重空气污染（Tarr，1996；Tarr and Clay，2014）。Ives 等（1936）分析了 20 世纪 30 年代美国 14 个大城市的美国公共卫生服务情况，研究发现，住宅、公寓、酒店和其他建筑物的冬季供暖等非工业污染比工业污染造成了更加严重的影响。Husar 和 Patterson（1980）发现，1980 年都柏林禁售供暖用煤后，冬季黑烟的平均浓度下降了 64%，总浓度下降了 36%。Powell（2009）对克拉科夫煤炭污染进行了研究，发现家用燃煤产生的地面 PM 污染高于工业污染源。

二、不同种类散煤的排放因子差异较大

家庭散煤的种类多样，质量和燃烧条件不同，导致家庭散煤的排放情况不尽相同。梁云平等（2017）以北京远郊农村居民常用的蜂窝煤、煤球、烟煤散煤为实验用煤，开展燃烧实验。结果表明，在充分燃烧的条件下，蜂窝煤、煤球和烟煤的气态污染物 SO_2 排放因子为 1.5 千克/吨、1.91 千克/吨、1.62 千克/吨，NO_x 排放因子分别为 0.42 千克/吨、0.901 千克/吨、2.20 千克/吨，CO 排放因子分别为 22.4 千克/吨、37.3 千克/吨、87.3 千克/吨。燃烧排放的 NO_x 和 CO 的排放因子顺序关系为：烟煤>煤球>蜂窝煤；SO_2 的排放因子大小顺序为：煤球>烟煤>蜂窝煤。

陈颖军等（2009）对 13 个不同成熟度的煤种分别以蜂窝煤和块煤散烧形式在相应炉灶中燃烧所产生的黑碳进行了研究。研究结果表明，无烟煤以蜂窝煤和块煤形式的黑碳排放因子分别为 0.004 克/千克和 0.007 克/千克；烟煤则分别为 0.09 克/千克和 3.05 克/千克，燃烧形式的改进（即块煤的蜂窝煤化）可以将烟煤的黑碳排放因子平均降低 35 倍。

刘源等（2007）测量了民用燃煤燃烧的 $PM_{2.5}$ 及其中元素碳（EC）、有机碳（OC，又称黑碳）的含量。研究结果表明，烟煤散烧的排放因子较大，无烟煤散烧排放因子较少，蜂窝煤的颗粒物（$PM_{2.5}$）以及 OC 排放因子与相似成熟度的散煤燃烧相当，但是 EC 排放相对散煤较低；蜂窝煤相对散煤燃烧能够降低 EC 颗粒物的排放，但对 OC 排放达不到有效控制。

海婷婷等（2013）对 20 个煤/炉组合方式的燃烧烟气进行了采样和分析。研

究结果表明，烟煤在块煤与蜂窝煤两种燃烧方式下甲基多环芳烃（A-PAHs）排放因子的变化范围分别为 0.5~1.6 毫克/千克和 63.9~100.1 毫克/千克，无烟煤以块煤与蜂窝煤燃烧的 A-PAHs 排放因子分别为 0.1 毫克/千克和 67.3 毫克/千克；蜂窝煤的平均 A-PAHs 排放因子比块煤高约 2 个数量级。

综上所述，不同的煤炭类型和燃烧方式下，污染物排放因子差异较大，煤炭燃烧形式的改进可以减轻污染物的排放，缓解环境污染问题；作为洁净煤技术被推广使用的蜂窝煤燃烧方式存在"不洁净"，如 OC、A-PAHs 等污染物的排放因子仍然很高，没有完全达到推广蜂窝煤时提出的要求。

三、室内燃煤对人体健康影响深远

传统的、被广泛使用的散烧煤由于自身煤质差、杂质高、燃烧效率低的特性，其燃烧过程中产生的颗粒物以及释放的有毒物质，会对人体健康造成严重的不良影响。与此同时，民用散烧煤因其距离人群更近，会更直接、更严重地影响相关人群的生活和健康状况（王璐，1999）。

（1）呼吸系统疾病

由于家庭散煤燃煤产生的污染排放高度十分接近人体呼吸带，使得呼吸系统成为家庭散煤危害人体健康的主要靶器官（李珊等，2014），而儿童的呼吸系统尚处于发育期，更容易受到散煤燃烧污染的影响。滕恩江等（2001）以儿童为研究对象，在对居室内烟雾程度和家庭取暖所用燃料对家中儿童及其父母呼吸系统病症发生率之间关系进行考察时，发现家庭散煤取暖及烟雾确对家庭成员呼吸系统病症发生率有显著的不良影响。翟敏（2008）在研究空气环境因素对学龄儿童呼吸系统疾病的影响时，发现室内空气污染因素中，用煤供暖、用煤进行炊事对多种儿童呼吸系统症状及鼻炎、支气管炎和咽喉炎等有影响，并会对学龄儿童的呼吸系统健康状况造成损害。家庭散煤燃烧还会增加儿童哮喘的危险性，在家庭中进行散煤取暖可使儿童哮喘危险性增加 50%（孙凤英等，2007）。

（2）肺部疾病

周晓铁和何兴舟（2006）对宣威市农村室内空气污染与人群是否有慢性阻塞性肺部疾病（COPD）之间的关系进行了分析，发现室内空气中，SO_2 和 TSP 的日均浓度依燃料的不同，室内燃有烟煤的 SO_2 和 TSP 的日均浓度分别 397 微克/立方米和 5319 微克/立方米，燃无烟煤为 928 微克/立方米和 1267 微克/立方米，均超过了世界卫生组织提出的最低可观察到的慢性阻塞性肺疾病发病的日均暴露限值，证实了家庭散煤燃烧及煤质的不同会对室内人员患慢性阻塞性肺疾病产生不同程度的恶劣影响。李光剑（2013）通过对云南省宣威地区的实证调查，证实女性肺癌高发率与当地用于取暖和做饭的散烧烟煤（CI 烟煤）燃烧产物中含有的超细二氧化硅颗粒物有关。室内燃煤空气中以苯并芘为代表的致癌性多环芳烃类物质严重污染是宣威肺癌高发的主要危险因素，而在无烟囱并燃烧不完全的火塘中烧烟煤排出的煤烟中，就包括这种以苯并芘为代表的致癌性多环芳烃类物质（周晓铁和何兴舟，2006）。

(3) 氟中毒

地方性氟中毒危害许多我国居民，在我国西南部地区居民中发现的氟中毒事件很大一部分原因是由在室内烧煤导致食物和空气污染所致，在其他因素相同的情况下，煤中氟含量越高，氟中毒就会越严重（束龙仓，1991）。

(4) 高死亡率

Pope 等（2004）和 DelFino 等（2005）的研究表明，对于成年人，颗粒物通过以下三种机制导致人死亡：第一，颗粒物会引起肺部和全身的炎症，并加速动脉粥样硬化；第二，颗粒物会对心脏的神经功能产生不良影响、导致心律失常；第三，肺炎。对于婴儿，颗粒物通过以下两种机制导致人死亡：第一是产前影响。Curry 和 Walker（2011）的研究表明，颗粒物水平与早产和婴儿出生体重的关系较大。第二是产后影响，Woodruff 等（2008）使用 1999~2002 年美国婴儿的出生和死亡记录和污染数据，发现颗粒物可能导致呼吸相关的疾病、并导致婴儿死亡；Arceo 等（2016）使用墨西哥数据，同样发现燃煤污染与呼吸系统、心血管疾病相关，可能导致婴儿死亡率上升。Barreca 等（2014）发现，1945~1960 年，美国冬季取暖燃煤使用量减少使居民死亡率降低了 1.25%，其中，婴儿死亡率降低了 3.27%。

第三章　家庭散煤治理政策概述

"煤改清洁能源"政策开始于2013年，随后政策不断提速，并在空间上从北京市延伸至京津冀及周边地区。早在2013年9月10日，国务院就颁发了《大气污染防治行动计划》，提出加快推进"煤改电""煤改气"等工程建设，减少污染物排放。京津冀及周边地区大气污染防治协作机制在北京市实质性启动，北京市率先开始农村地区居民"煤改电""煤改气"等散煤治理工作。2015年，《京津冀及周边地区大气污染联防联控2015年重点工作》将北京市、天津市及河北省唐山、廊坊、保定、沧州一共6个城市（"4+2"城市）划为京津冀大气污染防治核心区，散煤治理政策范围扩大。2016年起，"煤改电"政策推行加速，重视程度进一步提高。2016年12月21日，习近平总书记主持召开中央财经领导小组第十四次会议，指出"要按照企业为主、政府推动、居民可承受的方针，宜气则气，宜电则电，尽可能利用清洁能源，加快提高清洁供暖比重。"2017年3月5日，在第十二届全国人民代表大会第五次会议上，李克强总理做政府工作报告，指出"要加快解决燃煤污染问题，全面实施散煤综合治理，推进北方地区冬季清洁取暖，完成以电代煤、以气代煤300万户以上，全部淘汰地级以上城市建成区燃煤小锅炉。"2017年，北京市"煤改清洁能源"政策进入攻坚阶段，基本实现朝阳、海淀、丰台、石景山、通州、房山、大兴平原地区无煤化。与此同时，"煤改电""煤改气"等散煤治理政策在"2+26"京津冀大气污染传输通道城市不断推进，天津、石家庄、唐山、保定、廊坊、衡水、太原、济南、郑州、开封、鹤壁、新乡等12个城市于2017年成为北方地区冬季清洁取暖试点。

表3-1总结了针对全国和重点地区出台、实施的相关政策，后续各节会详细介绍"煤改电""煤改气""优质燃煤替代"等家庭散煤治理措施。

表3-1 "煤改清洁能源"主要政策历程

政策名称	实施地区	印发时间	主要内容	实施单位
《大气污染防治行动计划》	全国	2013年9月10日	加快推进集中供热、"煤改气""煤改电"工程建设	国务院

续表

政策名称	实施地区	印发时间	主要内容	实施单位
《重点地区煤炭消费减量替代管理暂行办法》	北京、天津、河北、山东、上海、江苏、浙江和广东珠三角地区	2014年12月29日	有关油气、电力等企业要积极落实"气代煤"和"电代煤"等配套工程，确保天然气和电力供应	国家发展和改革委员会
《京津冀大气污染防治强化措施（2016—2017年）》	京津冀	2016年6月20日	将京昆高速以东，荣乌高速以北，天津、保定、廊坊市与北京接壤的区县之间区域划定为禁煤区，除煤电、集中供热和原料用煤企业（包括洁净型煤加工企业用煤）外，2017年10月底前，完成燃料煤炭"清零"任务	环境保护部等4个部门
《"十三五"控制温室气体排放工作方案》	全国	2016年10月27日	推进居民采暖用煤替代工作，积极推进工业窑炉、采暖锅炉"煤改气"	国务院
《京津冀及周边地区2017年大气污染防治工作方案》	京津冀	2017年3月3日	实施冬季清洁取暖重点工程，每个城市完成5万~10万户以气代煤或以电代煤工程。统筹协调"煤改气""煤改电"用地指标	"2+26"城市政府相关部门
《关于开展中央财政支持北方地区冬季清洁取暖试点工作的通知》	北京、天津、河北、山西、山东、河南	2017年5月16日	中央财政支持试点城市推进清洁方式取暖替代散煤燃烧取暖	相关地区财政厅（局）、住房城乡建设厅（委）、环境保护厅、发展和改革委员会（能源局）
《北方地区冬季清洁取暖规划（2017—2021年）》	"2+26"重点地区	2017年12月27日	到2019年，北方地区清洁取暖率达到50%，其中"2+26"重点城市清洁取暖率达到90%以上，县城和城乡接合部达到70%以上，农村地区达到40%以上	国家发展和改革委员会、国家能源局、财政部、环境保护部等十部委
《北京市2013—2017年清洁空气行动计划》	北京市	2013年9月11日	通过"五个一批"做法，推进城乡接合部和农村地区"减煤换煤"；多措并举推进清洁能源采暖	各区县政府部门

续表

政策名称	实施地区	印发时间	主要内容	实施单位
《关于完善北京城镇居民"煤改电"、"煤改气"相关政策的意见》	北京市	2015年10月22日	促进燃气管网投资。财政对燃气壁挂炉提供1/3的价格补贴。执行全市统一的居民管道天然气价格	市委相关部门、国网公司、北京燃气集团
《2016年北京市农村地区村庄"煤改清洁能源"和"减煤换煤"工作方案》	北京市	2016年3月28日	实施"煤改气"补贴支持政策。制定农村地区400个村庄"煤改清洁能源"工作要点	各区县政府部门
《河北省大气污染防治行动计划实施方案》	河北省	2013年9月12日	加快热力和燃气管网建设,推进集中供热、"煤改气"、"煤改电"工程建设。新增天然气应优先保障居民生活或用于替代燃煤	各市县政府部门
《关于加快实施保定廊坊禁煤区电代煤和气代煤的指导意见》	河北省	2016年9月23日	推进"气代煤"管线建设和储气设施建设。实施农村"气代煤"补贴支持政策。全省统筹解决禁煤区"电代煤"或"气代煤"涉及的建设用地指标	相关市县政府部门

第一节 煤 改 电

"煤改电"政策是指让没有进行集中供暖的,并且使用散煤作为冬季主要采暖源的居民将原有散煤采暖设备换为电采暖设备,其中电采暖设备可选择使用空气源热泵、地源热泵、电加热水储能、太阳能加电辅、蓄能式电暖器等清洁能源取暖设备,改造方式可以选择单户改造或集中改造。

一、政策目标

根据《京津冀及周边地区2017—2018年秋冬季大气污染综合治理攻坚行动方案》,2017年10月底前,"2+26"通道城市须完成电代煤、气代煤300万户以上。其中,北京市30万户、天津市29万户、河北省180万户、山西省39万户、山东省35万户、河南省42万户。大多数"2+26"通道城市地方政策文件所提出的替代目标与《大气攻坚行动方案》所要求的目标持平或更高。根据"2+26"通道城市的地方政策目标，2017年，"2+26"城市清洁能源替代涉及约406万户。其中，北京市30万户、天津市29.7万户、河北省（8个通道城市）约216万户、山西省（4个通道城市）42万户、山东省（7个通道城市）50.3万户、河南省（7个通道城市）38.2万户。主要省市的"煤改电"政策目标如表3-2所示。

表3-2 各地"煤改电"主要政策及其目标

实施地区	文件名称	主要目标
全国	国务院印发《"十三五"节能减排综合工作方案》、《能源发展"十三五"规划》、《"十三五"全民节能行动计划》	至2020年，煤炭占能源消费总量比例下降到58%以下，电煤占煤炭消费量比例提高到55%以上
北京	《北京市2013—2017年清洁空气行动计划》《2017年农村地区冬季清洁取暖工作实施方案》	2017年10月31日前，完成700个农户"煤改清洁能源"，同步实施1400个村委会和公共活动场所、79万平方米籽种农业设施的"煤改清洁能源"工作，朝阳、海淀、丰台、房山、通州、大兴6个区平原地区农户基本"无煤化"
天津	《京津冀大气污染防治强化措施（2017-2018）实施方案》《天津市居民冬季清洁取暖工作方案》	2017年10月底前完成静海、蓟州、宝坻、北辰等区10万户散煤清洁能源替代工程；完成武清区"无煤区"建设，对610个村、18.7万户实行清洁能源替代 实施居民煤改清洁能源取暖121.3万户（不含山区约3万户），其中城市地区12.9万户（含棚户区和城中村改造4.3万户），农村地区108.4万户
山西	《山西省2013—2020年大气污染治理措施》《推进城乡采暖"煤改电"试点工作实施方案》	"十三五"期间完成50万户居民采暖"煤改电"任务，到2020年，形成年均60亿千瓦时以上新增电力消费能力
河北	《大气污染防治行动计划实施方案》《河北省城镇供热煤改电工作指导意见》《关于加快实施保定廊坊禁煤区电代煤和气代煤的指导意见》	2017~2018年在全省城镇适宜区域推行"煤改电"，完成目标约20万户（约3000万平方米供热面积）
山东济宁	《加快推进全市电能替代工作实施方案》	2017~2020年，实现能源终端消费环节电能替代散烧煤、燃油消费总量130万吨标准煤左右，带动电能占终端能源消费比例提高到26%以上。其中，力争新增热泵面积300万平方米左右、分散电采暖面积100万平方米左右

续表

实施地区	文件名称	主要目标
河南	《关于我省电能替代工作实施方案（2016—2020年）》	2016年，完善电能替代配套政策体系，启动一批示范项目。2017年，重点区域、重点领域电能替代工作全面展开。2020年，在能源终端消费环节形成年电能替代燃烧煤、燃油消费总量650万吨标准煤的能力，带动电煤占煤炭消费比例提高约2.6个百分点、电能占终端能源消费比例提高2个百分点以上
陕西	《关于推进电能替代的实施方案》	到2020年，在全省范围内推广应用热泵1200万平方米，替代电量12亿千瓦时
辽宁	《辽宁省人民政府办公厅关于建立煤改电供暖项目电价机制有关事项的通知》《关于煤改电供暖项目到户电价的通知》	到2020年，累计新增电能替代电量210亿千瓦时，力争电能占终端能源消费比例达到18%

二、政策措施

"煤改电"的政策推进主要包括：推行电取暖的基础设施建设进行投资及补贴，包括住户电表（含）之前的电电网扩容、固定资产投资以及电表以下至电采暖设备的户内线路部分建设安装补贴；鼓励居民取暖用能行为由用煤改为用电的改变，给予电取暖设备购买补贴和设备使用的电价补贴。其中，终端电供暖方式上各地综合运用各类热泵、高效电锅炉等多种方式，提高"煤改电"推行的灵活性和有效性；在价格补贴方面，通过完善峰谷分时制度和阶梯价格政策，创新电力交易模式，健全输配电价体系等方式，降低清洁供暖用电成本（表3-3）。

表3-3 各地"煤改电"主要政策举措整理

政策举措	实施地区	主要做法、内容
基础设施建设投资	北京[①]	住户电表（含）之前的电网扩容投资，由市电力公司承担70%，市政府固定资产投资承担30%，参照供电部门的设计要求，区政府按照每户1000元的标准给予补贴。剩余部分镇乡、村自行解决
管网入户投资	北京	调压箱到住户燃气表（含表）之前（即村内管线）的投资，由具备资质的燃气公司承担70%，市政府固定资产投资承担30%。气站到住户燃气表（含表）之前（即村内管线）的投资，由具备资质的燃气公司承担70%，市政府固定资产投资承担30%

续表

政策举措	实施地区	主要做法、内容
电采暖设备及安装补贴	北京	按照"一户一表一补"的办法进行补贴，电锅炉、蓄能式电暖器每户最多补贴 7000 元（市财政最高补贴 2200 元，区财政最高补贴 4800 元）。采用空气源热泵取暖的用户，按实际供热面积每平方米补贴 200 元，最高不超过 24000 元（其中市财政每平方米补贴 100 元，最高不超过 12000 元）。区财政可进一步加大补贴力度，减轻住户负担
	北京	对经区民政局认定的低保户、低收入家庭和烈属个人承担的电采暖设备购置费用再给予 80% 的补贴，对五保户给予 100% 的补贴
	河北[②]	采用直接电采暖、空气能热泵采暖的用户补贴 5000 元
	山西[③]	对安装高效节能电采暖设备（"空气源热泵"等）的居民用户，设备购置费用由省、市两级财政各补贴三分之一，两级补贴总额最高不超过 20000 元/户
	甘肃	每户一次性给予电采暖设备补助 1000 元
电价补贴	北京	完成"煤改电"改造任务的村庄，每年采暖季（11 月 1 日至 3 月 31 日）21：00 至次日 6：00 享受谷段电价优惠期间 0.3 元/千瓦时的基础上，同时市、区两级财政再各补贴 0.1 元/千瓦时，补贴用电限额为每户取暖季每户 1 万千瓦时，除此之外的时间为"峰段"，电价按照北京市居民生活用电统一执行（0.4883 元/千瓦时） 2017 年 11 月 1 日起，谷段优惠电价时长调整为 22：00 至次日 7：00 输配电价在现行输配电价基础上减半收取
	天津	11 月 1 日~3 月 31 日，21：00 至次日 6：00 执行 0.3 元/千瓦时的谷段电价，早 6：00 至晚 21：00 执行 0.49 元/千瓦时峰段电价。在峰谷电价的基础上，每个采暖季给予农户 60% 用电量的电费补贴，补贴限额为每户每个采暖季（150 天）1 万千瓦时
	河北[④]	补贴"煤改电"用户 0.2 元/千瓦时，由省、市、县各承担 1/3，每户最高补贴电量 1 万千瓦时。补贴政策及标准暂定 3 年（2016~2018 年）

续表

政策举措	实施地区	主要做法、内容
电价补贴	河南⑤	自2017年11月1日起，在全省推行供暖期（11月15日~次年3月15日）居民峰谷分时电价政策，采暖季每日22：00至次日8：00在分档电价上降低0.12元/千瓦时，8：00~22：00在分档电价上提高0.03元/千瓦时 同时施行供暖期阶梯电价政策，累计用电不高于1120千瓦时部分，按0.56元/千瓦时执行；高于1120千瓦时部分，按0.61元/千瓦时执行。非取暖期则累计电量不高于1440千瓦时部分，按0.56元/千瓦时执行；高于1440千瓦时不高于2080千瓦时部分，按0.61元/千瓦时执行；高于2080千瓦时部分，按0.86元/千瓦时执行"低保户""五保户"电费减免、居民自建房屋用于出租的电价标准仍按原价格政策，多人口家庭每月每档电量在上述电价政策基础上继续增加100千瓦时
	山西⑥	省、市两级财政对采暖低谷时段电价各补贴0.1元/千瓦时，每个采暖季每户补贴最高不超过12000千瓦时用电量 2017年11月22日电价政策变动，试行三种计价方式，由居民自主选择执行：按峰谷时段计价，谷段用电在现行22：00至次日8：00，再延长为20：00至次日8：00；居民选择按用电量计价，月用电在2600千瓦时以内的，在一天中的任意时间用电，统一按价格很低的谷段电价执行；居民选择按平段电价计价，采暖用电量不受限制，不再执行峰谷电价和阶梯电价
	内蒙古	取暖季（11月1日起至次年3月31日）；23：00至次日早7：00为低谷优惠时段0.2元/千瓦时，非低谷优惠时段0.44元/千瓦时
	陕西	"一户一表"居民用户和执行居民电价的非居民用户用电峰段为每日8：00至22：00时，用电价格在现行对应标准基础上每千瓦时加价0.05元，居民生活用电谷段为每日22：00至次日8：00时，用电价格在现行对应标准基础上每千瓦时降低0.2元
其他一次性补贴	河北	2014年7月，河北省农业厅下发《关于抓紧上报农村能源清洁开发利用工程重点县实施方案的通知》，对于"煤改电"用户每户补贴3000元，其中省级2700元，县级300元
	甘肃兰州	对"煤改电"居民，市级财政按照2000元/户的标准予以补贴，区级财政按照1000元/户的标准予以补贴

①《2017年农村地区冬季清洁取暖工作实施方案》（京政办发〔2017〕6号）；②《中心城区高速公路围合区实施气（电）化改造工程。明年10月底前采暖告别燃煤》沧州日报报道；③山西太原《太原市大气污染防治2017年行动计划》（2017）；④河北省《2017年农村清洁能源开发利用工程建设推进方案》；⑤河南省《关于我省电能替代工作实施方案（2017—2020年）》；⑥山西《推进城乡采暖"煤改电"试点工作实施方案》

三、政策推行现状

近年来,我国散煤治理与清洁取暖工作取得了积极成效。各地能源消费量统计数据显示,截至2015年底,北京市、天津市和河北省分别实现煤炭净削减1104.82万吨、759.17万吨和2415.87万吨。

北京市最早开始居民"煤改电"的治理,在城市地区,2011年底,东城、西城、宣武3区,特别是前门一带全部实施"煤改电"政策,总投资达120多亿元。到2015年,北京城区居民累计共31万户完成"煤改电"改造,基本实现核心区无煤化。而随着2013年北京市实施"清洁空气行动计划"在农村地区的"煤改电"改造也提上日程。截至2017年,北京市累计完成78.75万户"煤改电",其中城市地区已完成31万户,乡村地区已完成47.75万户(表3-4)。

表3-4 北京市"煤改电"户数增长情况　　　　(单位:万户)

年份	城市新增	城市累计	乡村新增	乡村累计	北京市累计
2013	4.4	26.4	0.47	0.47	26.87
2014	1.7	28.1	1.81	2.28	30.38
2015	2.9	31	5.17	7.45	38.45
2016	0	31	19.8	27.25	58.25
2017	0	31	20.5	47.75	78.75

截至2017年底,"2+26"通道城市2017年电代煤、气代煤300万户的总目标已超额完成,替代散煤1000多万吨。据《中国散煤综合治理调研报告2017》预计到2020年,我国控煤目标为减少散煤2亿吨,其中减量1.1亿吨、清洁能源替代0.7亿吨、清洁高效利用0.2亿吨。

第二节 煤 改 气

居民"煤改气"政策是指让没有进行集中供暖的、并且使用散煤作为冬季主要采暖源的居民将原有的散煤采暖设备换为燃气采暖设备,可选择使用市政管道天然气、LNG、CNG、液化石油气、生物天然气等清洁能源。"煤改气"政策目前主要在农村地区以及城区中的"城中村"等地区实施推进,通过燃气管道铺设、家庭用气设备补贴、用气量补贴和气价补贴等手段推进清洁燃气的使用。目前,华北平原地区"煤改气"政策已经得到迅速推进,大幅超过了预定目标。

一、政策目标

"煤改气""煤改电""优质燃煤替代"以及其他清洁能源替代等政策具有同样的目标,包括通过替代污染性较强的煤炭,减少大气污染;推进能源结构转型,增大天然气在我国能源结构中的比例。《能源发展战略行动计划(2014—2020年)》要求"到2020年,非化石能源占一次能源消费比重达到15%,天然气比重达到10%以上,煤炭消费比重控制在62%以内。"具体而言,《京津冀大气污染防治强化措施(2016—2017年)》要求北京市在2017年10月底前实现平原地区无煤化;保定市城区所有城中村实现"气代煤";中石油等相关企业完成陕京四线管道及其他配套设施建设。《京津冀及周边地区2017—2018年秋冬季大气污染综合治理攻坚行动方案》要求京津冀大气传输通道"2+26"城市完成以电代煤、以气代煤355万户,其中河北省最多,达180万户(图3-1)。但根据《中国散煤综合治理调研报告2017》的梳理,各地区各自制定的执行目标更高,最终"2+26"城市煤改电、煤改气目标达到406万户,上浮超过14%。

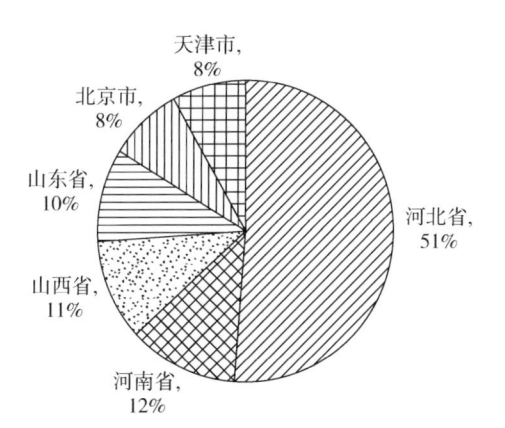

图3-1 部分省(直辖市)"以电代煤、以气代煤"的指标
资料来源:《京津冀及周边地区2017-2018年秋冬季大气污染综合治理攻坚行动方案》

二、政策措施

"煤改气"政策的推进主要分为三方面:需求方面是对居民用能行为的转变,包括炊事气化和天然气供暖两个要素;供给方面是促进天然气供给的跟进,包括管网、气站等固定设施投资和移动式气罐的投资等;价格方面是制定合理的居民用气价格,提供天然气消费补贴,以价格手段促进天然气的使用。将上述政策问题进行拆分整理,具体政策举措和手段如表3-5所示。

表 3-5 "煤改气"主要政策措施

政策举措	实施地区	主要做法、内容
天然气管线建设	北京	市政燃气主管网至小区红线（或调压设施（含））的投资，由燃气供应企业承担
	北京	对天然气管网不能通达的村庄可采用 CNG 和 LNG 方式供气，气站投资由具备资质的燃气公司承担
管网入户投资	北京	调压箱到住户燃气表（含表）之前（即村内管线）的投资，由具备资质的燃气公司承担 70%，市政府固定资产投资承担 30%。气站到住户燃气表（含表）之前（即村内管线）的投资，由具备资质的燃气公司承担 70%，市政府固定资产投资承担 30%
	河北	给予建设村内入户管线户最高 4000 元投资补助
壁挂炉等家庭用气设备补贴	北京	住户取暖用终端设备由市财政按照每户燃气取暖炉具购置价格的 1/3 进行补贴，补贴金额最高 2200 元，区财政在配套同等补贴金额的基础上，可自行提高补贴力度，如大兴区 2016 年将最高额度提高为 6000 元，2017 年又再次增加额度，市、区财政最多补贴 9000 元
	北京	村委会筹钱解决五保户的设备安装问题
	北京	对村委会、村民公共活动场所实施的"煤改气"设备进行补贴。500 户以下的村庄补贴 1.2 万元，500（含）户以上的村庄补贴 2.4 万元
	天津	燃气壁挂炉购置安装，最高补贴 6200 元/户；取暖用暖气片补贴 1500 元/户
	河北	按燃气设备购置安装投资的 70% 给予补贴，每户最高补贴金额不超过 2700 元，由省和县（市、区）各承担 1/2，其余由用户承担。各市县区可另行匹配不同的补贴金额
天然气用量补贴	北京	如果每户居民每年用气满 850 立方米，燃气公司额外赠送 137 立方米
天然气价格补贴	北京	执行全市统一的居民管道天然气价格，但各区可以提供用气补贴，如通州区用于天然气采暖用户的冬季采暖补贴为 2440 元/户，朝阳区为 2100 元/户
	天津	给予采暖用气 1 元/立方米的气价奖补，每户每年最高奖补气量 1200 立方米，奖补政策及标准暂定 3 年。气代煤用户不再执行阶梯气价
	河北	给予采暖用气 1 元/立方米的气价奖补，每户每年最高奖补气量 1200 立方米，奖补政策及标准暂定 3 年。气代煤用户不再执行阶梯气价

三、政策推行现状

2017 年是北京市"清空计划"收官之年，328 个实施"煤改气"的主体村已基本完工，涉及 13.7 万农户，燃气管线建设完成 3665 千米，调压站（箱）建设完成 397 座，"煤改气"工程已基本实现通气①。天津市 2018 年政府工作报告指出在 2013～2017 年，天津市"煤改气"完成 14.8 万户。2017 年，河北省共完成农村气代煤 231.8 万户，投入使用的 213.4 万户，大幅超过年初制定的目标。其中，根据各市政府工作报告和相关报道，石家庄市完成气（电）代煤改造 42.04 万户②、唐山市完成气（电）代煤改造 6.7 万户、秦皇岛市完成气（电）代煤改造 8093 户、邯郸市完成气（电）代煤改造 14.2 万户、邢台市完成气（电）代煤改造 16 万户、保定市完成气（电）代煤改造 72.6 万户、承德市农村地区完成气（电）代煤 8000 余户③、沧州市推广气（电）代煤改造 14.6 万户、廊坊市在农村完成气代煤改造 61.4 万户，均超过省定目标④。

第三节　优质燃煤替代

在目前的技术下，优质煤主要包括型煤、兰炭、绿焦、无言煤等，它们相对于传统散煤，具有更少的污染物排放和较高的热量。型煤是用一种或数种煤粉与一定比例的黏结剂或固硫剂在一定压力下加工形成的、具有一定形状和一定理化性能的煤炭产品。与传统的散煤相比，型煤无烟、无味、热值高、燃烧时间长，不仅可以减少肺部疾病，而且很安全，不容易造成一氧化碳中毒事故。型煤通常包括块煤、蜂窝煤和煤球。兰炭又称半焦，是利用神府、榆林、东胜煤田盛产的优质侏罗精煤块烧制而成的，结构为块状。传统兰炭和升级版兰炭分别比洗块煤的 $PM_{2.5}$ 排放降低 75% 和 90% 以上；在多环芳烃排放上，传统兰炭也较洗块煤排放降低 80% 以上，升级版兰炭降低 97% 以上。无烟煤特点是密度大，燃点高，不易点燃；但是燃烧持续时间长，燃烧稳定，不冒烟，污染小。烟煤特点是密度低，燃点低，易点燃。但是燃烧时间短，封火后烟尘浓度高，空气环境污染严

---

① 资料来源：http://beijing.qianlong.com/2017/1120/2185065.shtml.
② 资料来源：http://hebei.sina.com.cn/news/sjz/2017-12-14/detail-ifypsqiz6467246.shtml.
③ 资料来源：http://www.hebjs.gov.cn/xinwenzhongxin/shixiandongtai/cd/201710/t20171024_230533.html.
④ 衡水市相关公开数据缺失。

重，且暖气降温快，夜间难以达到供暖要求。表3-6总结了洁净型煤与民用散煤煤质的对比结果。

表3-6 洁净型煤与民用散煤煤质对比

项目	挥发分/%	灰分/%	全硫/%	发热量/大卡
洁净型煤	5.23~12	14.21~25	0.29~0.53	5447~6115
民用散煤	10.06~36.66	3.9~25.81	0.12~0.89	5108~7317

"优质燃煤替代"政策是在"减煤换煤"政策推行过程当中，对一些尚未进入"煤改电""煤改气"试点，且现有条件无法进行"煤改清洁能源"改造或改造成本过高的地区，施行的补充政策。通过加强煤炭质量监管，用污染物排放量相对较低的型煤、兰炭等优质燃煤替代居民目前使用的高灰高烟散煤，减少高硫、高灰分劣质燃煤散烧。该政策包括"好煤+好炉"，也就是要使用优质煤炭、洁净型煤，搭配节能环保型炉灶，发挥优质燃煤的节能环保性能。其流程通常是由居民向居委会订购，居委会会协调煤炭企业在供暖季前一个月将优质型煤运输到各家各户。

一、政策目标

根据《京津冀及周边地区落实大气污染防治行动计划实施细则》，北京市、天津市、河北省、山西省、内蒙古自治区和山东省要加强煤炭质量管理，限制销售灰分高于16%、硫份高于1%的散煤。目标是到2017年底，北京市、天津市和河北省基本建立以县（区）为单位的全密闭配煤中心、覆盖所有乡镇村的洁净煤供应网络，洁净煤使用率达到90%以上。"优质燃煤替代政策"作为"煤改电""煤改气"等政策的补充，是在现实条件下的有效过渡方法。

二、政策措施

"优质燃煤替代"政策推行过程中的主要难点包括：供给方面如何保障民用洁净型煤的产能产量在需求存在明显季节性差异的情况下均匀释放，需求方面如何推广成本更高的优质燃煤而不被劣质燃煤冲击市场。各地为此相对应地制定了一系列措施，主要包括建立型煤生产厂、配送中心，遵循市场规律制定奖励政策，出台补贴政策，加大对劣质燃煤销售和使用的监管力度。总结代表性的措施如表3-7所示。

表 3-7 各地区"优质燃煤替代"主要政策措施

政策	地区	主要做法
建设优质燃煤生产厂、配送中心	山东济南	依托中标的民用优质燃煤供应配送企业（以下简称中标企业），建设县区级燃煤储备供应中心、镇（街道）定购配送服务站、村（社区）定购配送服务点，形成储备供应充足、物流配送快捷、销售服务方便、质量监管有力的供应配送网络
	河南	郑州、安阳、鹤壁、新乡、焦作等五地市，2016年率先建成洁净型煤生产仓储配送体系，建成满足当地需求的洁净型煤需求的仓储配送中心
配送补贴	北京怀柔	企业负责将无烟煤运送并卸至村委会指定适宜大型货车通行的存储场所。村委会负责组织人员配送到户。配送费按照平原7镇及渤海镇、九渡河镇、两个街道每吨80元，山区北5镇乡每吨100元的标准执行
优质燃煤补贴	北京	市财政采取以奖代补，对更换为符合标准的型煤和兰炭污染物排放，按照200元/吨标准进行奖励；北京有7个区县在北京市财政奖励基础上，对替换的清洁燃煤由区政府再补贴200～500元/吨，如大兴区，市、区两级政府将分别以200元/吨和400元/吨的标准给予农户补贴
	北京怀柔	每吨无烟煤农村住户自筹价格为550元，不足部分由区政府给予补贴，每户最高补贴上限为4.5吨。对经区民政局认定的低保户、低收入家庭和烈属个人承担的无烟煤置费用再给予80%的补贴，对"五保户"给予100%的补贴
	河北	居民购买使用洁净型煤每吨补贴300元，由市、县两级财政按照1:1比例分担
	天津	民用煤销售网点购进优质燃煤后平价销售由财政给予补贴。2014年，天津对销售优质燃煤的网点给予10%的补贴，即95元/吨
	山东济南	市民使用优质燃煤，每吨将获400元补贴。补贴资金由市、县区财政按照4:6的比例分担

续表

政策	地区	主要做法
炉具补贴	北京	对烟煤炉具更换为优质燃煤炉具的农村住户,市财政按照炉具购置价格的1/3进行补贴,每台最高补贴700元,一些区县提高了补贴力度,如怀柔区对农村住户补贴提高到80%,通州、昌平、海淀提高到90%
	北京怀柔	无烟煤炉具补贴每台套补贴购置费的80%,最高不超过1900元,其余部分由农村住户自筹,每户补贴1台(套)。对经区民政局认定的低保户、低收入家庭和烈属个人承担的炉具购置费用再给予80%的补贴,对五保户给予100%的补贴。企业负责将无烟煤炉具运送并卸至村委会指定存储场所,村委会负责组织人员配送到户并按照技术要求安装到位。每台无烟煤炉具安装补贴均价450元
	河北	采取型煤与炉具捆绑销售模式,居民每购置一台型煤专用炉具,原则上需同时购买2吨洁净型煤。型煤专用炉具按照售价的80%予以一次性补贴,1600元封顶,由市、县两级财政按照1:1比例分担
	山东济南	改用优质燃煤炉具,每台补贴400元。补贴资金由市、县区财政按照4:6的比例分担
其他补贴	甘肃	对"煤改电""煤改气"实施改造有困难的城区低保户及农村建档立卡贫困户,改用兰炭、洁净煤等清洁燃料,每户每年补助300元,连续补助三年

三、政策推行现状

随着2017年"2+26"京津冀大气污染传输通道城市"煤改电""煤改气"政策的加速,北京市朝阳、海淀、丰台等南部七区完成所有剩余平原地区村庄的"无煤化";天津市实现中心城区、滨海新区全面无煤化,而河北也实现了石家庄主城区的"无煤化"。"优质燃煤替代"政策在上述地区逐渐退出,完成其过渡作用。而在其他"煤改清洁能源"政策推行较慢或改造成本过高的地区继续推行。

在供给端,洁净型煤保供体系建设成效突出。2015~2016年,民用洁净型煤的生产主要集中于河北,消费主要集中于河北和山东。由于北京没有建立型煤企业,原有型煤企业都要外迁,所以河北省型煤还需保京津供应。据《中国散煤综合治理报告》显示，河北省已实施洁净型煤生产配送中心建设项目205个，累计生产能力2800万吨，其中160余家企业投入运营，基本实现全覆盖。后续年产能将达到3000万吨以上，可满足河北省及京津鲁豫等地区洁净型煤推广需求。

2017年，山东、河南两省的大部分"2+26"大气污染传输通道城市，在散煤治理任务中也明确了民用洁净煤替代散煤的工作部署，包括建立型煤生产厂、配送中心，出台补贴政策等。其中，河南省计划建设35个洁净颗粒型煤生产仓储供应中心，形成实际供应能力372万吨；建设523个洁净颗粒型煤配送网点。建设70个洁净蜂窝型煤生产仓储供应中心，形成实际供应能力348万吨；建设1285个洁净蜂窝型煤配送网点。山东省规划建设的9个应急储备基地，已建成4个；建成大型煤炭物流园区15个，大型洁净型煤加工示范基地50个，基本实现了全省煤炭精细加工和集中统一配送，逐步建立起了省市县三级清洁煤炭加工储备配送体系。

在居民消费端，洁净型煤的推广情况各省（直辖市）情况不一。北京市2017年已全部实现民用散煤替代为洁净型煤。河北省洁净型煤推广目标较高，但实施情况不及预期，2014年推广目标200万吨，实际销售51万吨；2015年推广目标700万吨，实际完成233万吨。两年分别完成了目标任务的25.8%和33.3%。2016年目标洁净型煤推广1300万吨，在城市和县城，采取型煤与炉具捆绑销售模式，推广型煤专用炉具40万台；在农村推广高效清洁燃烧炉具160万台。2017年的目标是各区市主城区全面完成散煤压减替代，农村推广高效清洁燃烧炉具50万台。2018年的目标是达到全省基本完成城乡散煤压减替代。

第四节 其 他

在散煤治理过程中，除以上三类主要政策外，还有一系列用于减少散煤使用的政策，主要包括新能源替代煤政策、燃煤锅炉清理政策等。这些政策的整体思路与上述三类政策相似，包括利用更清洁的能源替代煤炭的使用，提升热能利用效率降低煤炭的需求量，以及直接限制煤炭的使用。

一、新能源替代煤政策

因为太阳能对自然环境要求相对较少，分散安装和使用较为便利，目前在家庭生活的应用上正在不断拓展，也成为替代家庭用煤的重要能源品种之一。除此以外，空气源热泵、地源热泵等节能取暖装置也是属于政策推广的重点。《北京市 2013—2017 年清洁空气行动计划》提出要"推广使用太阳能热水系统、地源热泵、光伏建筑一体化等技术"。在 2014 年和 2015 年《北京市农村地区"减煤换煤、清洁空气"行动实施方案》和《2016 年北京市农村地区村庄"煤改清洁能源"和"减煤换煤"工作方案》中，对农户安装太阳能取暖设施提供财政补贴，由市政府、区政府及村集体或住户共同承担安装费用。对于整村推广空气源热泵、地源热泵等清洁能源，市财政局给予一次性奖励；对安装空气源热泵、非整村安装地源热泵的住户，市财政按照取暖住房面积每平方米 100 元的标准给予补贴，每户补贴金额最高 1.2 万元；区财政在配套同等补贴金额的基础上，可进一步加大补贴力度，减轻住户负担。

二、强化集中供热与余热供应

集中供热是河北省散煤治理中优先发展的部分。通过集中的热力规划和优化布局，可以大幅节省供热用能量，提升供热效率，从而降低煤炭使用需求。另外，集中供热也可以降低建筑使用散烧煤取暖的比例。《河北省燃煤锅炉治理实施方案》提出，在城市集中供热管网覆盖区域，加快发展热电联产，推进供热站提效改造，扩大集中供热能力。在城市集中供热管网未覆盖区域，加快建设大型高效、排放达到燃气标准的燃煤锅炉，实现区域集中供热。此外，余热供应也可以降低取暖用热量，达到"减煤"的效果。《河北省散煤污染整治专项行动方案》提出要因地制宜利用城区周边工业企业生产余热给附近居民供热，提升供热效率。

三、燃煤锅炉治理政策

由于河北省的能源结构过于依赖煤炭，燃煤锅炉存量较大，治理燃煤锅炉的政策是河北省减少煤炭的主要政策之一。清除燃煤锅炉，即拆除一定规格范围内的小型分散燃煤锅炉是减少煤炭使用的直接而有效的方法。对于部分不能淘汰的燃煤锅炉，则使用改造提升的方法以减少污染物排放，提升燃煤锅炉运行效率。目前主要采用的升级改造方式包括燃烧优化、自动控制、低温烟气余热回收等节能技术改造，也包括在新建燃煤锅炉时建设运行效率高、排放达到燃气标准的大型煤粉高效锅炉、"微煤雾化"锅炉，实现"以大代小"。

四、整体奖补政策

上述政策均是从"手段"方向入手，而还有部分政策是从"结果"入手，对减煤换煤工作的成果进行一定的奖励。《2016 年北京市农村地区村庄"煤改清洁能源"和"减煤换煤"工作方案》规定市财政采取以奖代补的方式，对北京市范围内减少的用煤按照 200 元/吨标准进行奖励，对更换为符合标准的型煤和兰炭的，按照 200 元/吨标准进行奖励。奖励资金由区政府统筹专项用于减煤换煤工作，形成良性循环。此外，针对依照工作方案将烟煤炉具更换为优质燃煤炉具的农户，市财政按照炉具购置价格的 1/3 进行补贴，每台最高补贴 700 元，区财政按自身情况追加匹配资金。这项政策能够为政策执行主体提供正向激励，从而促进政策落实。

第二篇

调研与数据

第四章　问卷与实施

本报告使用的数据主要来自于2017年夏季全国（不包括北京）调研、2017年夏季北京调研及2018年春季河北调研。三次调研均由中国人民大学多家机构协助完成。2017年夏季北京和全国调研依托于中国人民大学"千人百村"社会实践活动，中国人民大学能源经济系负责整个问卷设计、调查员培训、数据校对及研究报告写作等工作；中国人民大学调查与数据中心负责样本抽样和数据回访等工作；中国人民大学校团委负责调查访员招募与过程管理等工作。2018年春天河北调研由中国人民大学应用经济学院能源经济系承担，中国人民大学团委和应用经济学院团委负责河北籍学生访员的征集工作。

第一节　全国问卷

一、问卷模块和主要内容

此次问卷开展时间为2017年6~9月，针对的是中国家庭在2016年的家庭基本情况与能源消费状况。本次调研依托于中国人民大学"千人百村"社会实践活动。"千人百村"社会实践活动是中国人民大学在人才培养路线图框架下启动实施的实践育人工程，是一项反映中国农村发展变迁全貌的大型跟踪抽样调查。"千人百村"调查问卷包括家庭成员结构及关系、居住及房屋情况、土地使用及流转、家庭生活支出、生活性基础公共设施、能源获得与使用、公共文化体育服务、农村互联网+政务服务、乡村治理、扶贫诉求及效果等模块。由于完成一份调查问卷需要耗费较长时间，本年问卷在以往能源消费调查的基础上对问题进行简化并聚焦于家庭散煤和生物质能的使用情况。由于全国大多数省并未大面积铺开煤改气、煤改电、优质燃煤替代等散煤治理政策，本年的全国问卷并未就散煤治理政策进行调查。

问卷设计了以下模块：第一，家庭成员结构及关系，包括家庭人口数、家庭类型、家庭成员的年龄、民族、文化程度及劳动状况等信息；第二，居住及房屋情况，包括房屋类型、面积、层数、结构、使用年限、采光通风情况及保暖改造等情况；第三，家庭收入和支出情况；第四，能源使用和获得情况，包括能源获取方式、购买价格、能源支出、与能源供应点的距离等。问卷着重调查了炊事用能和取暖用能情况，包括炊事/取暖的设备类型、主要燃料、使用频率、使用时长及供暖设备的供暖区域和供暖面积。

二、抽样

"千人百村"活动根据第6次全国人口普查数据中公布的各省（自治区、直辖市）人口占总人口比重确定各省（自治区、直辖市）样本分布。具体抽样步骤请参见《中国家庭能源消费报告（2015）》。本次调研覆盖了全国28个省（自治区、直辖市），问卷总数为9890份。

三、问卷实施与质量控制

"千人百村"调查问卷一并由中国调查与数据中心实施，活动只接受中国人民大学学生以个人名义报名，不接受多人组团报名。具有中国人民大学学籍并按期注册的在读本科生、硕士研究生或博士研究生均可报名参与，年级和专业不限。实地调研前，对所有入选学生进行集中培训，集中培训内容包括问卷讲解、调研方法等。实地调研中，要求学生按照《"千人百村"社会调研活动结项要求》和培训中提出的相关要求，开展问卷调查和资料搜集工作，并注意保留活动过程中照片、视频、发票等各种结项所需的材料。中国人民大学校团委、校学生社会实践服务中心委派专人担任各调研团队联系人，跟踪各团队活动进展，传达相关通知。各团队在调研过程中须与联系人保持紧密联系，并及时按照联系人要求提交反映活动进展的照片、通讯稿等材料。更详细的问卷实施过程与质量控制可参见《中国家庭能源消费报告（2015）》。

第二节 北京问卷

一、问卷模块和主要内容

此次问卷开展时间是2017年6~8月，针对的是北京农村家庭在2016年的家庭基本情况、取暖用能情况，以及家庭取暖散煤治理政策实施情况和参与政策居民的主观体验。北京问卷的调研依托于中国人民大学"千人百村"社会实践活动，因此北京问卷中家庭成员结构及关系、居住及房屋情况、家庭收入和支出情况等模块与全国问卷（不含北京）相同。在能源使用模块，北京问卷未详细调查炊事能源的使用情况，而是侧重于调查取暖能源的使用情况和家庭取暖散煤治理政策的实施情况，包括受访者是否参与了政策、煤改电或煤改气的改造相关费用、清洁取暖设备及费用、取暖能源用量变化情况、改造后居民的主观感受，以及优质燃煤替代政策实施后家庭用煤情况、居民对补贴燃煤的评价等。

二、抽样

此次问卷依然依托于千人百村项目，具体抽样方法如下：

首先，根据北京市统计局官方网站公布的北京市统计用区划代码和城乡分类代码（2016年版），筛选出北京市 16 个区的全部农村，共计 3918 个。结合北京市统计用城乡分类指标和北京市行政区划特点，采用分层抽样方法，按农村村委会所在地进行了三级指标的划分，即一级指标分为城镇和乡村；二级指标为城区、镇区和乡村区；三级指标为主城区、城乡结合区、镇中心区、镇乡结合区、特殊区域、乡中心区和村庄。从现有分类指标及各指标下村的实际数量中发现各类之间的差异性较大，为便于抽样和研究，将镇中心村与乡中心村指标合并，最终融合为 6 个层次（表4-1）。用于抽样的六个层级确定后，按照层级将村进行一一对应，并按照升序方式排列各村。

表 4-1 抽样用分类指标

一级指标	城镇					乡村	总计
二级指标	城区		镇区			乡村区	
三级指标	主城区	城乡结合区	乡、镇中心区	镇乡结合区	特殊区域	村庄	
村委会数量	341	419	136	201	145	2676	3918

其次，配定各层级抽样的样本量。本次调查样本量为 200，村总量为 3918，抽样比近似为 20∶1。根据这一比例，每个层级的抽样数量分别近似为：17、21、7、10、7、134，然而按照此种方式划分，个别层级会出现样本量较少的情况，难以形成较好的代表性。基于此，调查根据各类别的规模和保障不同类别的能够进行较好的对比，确保每个类别在 20 个样本以上，采用调整配额的方式进行了重新分配。此外，由于村庄数量和其他类别差异过大，考虑到随着样本规模的增大，样本代表性的边际效用不断降低的情况，因此村庄层级配给 50 个样本较为合理。最终结果为主城区 40、城乡结合区 40、乡镇中心区 20、镇乡结合区 30、特殊区域 20、村庄 50。

再次，实施抽样，利用计算机按随机数方式按照配给量进行抽样（随机数重复的，跳过从下行开始）。

最后，样本村内的户抽样，采用等距抽样或者地图法。平均每个村庄完成约 22 份调查问卷，共完成有效问卷 3949 份。

三、问卷实施与质量控制

北京市问卷依托"千人百村"调查问卷由中国调查与数据中心实施,问卷的实施和质量控制过程同全国问卷(不含北京)。

第三节 河北问卷

一、问卷模块和主要内容

此次问卷开展时间为2017年1月至2018年3月,针对的是河北农村家庭在2017年的家庭基本情况、取暖用能情况、家庭取暖散煤治理政策实施情况、受访者对政策的认知情况、政策参与者的主观体验和支出情况。问卷主要包括家庭成员结构及关系、居住及房屋情况、家庭收入和支出情况、炊事用能情况、取暖用能情况等模块。其中,家庭成员结构及关系、居住及房屋情况、家庭收入和支出情况、炊事用能情况等模块和全国问卷、北京问卷相似。取暖用能模块进行了更加详细的调查:首先,问卷调查了受访者的取暖能源消费情况、能源获取和使用情况、受访者对家庭散煤治理政策的认知情况;针对参与煤改电、煤改气政策的受访者,问卷调查了政策的补贴情况、政策实施后取暖能源的支出情况、改造后居民的主观感受及在不同情况下居民的政策参与意愿;针对参与优质燃煤替代政策的受访者,问卷调查了换煤政策前后受访者取暖用煤使用情况、居民对补贴燃煤的评价等;针对所在地区尚未开展家庭取暖散煤治理政策的受访者,问卷设计了情景实验,调查在不同设备支出、取暖支出、室内温度、强制措施下,居民是否愿意参与政策。

二、抽样

本次调研由中国人民大学应用经济学院能源经济系负责。问卷重点考察了家庭取暖散煤治理政策实施情况、受访者对政策的认知情况、政策参与者的主观体验和支出情况。因此,调研样本主要是农村、城郊、城中村等地区使用分户式自供暖的居民,供暖方式为分户自供暖的样本为占比93.86%。本次调研覆盖了河北省所有城市(共11个市),问卷总数为550份。

三、问卷实施与质量控制

调查前,组织培训讲座,并撰写调查问卷指导手册。培训主要包括以下几个方面:第一,介绍调研意义,向访员普及我国能源转型的大背景和家庭取暖散煤治理政策，使访员对能源消费、散煤治理等问题有基本的了解。第二，对调查问卷进行补充说明，强调一些易混淆和较重要的问题，并教授一些访谈技巧。要求访员在调查时使用手机或 GPS 定位，准确填写地址、名称、日期等基本信息，方便后续进行数据整理、调研回访等。第三，以图文的形式介绍了供暖的设备和能源。访员中很多是城镇学生，未接触过农村的供暖设施。通过介绍，使得访员在调查中可以分辨不同设备、准确填写调查问卷。

调研中，通过微信群与访员保持联系。微信群有以下作用：第一，微信群中安排老师和学生助理，调研过程中，随时解答访员提出的问题。第二，用于搜集访员在调研过程中拍摄的照片，包括供暖设备、能源和调研村庄等，便于后续对调研问卷进行核对、回访。

调研后，对调研数据进行核查。对于调研数据中的异常值、缺失值等进行了修正。对于数据中前后矛盾的地方，结合问卷的前后逻辑进行分析，并且联系访员，确认问题所在，进行修正。

通过以上措施，最大限度保证调研问卷的质量。

第五章 调研数据统计分析

本章将分析全国、北京和河北受访家庭的家庭特征、住房情况、家庭取暖散煤和炊事散煤消费情况。家庭特征包括家庭人口、教育水平、劳动状态、人口流动、以及家庭收支情况。住房情况包括住房的建筑特征、日照、以及住房的隔热保暖改造等情况。取暖和炊事散煤消费特征包括取暖和炊事用能方式的描述、取暖和炊事用能总量和结构的估算和分析，以及取暖和炊事用能碳排放的估算。

第一节 家庭特征

一、家庭人口

根据本次调查的问卷概念定义，家庭常住人口区分于家庭总人口，是指在家中居住 6 个月以上的住户，不含访客、在职军人和住校学生。从全国范围来看，以家庭总人口数为 4～5 人的农村家庭居多；在北京市，以家庭总人口数为 2～3 人的农村家庭居多。而从常住人口来看，由于农村有大量人口外出打工，常住人口为 2 人的家庭居多（图 5-1）。

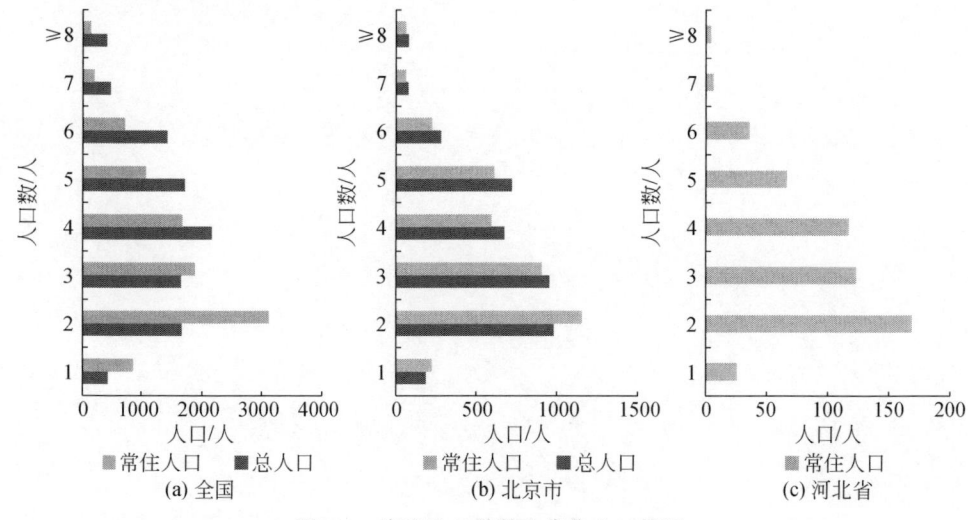

图 5-1 家庭人口总数和常住人口情况

根据全国问卷，关于家庭总人口的有效受访样本共计9890户。在接受调查的家庭之中，以4人和5人组成的家庭最为常见，分别有2159户和1719户，约占有效样本的21.83%和17.38%。其次为2人、3人和6人组成的家庭，分别有1664户、1654户和1427户，约占有效样本的16.83%、16.72%和14.43%。1人、7人和8人及以上的家庭较少，占有效样本的比例均不足5%。关于家庭常住人口的有效受访农户样本共计9680户，常住人口为2人的家庭居多，共有3118户，约占有效样本的32.21%，反映出农村有大量人口外出打工。其次是常住人口为3人和4人的家庭，分别有1890户和1685户，约占有效样本的19.52%和17.41%。常住人口为1人、5人和6人及以上家庭较少，约占有效样本的8.95%、7.30%和10.70%。

根据北京问卷，关于家庭总人口的有效受访样本共计3949户。在接受调查的家庭之中，以2人和3人组成的家庭最为常见，分别有982户和954户，约占有效样本的24.87%和24.16%。其次为4人、5人组成的家庭，分别有675户、721户，约占有效样本的17.09%、18.26%。6人组成的家庭有278户，约占有效样本的7.04%。1人、7人和8人及以上的家庭较少，占有效样本的比例均不足5%。关于家庭常住人口的有效受访农户样本共计3843户，常住人口为2人的家庭居多，共有1158户，约占有效样本的30.13%，反映北京农村同样有大量人口外出打工。

河北问卷仅调查了家庭常住人口数。根据河北问卷，关于家庭常住人口的有效样本为547户。常住人口为2人的家庭居多，共有169户，约占有效样本的30.84%，反映出农村有大量人口外出打工。其次是常住人口为3人和4人的家庭，分别有169户和123户，约占有效样本的22.45%和21.35%。常住人口为1人、5人和6人及以上家庭较少，约占有效样本的4.74%、12.04%和8.38%。

二、教育水平

根据调研数据分析可知，农村居民的整体受教育程度不高，超过90%的农村户主受教育水平为高中及以下（图5-2）。

根据全国问卷，关于户主受教育水平的有效样本为9669户，户主教育水平普遍较低，绝大多数人员教育水平为小学及以下（含文盲）和初中，占比分别约为44.13%和39.16%，高中（含职高、中专、技校）学历占比约为11.24%。另外有极少数人接受过大学本科及以上教育。由此看出，我国农村居民的教育程度普遍偏低。

根据北京问卷，关于户主受教育水平的有效样本为3700户，绝大多数人员教育水平为初中，占比约为43.62%。其次为小学及以下（含文盲）、高中（含

(a) 全国　　　　　　　　　　(b) 北京市　　　　　　　　　(c) 河北省

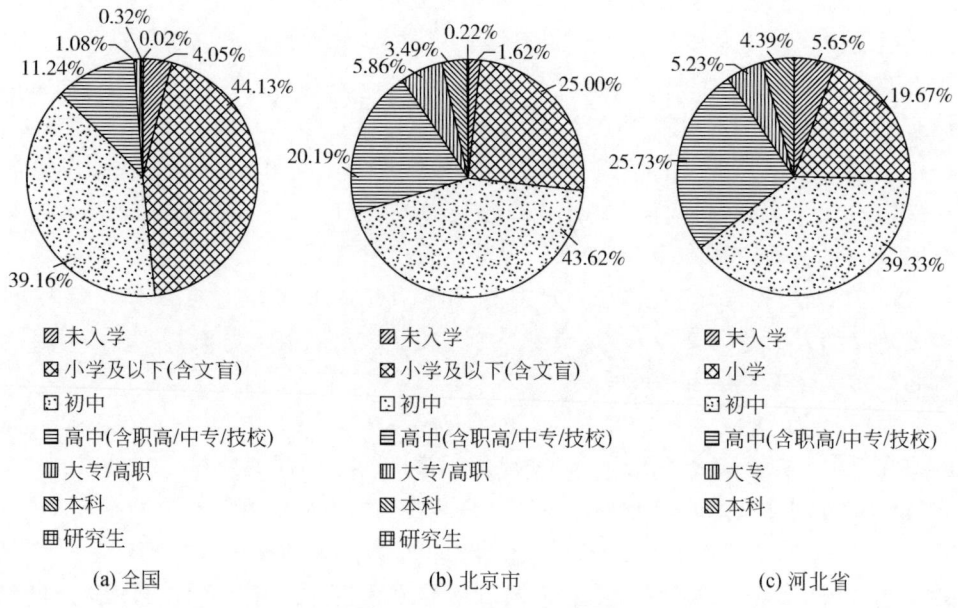

图 5-2　户主受教育水平情况

职高、中专、技校），占比分别约为 25%、20.19%。另外约有 5.86% 的人接受过大专/高职教育，约有 3.71% 的人接受过大学本科及以上教育。由此看出，北京农村居民的教育程度要高于全国平均水平。

根据河北问卷，关于户主受教育水平的有效样本为 478 户，绝大多数受访人员教育水平为初中、高中（含中专、职高、技校）毕业，占比分别约为 39.33%、25.73%。其次为小学，占比约为 19.67%。另外约有 5.65% 的人没有接受过正规教育，接受过大专、大学本科教育的分别约为 5.23%、4.39% 的人。相对于全国问卷，河北问卷抽取的样本中村民受教育水平较高。

三、劳动状态

根据调研数据分析可知，全国农户的工作以在本地务农或本地务工经商为主；北京外出务工经商的农户远远低于全国平均水平（图 5-3）。

根据全国问卷，关于户主劳动或工作状态的有效样本为 9681 户，绝大多数人员的工作以在本地务农为主，占有效样本的比重为 58.20%。其次为在本地务工经商（基本回家居住）、外出务工经商和在家做家务（不务农且无务工经商计划）者，占有效样本的比重分别为 16.81%、10.07% 和 8.48%。失业/待业和其他工作类型的人较少，占比均不超过 3.5%。

根据北京问卷，关于户主劳动或工作状态的有效样本为 3700 户，绝大多数

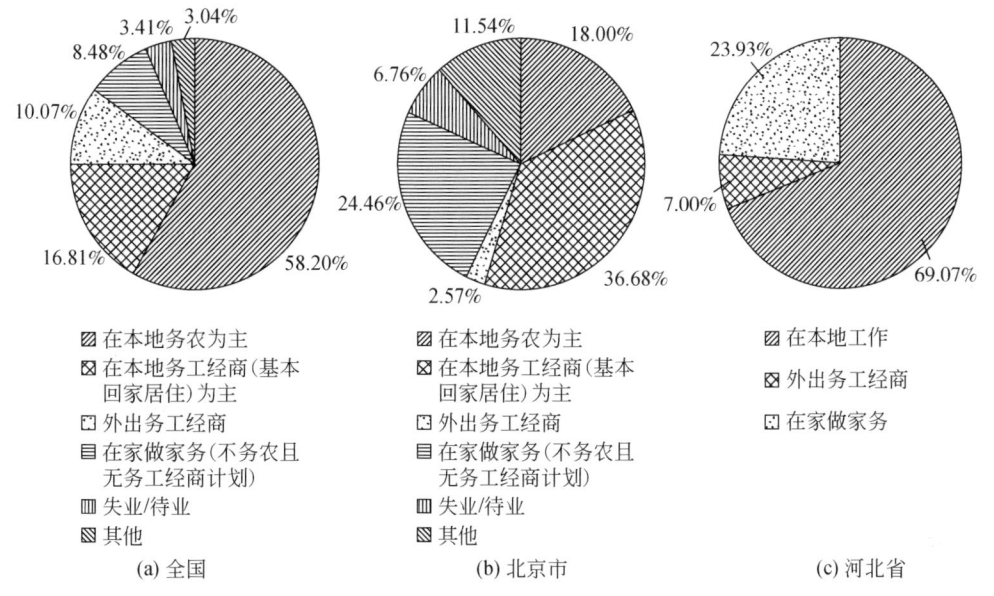

图 5-3 户主劳动或工作状态

人员的工作以在本地务工经商（基本回家居住）为主，占有效样本的比重为 36.68%。其次为在家做家务（不务农且无务工经商计划）、在本地务农者，占有效样本的比重分别为 24.46%、18.00%。失业/待业和外出务工经商的人较少，占比分别为 6.76%、2.57%。从事其他职业的人占比为 11.54%。

根据河北问卷，关于户主劳动或工作状态的有效样本为 514 户，绝大多数人员的工作以在本地工作为主，占有效样本的比重为 69.07%。其次为在家做家务（不务农且无务工经商计划）者，占有效样本的比重分别为 23.93%。外出务工经商者较少，占比分别为 7%。

四、人口流动

根据调研数分析可知，全国农户流动时，更倾向于流入级别更高的城市，如副省级城市、地市级城市（图 5-4）。

根据全国问卷，关于农村人口流入城市的有效样本为 1160 户，农户更倾向于流入级别更高的城市。大多数农户流入副省级城市、地市级城市，占有效样本的比例分别约为 25.69% 和 38.79%。约有 10.43% 的农户流入直辖市，流入县级城市、县城、乡镇的农户较少，占比均不超过 7.5%。

根据北京问卷，关于农村人口流入城市的有效样本为 115 户，绝大多数农户流入北京市区，其占比高达 85.22%，流入其他地区的农户占比均不超过 5%。

(a) 全国

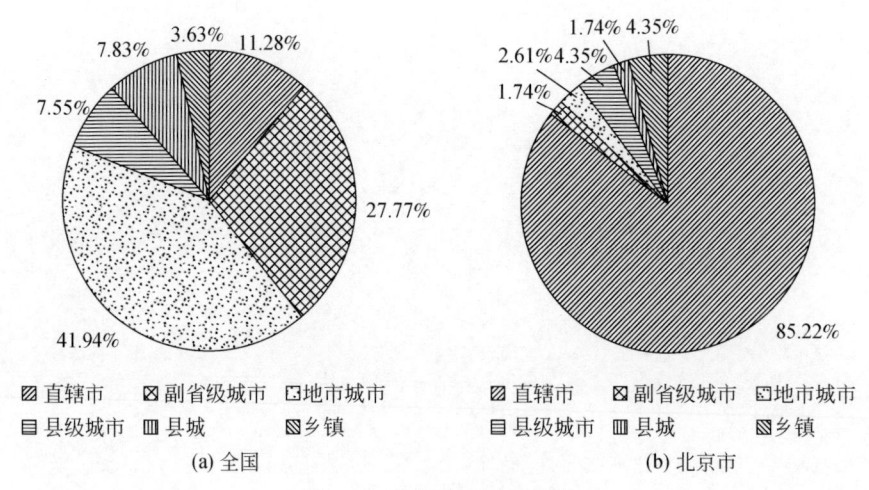

(b) 北京市

图 5-4　农户流入城市情况

五、家庭收支

根据调研数据分析可知，大多数农户家庭年收入和年支出为 1 万～5 万元，北京家庭的年收入高于全国平均水平（图 5-5）。

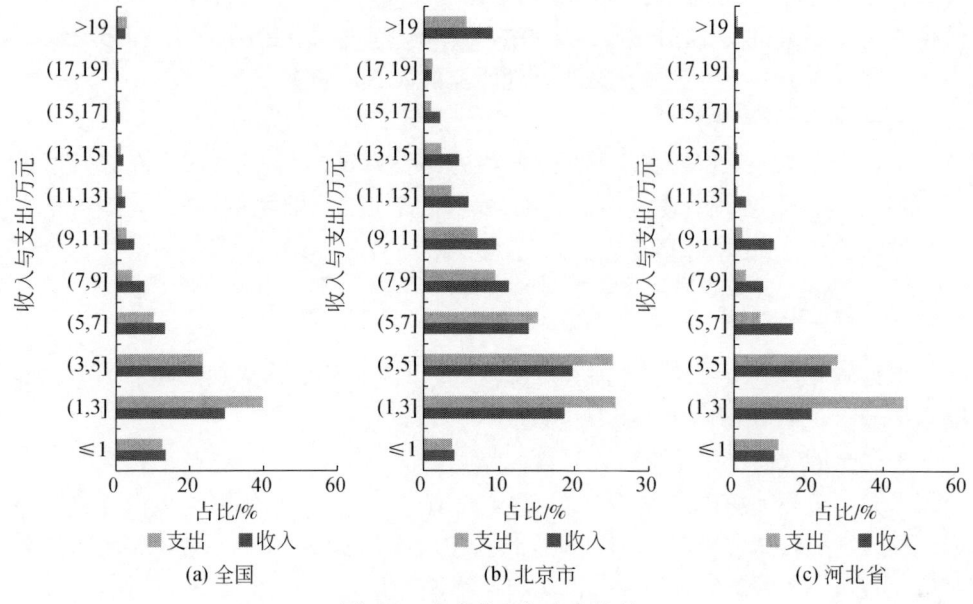

(a) 全国　　(b) 北京市　　(c) 河北省

图 5-5　家庭收入与支出情况

根据全国问卷，关于流入城市级别的有效样本为 1073 户，农户更倾向于流入级别更高的城市。大多数农户流入副省级城市、地市城市，占有效样本的比重分别为 27.77% 和 41.94%。有 11.28% 的农户流入直辖市，流入县级城市、县城、乡镇的农户较少，占比均不超过 8%。

根据北京问卷，关于流入城市级别的有效样本为 115 户，绝大多数农户流入直辖市，即北京市，占比高达 85.22%，流入其他地区的农户占比均不超过 5%。

根据河北问卷，451 户农村家庭中，家庭年总收入不超过 1 万元的家庭有 49 户，约占总体的 10.86%，约有 46.78% 家庭年收入在 1 万~5 万元，被调查家庭中约有 18.85% 年收入超过 9 万元，其中超过 19 万元的家庭约占 2.22%。与全国农户相比，家庭年收入低于 5 万元的河北农户占比相近，家庭年收入高于 9 万元的河北农户占比较多。支出方面，500 户农村家庭中，家庭年总支出不超过 1 万元的家庭有 60 户，占总体的 12.00%，有 73.40% 的家庭年支出在 1 万~5 万元。被调查家庭中有 4.20% 年支出超过 9 万元，其中超过 19 万元的家庭占 0.80%。与全国农户相比，河北农户的支出水平略低。

第二节 住房情况

一、住房建筑特征

（1）地理位置以农村为主

全国 9890 受访住户样本中，建筑所处的地理位置位于村庄的为 8407 户，占样本量的 85%。北京调查问卷主要面向城区和村庄的住户，不论行政村还是农户的调查，住房的地理位置都是以城区和村庄为主，而河北的调查问卷则主要面向农村。如表 5-1 所示，在河北 534 受访户中，建筑所处的地理位置位于村庄的为 318 户，约占调查样本量的 59.6%。如表 5-2 所示，北京 3949 受访住户中，建筑所处地理位置位于村庄的最多，为 1194 户，约占样本量的 30%。

表 5-1 河北建筑所处地理位置

建筑所处地理位置	频数	比例/%
市/县城区以外的镇	34	6.4
市/县城的中心城区	28	5.2
市县城的城乡接合部	67	12.5

续表

建筑所处地理位置	频数	比例/%
市/县城的边缘城区	87	16.3
农村	318	59.6

注：比例数据取约数

表 5-2 北京行政村、北京农户和全国建筑所处地理位置

建筑所处地理位置	北京行政村 频数	北京行政村 比例/%	北京农户 频数	北京农户 比例/%	全国 频数	全国 比例/%
主城区	31	16.93	657	16.64	7	0.07
城乡接合区	41	22.40	898	22.74	362	3.66
镇中心区	12	6.56	265	6.71	91	0.92
镇乡接合区	25	13.66	554	14.03	620	6.27
特殊区域	14	7.65	294	7.44	1	0.01
乡中心区	5	2.73	87	2.20	402	4.06
村庄	55	30.10	1194	30.24	8407	85.01
合计	183	100	3949	100	9890	100

注：比例取约数

（2）全国房屋建造时间集中在 2000~2009 年

如图 5-6 所示，全国房屋建造时间集中在 2000~2009 年，有 3068 家受访户

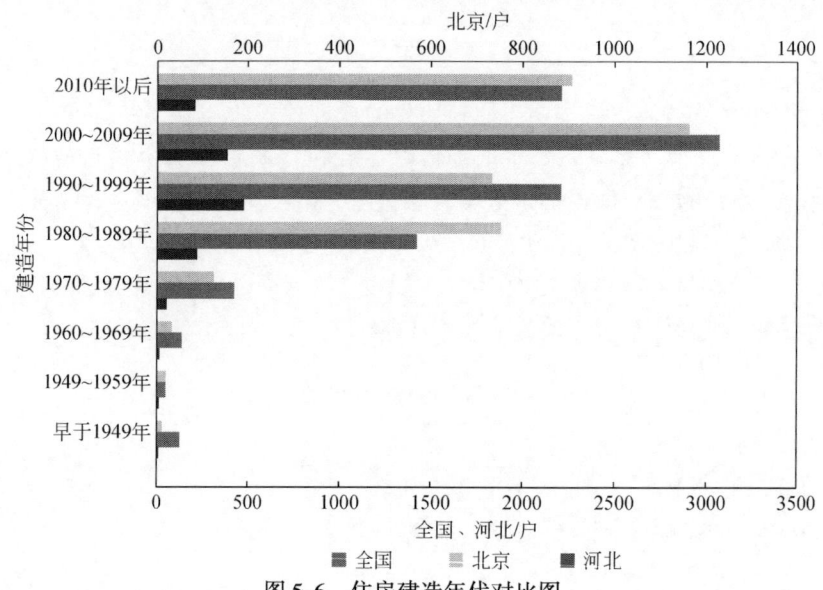

图 5-6 住房建造年代对比图

有效样本，占样本量的30%以上。北京建造的时间集中在2000~2009年，有1162家受访户，占样本量的1/3以上。河北的建造时间则集中在1990~2009年，有344家受访户，占样本量的1/3以上。

(3) 房屋类型大多数为自建房

房屋类型方面，全国的受访住户样本中，独户平房约占样本量的57%；独栋楼房约占38%，多户合住的楼房仅约占3%，其他的约为2%。北京的受访住户样本中，农户的房屋类型更多的是独户平房，占64%之多，多户合住的楼房约有26%；独栋楼房的约为8%，其他的约为2%。河北的受访住户样本中，住户的房屋绝大多数为自建房，占到了样本量的93%左右；商品房约为5%；其他的约为2%。

(4) 住房面积主要分布在60~120平方米

如图5-7和图5-8所示，全国和北京住房的建筑面积呈现正态分布，集中在(60, 120]平方米的区间。河北的住房建筑面积集中在(90, 120]平方米的区间，180平方米以上的住房也占有较大比例。

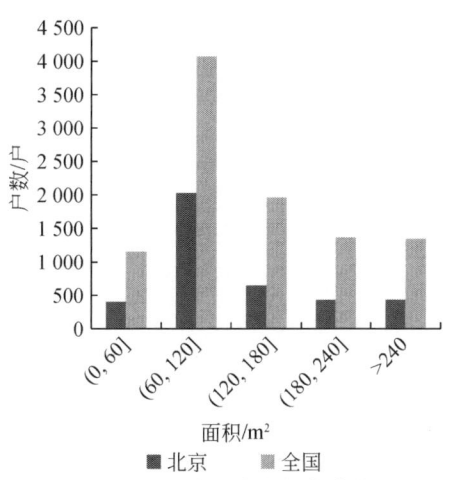

图5-7 北京和全国家庭住房建筑面积

二、日照与隔热保暖特征

(1) 全国大多采用单层玻璃，北京双层玻璃居多

双层玻璃在两层玻璃之间夹有空气层来隔音和隔热，比单层玻璃具有更好的

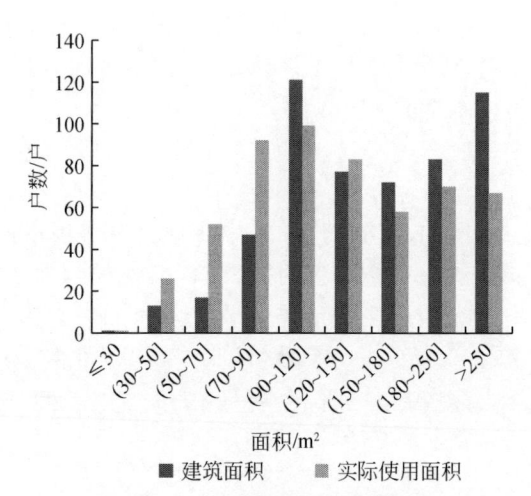

图 5-8　河北家庭住房建筑面积

御寒和隔音效果。从全国范围看，单层玻璃在建筑中的占比高达 82%，而使用双层玻璃的住户仅约占 17%，部分原因是中国在低纬度地区拥有广大领土，而这些冬季相较而言更为温暖的地区不需要采用双层玻璃的窗户进行保暖。北京以双层玻璃为窗户材料的住户约占有效样本的 58%。河北以双层玻璃为窗户材料的住户约占有效样本的 38%，低于北京，这与河北居民收入低于北京居民收入这一情况相符合。

（2）房屋阳光充足

房屋采光是房屋保暖情况中十分重要的部分。如果大多数人认为房屋阳光充足，采光问题就不会成为影响取暖的重要变量。根据调查数据，大部分受访户对于房屋采光情况较为满意，有 80% 多的受访者认为自己房屋的阳光充足，17% 左右的受访者认为一般，仅有约 3% 的受访者对自己房屋的采光提出不满。

（3）保暖改造有限

全国有效样本中约有 93% 的受访户表示从未进行保暖改造。北京约有 56% 的受访户表示从未进行保暖改造，约有 24% 的受访户进行过 1 项保暖改造，约有 13% 进行过 2 项保暖改造，而进行 3 项以上保暖改造的家庭仅占 7% 左右，说明保暖改造普及程度不高。河北的有效样本中只有约 17% 的住户进行了保暖改造，以及对阁楼、天花板等添加隔热材料，可见保暖改造在河北普及程度更低。不过，据河北问卷中的门窗封边问题调查，约有 48% 的住户进行了门窗的封边处理，说明门窗封边的保暖措施已经有一定普及。

第三节 取暖家庭散煤消费特征

取暖是北方家庭能源消费的主要用途之一。住宅的采暖系统主要分为两种：一种是集中供暖，将集中的热源通过管网传送给用户；另一种是分户自采暖，主要包括家庭自用锅炉管道采暖、空调或电暖气等方式采暖。本节基于全国、北京和河北的调研数据，分析总结取暖家庭散煤的消费特征。

一、取暖概况

在全国（含北京）的13 511个有效样本中，采取集中供暖的家庭约占8.06%，采取分户自供暖的家庭约占66.09%，混合供暖（集中供暖+分户自供暖）的家庭约占0.66%，没有供暖的家庭约占25.19%。河北省2017年样本中采取集中供暖的家庭约占4.32%，采取分户自供暖的家庭约占93.86%，混合供暖（集中供暖+分户自供暖）的家庭约占1.82%。由于本次调查的重点对象是农村住户，调查主题是家庭散煤，集中供暖的信息将不再赘述。

全国有9018户样本家庭采用了分户自供暖（包括混合式供暖），并自述总共拥有自供暖设备12 945件，平均每户拥有1.44件自供暖设备。拥有0~3件供暖设备的家庭达93.75%。因此，在供暖设备详细信息的获取中，我们每个家庭最多统计了3件供暖设备。从图5-9中可以看出，采暖火炉（燃烧木材/煤炭等）和炕是最主要的分户自供暖设备，分别约占所有自供暖设备的26.64%和25.04%。河北省的413户采用分户自供暖的家庭中，共有1177件自供暖设备，平均每户拥有2.85件。但河北省拥有0~3件供暖设备的家庭仅约占39.17%，相比于北京64.30%的占比，其个体之间差距较大。与全国结果一致的是，采暖火炉和炕也是河北省的主要分户自供暖设备。

以采暖火炉和炕为主的设备分布导致了家庭散煤在取暖中的使用量相对较高，在有效样本中，全国约有49.15%的受访家庭自供暖设备都使用了家庭散煤，约22.10%的家庭自供暖设备使用薪柴和秸秆（图5-10）。在所有家庭散煤的使用中，煤块的使用量最高。河北省调研数据中也是家庭散煤的使用量最高，约为63.40%，电力的使用占比仅约为15.54%。

分户自供暖的时长依地区不同而存在差异。如图5-11所示，大多数家庭的供暖期时长集中于3~5个月，少数家庭的供暖期小于1个月或大于6个月。从供暖区域来看，由于统计对象只包含分户自供暖用户，所以个别房间供暖的比例较大（53.16%），只有约21.16%的家庭供暖区域为所有房间全区域供暖。河北省问卷的分类有所不同，但实现全部房间供暖的也仅约有23.96%的住户，主要

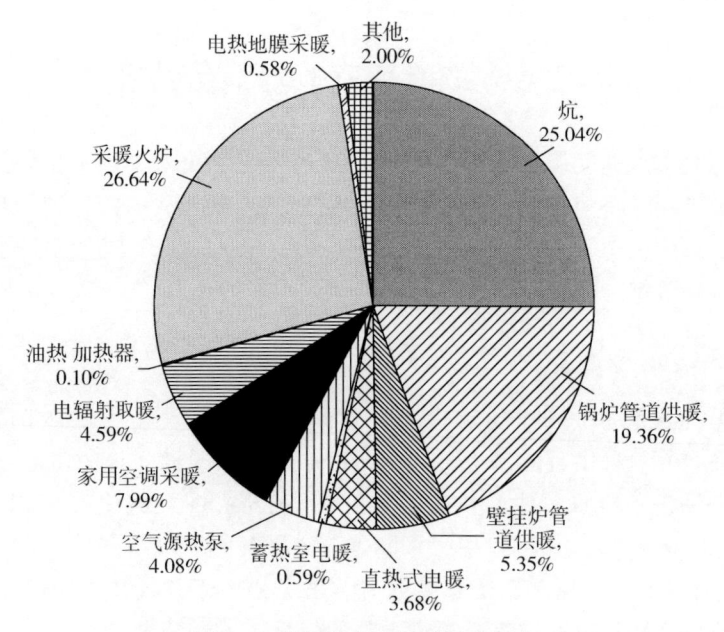

图 5-9 全国分户自供暖设备分布

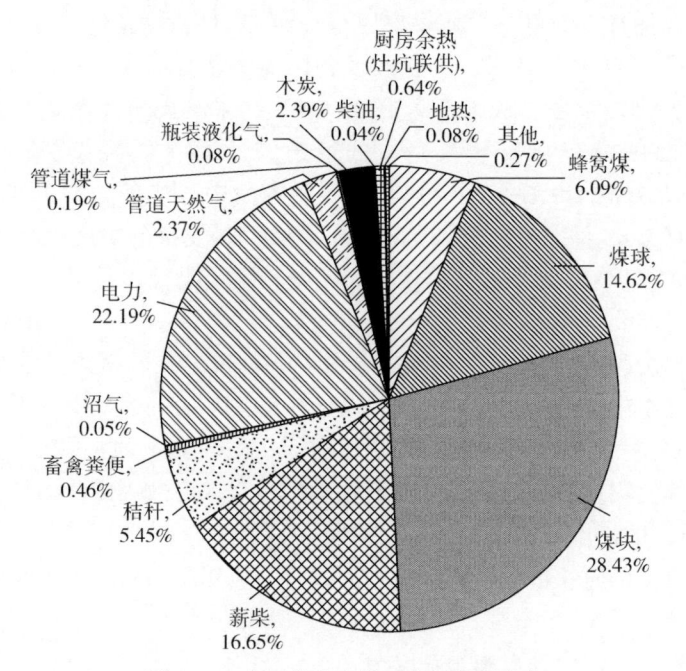

- 炕, 25.04%
- 锅炉管道供暖, 19.36%
- 壁挂炉管道供暖, 5.35%
- 直热式电暖, 3.68%
- 蓄热室电暖, 0.59%
- 空气源热泵, 4.08%
- 家用空调采暖, 7.99%
- 电辐射取暖, 4.59%
- 油热加热器, 0.10%
- 采暖火炉, 26.64%
- 电热地膜采暖, 0.58%
- 其他, 2.00%

图 5-10 全国分户自供暖使用燃料分布

- 厨房余热(灶炕联供), 0.64%
- 木炭, 2.39%
- 柴油, 0.04%
- 地热, 0.08%
- 其他, 0.27%
- 蜂窝煤, 6.09%
- 煤球, 14.62%
- 煤块, 28.43%
- 薪柴, 16.65%
- 秸秆, 5.45%
- 畜禽粪便, 0.46%
- 沼气, 0.05%
- 电力, 22.19%
- 管道煤气, 0.19%
- 管道天然气, 2.37%
- 瓶装液化气, 0.08%

的供暖区域集中在客厅和卧室。

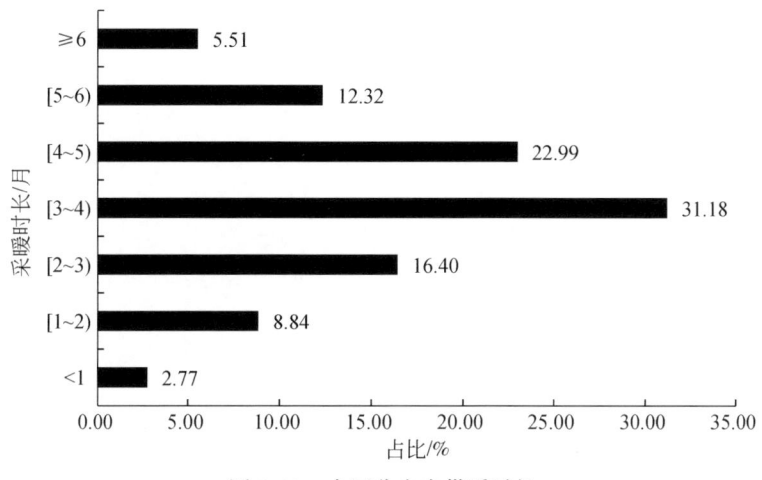

图 5-11 全国分户自供暖时长

采暖时长/月 占比/%:
- ≥6: 5.51
- [5~6): 12.32
- [4~5): 22.99
- [3~4): 31.18
- [2~3): 16.40
- [1~2): 8.84
- <1: 2.77

二、取暖的能源消费估计方法

（1）基本思路与方法

家庭日常衣食住行等活动通常伴随不同程度的能源消费量，不同活动对能源种类需求并不相同，即使同一活动，其所使用能源的种类亦可能并不唯一。除此以外，不同地区不同家庭出于地区获取能源的便捷性和经济性考虑，其能源消耗活动所涉及的能源种类更为多样，且由于不同家庭的活动频率存在差异，其对应的能源消费量亦有区别。因此，在核算家庭能源消费时，需具体至每个家庭在每项能源消费活动中所使用的能源种类，并根据其活动特征（如使用频率、使用时长等）得出该能源的实际消费量，并合算家庭各项活动的各类能源消耗量，从而得出该家庭的能源消费总量。

假设有 i 个家庭，使用了 n 类能源种类（如煤、生物质能等），能源主要用于 m 类消费活动（如烹饪、取暖等）。对于第 i 个家庭，以 $\text{Energy}_{i,m,n}$ 表示第 n 种能源用于第 m 类活动的实物消费量，相应的可以根据每类能源品的折标系数 coef_n 调整为以千克标准煤计量的标准能源消费量。

第 i 个家庭全年的能源消费量按以下公式计算：

$$\text{Energy}_i = \sum_{m=1}^{M} \sum_{n=1}^{N} \text{Energy}_{i,m,n} \times \text{coef}_n \tag{5-1}$$

第 i 个家庭的第 n 类能源消费量为：

$$\text{Energy}_{i,n} = \sum_{m=1}^{M} \text{Energy}_{i,m,n} \times \text{coef}_n \qquad (5\text{-}2)$$

与之类似，第 i 个家庭的第 m 类活动的能源消费量为：

$$\text{Energy}_{i,m} = \sum_{n=1}^{N} \text{Energy}_{i,m,n} \times \text{coef}_n \qquad (5\text{-}3)$$

为保证核算相互比较的有效性，本次家庭能源消费核算所涉及的设备参数基本沿用第一次和第二次家庭能源消费报告的参数制定和核算方法。本次调查的家庭能源消费活动分为两类：炊事和取暖。炊事设备消费量主要由设备的单位能耗（如烹饪设备的燃料单位消耗流量）、使用频率和使用时间决定。而家庭取暖的能耗受到取暖方式的影响。在集中式供暖系统下，取暖能耗被单列为一种能源类型，由于无法获取家庭所在区域的供热热源技术特征、燃料信息和管道热量耗损率等信息，我们通过计算住宅保温强度对其进行间接估算；在分户式供暖系统下，取暖能耗受到单位能耗（如空调的输出功率或薪柴的单位消耗速度）和取暖时长的影响。以下将按家庭能源消费活动特征来分类估计能源消费量。

(2) 取暖的能源消费估计

1) 集中供暖能耗的估计方法。住宅取暖能耗的两种计量方法分别为：估计住宅取暖总能耗（source energy）和估计住宅交付能耗（site energy）。取暖总能耗是指为住宅提供一定的取暖能源所需要的全部未经加工和经加工的能源，包括能源的生产耗损、传输耗损等。交付能耗是指在住宅用户终端取暖所消耗的能源量。在估计集中供暖的能耗时，由于无法获取家庭所在城市的供热热源技术特征、燃料信息和管道热量耗损率等信息，间接地通过以下公式计算住宅的交付能耗：

$$\begin{aligned}\text{Energy}_{\text{集中供暖}}（千克标准煤/年）= &\ 单位面积建筑基准能耗_{\text{集中供暖}} \\ &（千克标准煤/平方米\times采暖季）\\ &\times 建筑调整系数 \\ &\times 住房使用面积（平方米）\\ &\times 标准采暖季_{\text{集中供暖}}（采暖季/年）\end{aligned} \qquad (5\text{-}4)$$

首先，根据家庭住房的建筑年代设定其基准能耗。根据我国颁布的相关供暖要求（采暖季内室温不低于18℃）和能耗技术标准，单位面积建筑供暖基准能耗设定如下，基本特征是，住房的建筑年龄越短，其保暖效果越好。具体设定见表5-3。

表 5-3　各年代住房单位面积建筑基准能耗

住房建筑年代	单位面积建筑能耗 （千克标准煤/平方米，维持室温 18 摄氏度/采暖季）
1980 年以前	31.68
1980~1989 年	25.30
1990~1999 年	20.60
2000~2009 年	18.60
2010 年及以后	12.50
信息缺失	25.00

其次，考虑到对住房的建筑改造将会影响热量的流失量，从而影响供暖能耗，在此设定了相应的调整系数：如果对门窗进行封边处理，可以降低 10% 的能耗损失；如果对外墙进行保暖改造，可以减少 30% 的热量损耗；如果对阁楼、天花板和管道进行隔热处理，可以节能 10%。由于集中式供暖是对整个家庭住宅进行供暖，因此供暖面积采用家庭住房的套内建筑面积；若该变量的数据缺失，则选择集中式供暖的家庭平均住房使用面积替代。

由于不同地区采暖季时长不同，为了基于同一的采暖季进行比较，需要进行调整。采暖季时长依据调查数据中的"采暖时长（月）"和样本均值来进行调整；若"采暖时长（月）"数据缺失，则采暖时长采暖平均月数。设定一个采暖季为 a 个月，则每个家庭的采暖季时长为"采暖时长（月）/a"。

2）分户自供暖能耗的估计方法。分户自供暖所涉及的能源包括十二类：蜂窝煤/煤球/煤块、薪柴、秸秆、禽畜粪便、沼气、电力、管道天然气、管道煤气、瓶装液化气、木炭、柴油、地热等。所涉及的设备包括炕、锅炉管道、壁挂炉管道、直热式电暖器、蓄热式电暖器、空气源热泵、家用空调、电暖器、油热汀、采暖火炉和电热地膜采暖等。

与集中式供暖不同，分户自供暖并不是全天在所有住房面积上进行供暖。由于各个家庭采暖所使用的设备和燃料以及采暖时长不同，我们按供暖设备及其燃料分类，估计全年的供暖能耗。各类燃料的消费量将转化为以千克标准煤计量的能耗。

对于以电力为燃料的供暖设备，如空调、电辐射取暖（电暖器）、电热地膜采暖等，可通过电器功率的报告值、空调能效等级、每天平均采暖时长（小时）和全年采暖天数（天）进而计算以电力为燃料的供暖设备的全年用于供暖的能耗。即电力设备取暖全年的用电量为功率乘以每天采暖时长（小时）和全年采暖天数（天）。

对于使用非电力燃料（如天然气、薪柴、木炭、煤等）的供暖设备，如炕、锅炉管道供暖等则需通过燃料单位面积热负荷、住房实际使用面积、每天平均采暖时长（小时）和全年采暖天数（天），进而计算得全年的非电力燃料的消耗量。其中对于以薪柴和秸秆为燃料的供暖设备，当采用锅炉取暖时，假定薪柴和秸秆每天的单位面积热负荷为 0.1 千克/立方米，该系数乘以住房实际使用面积可得家庭每天使用薪柴和秸秆锅炉取暖的能耗，进而可以得到每小时的薪柴和秸秆消耗量。当使用炕或采暖火炉时，假定每小时需要燃烧 2 千克木柴或秸秆取暖，该系数乘以每天采暖时长和全年采暖天数，可得全年的薪柴或秸秆火炉取暖的能耗。对于以除薪柴和秸秆外为燃料的供暖设备，假定每种燃料的每天单位面积热负荷系数（立方米/平方米），该系数乘以住房实际使用面积可得家庭每天使用该燃料取暖的能耗，进而可以得到全年的燃料消耗量。各燃料的每天单位面积热负荷系数设定见表 5-4。

表 5-4　各取暖燃料的每天单位面积热负荷系数

取暖燃料种类	每天单位面积热负荷系数
管道天然气/煤气	0.0632 立方米/平方米
瓶装液化气	0.048 立方米/平方米
柴油	0.0576 升/平方米
其他燃料油	0.0576 升/平方米
木炭	0.1 千克/平方米
煤	0.1 千克/平方米

一般的估算公式可表达为：

$$\text{Energy}_{\text{分户自供暖:电力设备}}（千克标准煤/年）= 输出功率_{\text{分户自供暖:电力设备}}（千瓦）\\ \times 采暖时长_{\text{分户自供暖:电力设备}}（小时/天）\\ \times 采暖天数_{\text{分户自供暖:电力设备}}（天/年）\\ \times 电力折标系数（千克标准煤/千瓦时） \tag{5-5}$$

$$\text{Energy}_{\text{分户自供暖:其他}}（千克标准煤/年）= 单位面积负荷_{\text{分户自供暖:其他}} \\ （千克标准煤/平方米·天）\\ \times 住房使用面积（平方米）\\ \times 采暖天数_{\text{分户自供暖:其他}}（天/年） \tag{5-6}$$

(3) 取暖能源消费结果分析

1) 散煤是分户自供暖的主要能源。根据表 5-5 和表 5-6 的折标系数（发电煤耗法），建立分能源品种和能源用途的二维矩阵。计算结果显示：在集中供暖方面，由于农村和南方地区的集中供暖概念弱，全国农村的户均能源消费仅为51.26千克标准煤，而2016年北京农村家庭户均取暖能源消费高达421.55千克标准煤。在分户自供暖方面，由于全国和北京的数据是分开合算的，户均年消费量按照全国和北京的户数加权后得到。计算发现，2016年每个中国居民取暖平均消耗能源为559.60千克标准煤，其中炕和采暖火炉是消耗能源最多的设备。从能源品种看，家庭取暖消费的能源以家庭散煤为主，约占总使用量的45.97%，薪柴次之。家庭散煤的消费中，煤块占主要地位（2016年户均消费128.5千克标准煤），而蜂窝煤的使用量少，仅有35.43千克标准煤。河北省和北京市的能源消费量都显著高于全国，分别为942.23千克标煤和713.88千克标煤。2017年河北家庭户均取暖消费家庭散煤504.35千克标准煤，约占总消费的53.53%；而北京家庭户均取暖消费家庭散煤达395.35千克标准煤，约占总消费的55.38%。图5-12绘制了2016年包含取暖和炊事的全国农村居民家庭的能源消费去向。

表5-5 各能源品供热时的折标系数

能源品种	折标系数	单位
蜂窝煤	0.4285	千克标准煤/千克
煤球	0.35715	千克标准煤/千克
煤块	0.35715	千克标准煤/千克
薪柴	0.5710	千克标准煤/千克
秸秆	0.5000	千克标准煤/千克
畜禽粪便	0.4710	千克标准煤/千克
沼气	0.7140	千克标准煤/立方米
管道天然气	1.3300	千克标准煤/立方米
管道煤气	0.3571	千克标准煤/立方米
瓶装液化气	1.7143	千克标准煤/千克
木炭	0.3584	千克标准煤/千克
柴油	1.4571	千克标准煤/千克
电力	取决于所在省份发电标准煤耗	千克标准煤/千瓦时

注：不同家庭散煤品种的折标系数主要参照国家统计局"能源平衡表"中的设定。其中北京问卷对家庭散煤的分类（无烟煤、烟煤和煤块）和全国、河北有所不同，本报告设定无烟煤的折标系数为0.4285，烟煤为0.357。

表 5-6　2016 年部分省级发电煤耗系数　　　单位：千克标准煤/千瓦时

地区	发电标准煤耗	地区	发电标准煤耗
北京	0.294	河南	0.296
天津	0.206	湖北	0.295
河北	0.277	湖南	0.304
山西	0.301	广东	0.287
内蒙古	0.297	广西	0.301
辽宁	0.31	海南	0.271
吉林	0.283	重庆	0.298
黑龙江	0.303	四川	0.309
上海	0.287	贵州	0.302
江苏	0.283	云南	0.315
浙江	0.283	陕西	0.302
安徽	0.289	甘肃	0.300
福建	0.296	青海	0.321
江西	0.292	宁夏	0.298
山东	0.300	新疆	0.299

资料来源：《中国电力年鉴》编辑委员会，2018。

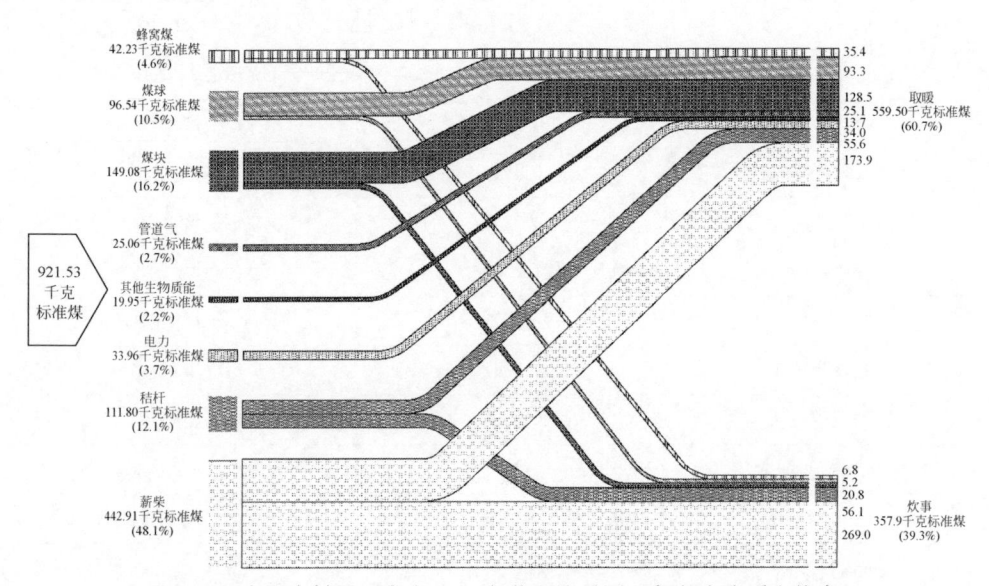

图 5-12　中国农村居民家庭 2016 年能源流量图（仅包含取暖和炊事）

2）从有效能角度来看，散煤在分户自供暖用能中的占比进一步提升。有效能是针对热能而言，无论是哪种能源种类或是哪种器具在做功时，都只能部分转化为有用功，即对部分热能加以利用。这一部分将针对各类燃料的热效率计算我国家庭的有效热能，以分析在我们使用能源的过程中具体有多少能量转为有效能供居民使用。通过总结前人的文献可知，相对于热电联产的供热机组和区域锅炉房的大型供热锅炉，生物质能和煤炭直接使用的燃料热效率较低。

通过表5-7的热效率换算，2016年我国农村居民家庭分户自供暖的有效能为208.44千克标准煤，仅约为实际能耗的37.71%。相比于之前的直接能源消费量，家庭散煤的有效能占比由45.97%上升至54.18%，电力由于转换效率较高，占比增加了一倍多（6.07%升至12.87%）。河北省2017年居民家庭分户自供暖的有效能为378.21千克标准煤，约是实际能耗的40.14%，电力占比由9.18%提升至18.30%。值得注意的是，北京市的有效能转换率可达50.14%，比河北省高出10个百分点。

表5-7 各类燃料的热效率　　　　　　　　　　　　单位:%

燃料种类	燃烧效率
热力	85
煤炭（直接）	28
煤炭（锅炉）	65
生物质能	20
沼气	50
电力	80
天然气	75
汽油	30
液化气	60
太阳能	40

资料来源：王效华和吴争鸣，1999；牛云蕡等，2013

3）散煤的碳排放占全部取暖排放的3/4以上。为分析能源消费过程中的环境问题，我们按照如下系数计算能源品碳排放量，其中，含碳量和碳氧化率数据来自《综合能耗计算通则》（GB/T 2589—2008）。平均低位发热量和排放系数数据来自《省级温室气体清单编制指南》（发改办气候〔2011〕1041号）。特别的，考虑到家庭煤炭燃烧不充分，因此仅取标准系数的50%。二氧化碳排放缺省值方面，蜂窝煤/煤球、汽油/柴油/煤油、液化石油气、管道天然气、管道煤气、燃料油和木炭的碳排放数据引自《IPCC国家温室气体排放清单2006》公布的住宅和农业/林业/捕捞业/养鱼场类别中固定源燃烧的缺省排放因子。对于生物质能,由于其具有"碳中和"的性质,因此取其碳排放系数为0。对于热力,根据国家发展和改革委员会公布的《公共建筑运营企业温室气体排放核算方法和报告指南》,取值为110 000千克/太焦。对于电力,采用的是2015年各省碳排放因子。具体排放系数和排放因子见表5-8和表5-9。

表5-8 能源品碳排放系数

能源类型	含碳量/(吨碳/太焦)	碳氧化率	排放因子95%置信区间下限	平均低位发热量/(千焦/千克)	排放系数
煤(无烟煤)	26.37	0.9	87 300	20 908	1.819 4
汽油	18.9	0.98	67 500	43 070	2.925 1
柴油	20.2	0.98	72 600	42 652	3.095 9
液化石油气	17.2	0.98	61 600	50 179	3.101 3
天然气	15.32	0.99	54 300	51 434	2.860 3
焦炉煤气	13.58	0.98	37 300	16 726	0.816 2
燃料油	21.1	0.98	75 500	41 816	3.170 5

表5-9 2015年区域电网碳排放因子　　单位:千克二氧化碳/千瓦时

地区	电网碳排放因子
华北	1.0416
东北	1.1291
华东	0.8112
华中	0.9515
西北	0.9457
南方	0.8959

注:2015年中国区域电网基准线排放因子OM2011—2013年电量边际排放因子的加权平均值

如图5-13所示,2016年全国户均取暖用能的平均碳排放为1565.40千克。从来源看,家庭散煤(主要是煤块和煤球)的碳排放最多,达1229.55千克/户,约占总排放的78.55%,其次是电力,占比约为14.7%。在农村家庭用能中,生物质能也是主要来源之一,其中比重大的是薪柴,而生物质能本身具有"碳中和"的性质,即其所含碳来自大自然,焚烧后碳排放并不改变大气中碳总量。分地区看,北京市和河北的户均碳排放显著高于全国水平,但来源不尽相同。河北省2017年户均碳排放为1567.62千克/户,家庭散煤的碳排放量约占总量的80.98%,其中煤块是主要的燃料。北京市取暖燃料依然以家庭散煤为主,但电力和管道天然气的使用高于河北。由于集中供暖的数据较少,这里将不另加描述其碳排放情况。

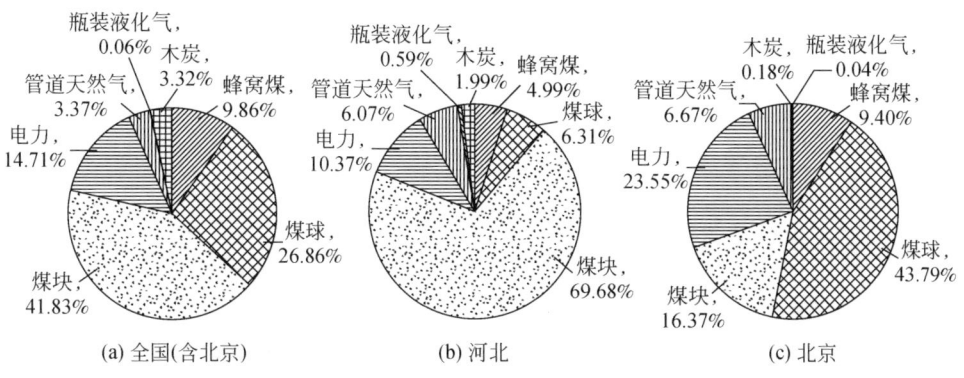

图 5-13 全国、河北和北京农村家庭用能户均二氧化碳排放情况

4)北方居民是取暖能源的主要消费者。

本报告以北纬 34°为分界线划分南方和北方,后文中所有涉及南方和北方的表述均以此为标准。另外由于部分省份被分成南方和北方两部分,不方便进行户数的核算,本报告在对南方和北方的能源消费特征进行比较时,使用的均是未加权的数据,即对调研所得的数据进行直接平均。

从能源消费看,在总量上,2016 年我国南方农村地区居民集中供暖户均消费能源 7.94 千克标准煤,北方为 133.51 千克标准煤。我国南方农村地区居民家庭分户自供暖消费能源 382.24 千克标准煤,人均能源消费量为 85.95 千克标准煤/年,北方地区分户自供暖消费能源 714.68 千克标准煤,人均能源消费量为 195.56 千克标准煤/年。北方地区居民家庭能源消费量(分户自供暖)是南方地区的 1.87 倍,人均能源消费量为 2.28 倍,这主要是由于北方地区的冬季采暖较为普遍。在能源种类上,南方和北方地区的取暖能耗都是以家庭散煤为主,其户均消费量分别为 133.32 千克标准煤/年和 364.75 千克标准煤/年,分别约占总消费量的 34.88% 和 51.05%,煤块和煤球在北方的使用量大致相当,但南方取暖主要使用煤块。其次是薪柴和秸秆,南方地区的消费量为 194.66 千克标准煤/年,北方地区为 259.97 千克标准煤/年,但南方薪柴秸秆的重要性远高于北方。南北方农村居民家庭取暖用能结构参见图 5-14。

从二氧化碳排放看,总量上,南方农村居民家庭 2016 年分户自供暖用能所产生的二氧化碳总量为 867.65 千克,人均排放为 195.09 千克/年;北方农村居民家庭 2016 年分户自供暖用能所产生的二氧化碳总量为 2148.15 千克,人均排放为 587.81 千克/年。取暖排放的二氧化碳远远高于炊事,且北方居民家庭取暖的年碳排放总量约为南方家庭的 2.48 倍，这与北方的供暖季概念有关。在产生碳排放的能源品种上，家庭散煤仍为南北方居民家庭碳排放的"主力"，南方居民家庭由家庭散煤产生的碳排放量为 660.10 千克，约占家庭碳排放总量的 76.08%，北方居民家庭由家庭散煤产生的碳排放量为 1723.61 千克，约占家庭碳排放总量的 80.24%。电力产生的碳排放分别约占南北户均排放的 10.99% 和 15.02%。

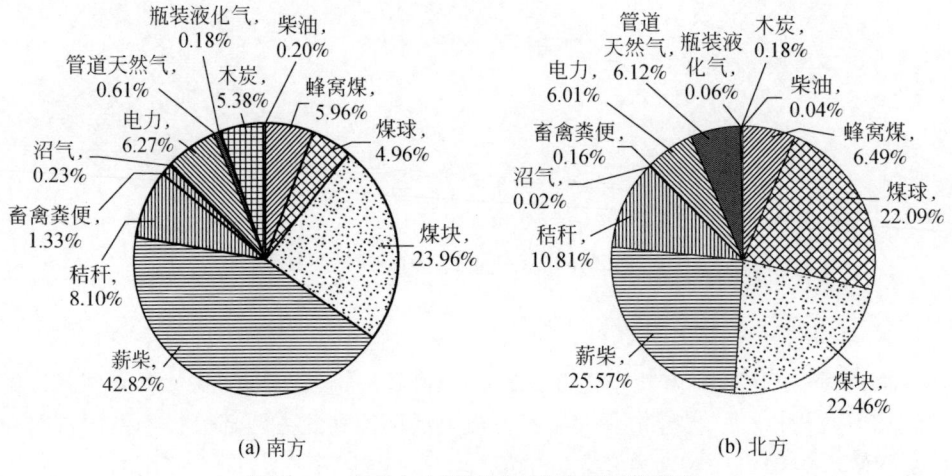

(a) 南方　　(b) 北方

图 5-14　南北方农村居民家庭取暖用能类型

第四节　炊事家庭散煤消费特征

本节基于对全国、北京和河北的调研数据，分析总结炊事用能的消费特征。由于本报告涉及的三次调研主要关注散煤和生物质能的使用情况，因此在炊事用能方面，仅就散煤和生物质能的使用进行调研，下文的炊事用能也仅包含这两大类能源使用情况。

一、炊事用能概况

本次调查涉及的炊事用能设备包括柴火灶/土灶、煤炉和沼气炉，燃料类型分为蜂窝煤、煤球、煤块、薪柴、秸秆、畜禽粪便和沼气，其中煤炉主要使用家庭散煤（蜂窝煤、煤球、煤块），柴火灶/土灶和沼气炉主要使用生物质能（薪柴、秸秆、畜禽粪便、沼气）。全国（除北京）受访的 9890 户农村家庭总共拥有 8843 个炊事设备，平均每户 0.89 个。其中使用柴火灶/土灶的家庭最多，约占总体的 67.82%，其次为煤炉，约占总体的 28.16%，少数家庭使用沼气炉。河北省 2017 年 550 户受访家庭共拥有 407 个炊事设备，平均每户 0.74 个，其中煤炉的使用最为频繁。

与取暖类似，全国（除北京）受访家庭使用的煤炉燃料类型以家庭散煤和薪柴秸秆为主，其中，54.65%为煤块，27.41%为蜂窝煤，12.93%为煤球，其余为生物质能（无畜禽粪便）。使用的柴火灶/土灶燃料类型中，76.95%为薪柴，14.90%为秸秆，0.50%为畜禽粪便（图5-15）。河北省2017年的数据中煤块依旧是家庭散煤中使用最多的燃料，而相比麦秸秆，玉米秸秆在柴火灶的燃料中占主要地位。

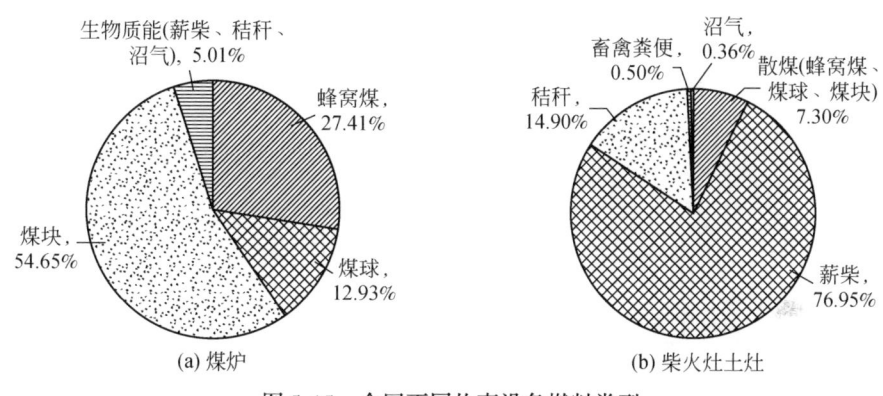

图5-15 全国不同炊事设备燃料类型

从使用频率上看，80.07%的煤炉每天至少使用1次，54.72%的煤炉每天使用的频率不小于3次，仅有9.96%的煤炉每周使用的频率小于1次；87.22%的柴火灶/土灶每天至少使用1次，62.44%的柴火灶/土灶每天使用的频率不小于3次，仅有6.78%的柴火灶/土灶每周使用的频率小于1次（图5-16）。在使用时间上，28.27%的煤炉每次使用15~30分钟，26.85%的煤炉每次使用30~45分钟；35.36%的柴火灶/土灶每次使用15~30分钟，29.16%的柴火灶/土灶每次使用30~45分钟（图5-17）。

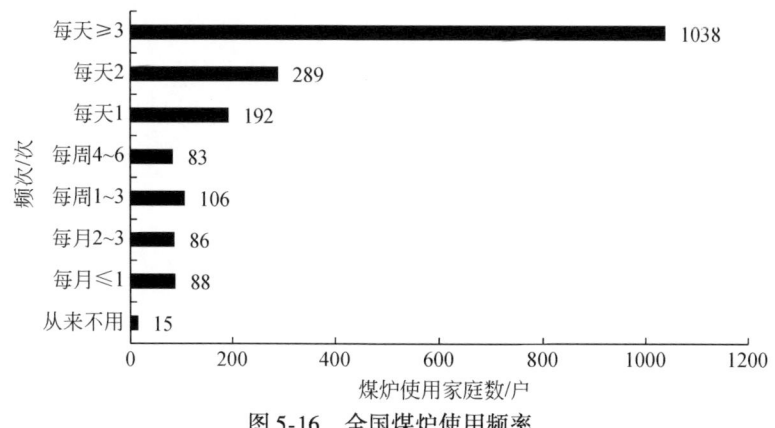

图5-16 全国煤炉使用频率

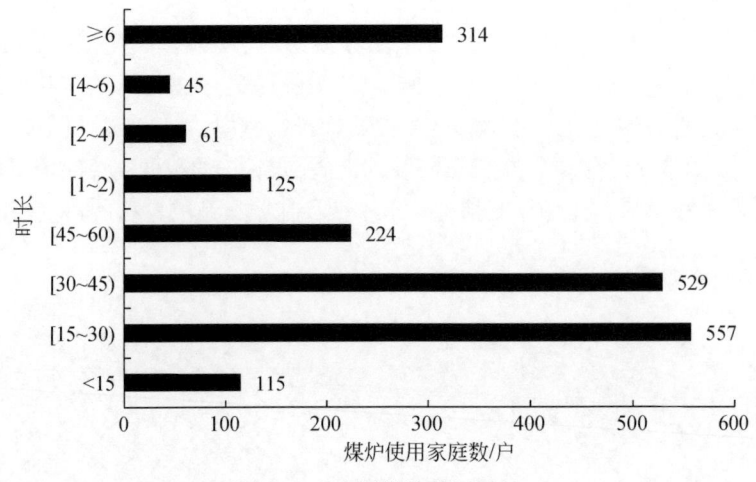

图 5-17　全国煤炉使用时长

二、炊事的能源消费估计方法

炊事用途调查所涉及的能源包括五类：蜂窝煤/煤球/煤块、薪柴、秸秆、禽畜粪便、沼气；所涉及的设备类型为柴火灶/土灶、煤炉和沼气炉三类。计算厨房设备的能源消耗需要考虑以下几个因素：设备的单位小时能耗（燃料的单位消耗流量）、每天使用频率、每次平均工作时间和每年使用天数。烹饪设备的每天使用频率、每次平均工作时间和一年中所使用天数的乘积即为该设备每年的使用时间。设备一年中所使用天数为住户每年在该住房（接受调查时的住房）居住的天数。厨房设备每年的能源消耗由以下公式计算：

$$Energy_{厨房设备}(千克标准煤/年) = 单位小时能耗_{厨房设备}(千克标准煤/小时) \times 使用时间_{厨房设备}(小时/年)$$

(5-7)

灶头的单位小时能耗参数，均查阅文献和行业技术标准来确定。其中煤炉的单位消耗速度为 0.33 千克/小时；以薪柴、秸秆和禽畜粪便为燃料的柴火灶的单位消耗速度为 2.00 千克/小时；以沼气为燃料的沼气炉的单位流量为 0.40 立方米/小时。

三、炊事能源消费结果分析

（1）炊事用能以薪柴和秸秆为主

根据取暖估计中的发电煤耗折标系数，估算出 2016 年中国农村居民家庭炊事平均消耗能源（只包含柴火灶/土灶、煤炉和沼气炉）为361.94千克标准煤（表5-10），其中柴火灶/土灶消耗能源313.75千克标准煤，煤炉消耗能源44.46千克标准煤，沼气炉消耗能源3.73千克标准煤。从能源品种看，由于农村炊事设备以柴火灶/土灶为主，且农村地区生物质能可获得性强、采集成本低，家庭炊事消费的主要能源为薪柴、秸秆，约占总使用量的85.21%。在对家庭散煤的消费中，煤块占主要地位（2016年户均消费20.58千克标准煤），煤球的使用最少。

表5-10 2016年全国农村家庭户均炊事用能　　　单位：千克标准煤

	能源消费类型	蜂窝煤	煤球	煤块	薪柴	秸秆	畜禽粪便	沼气	合计
炊事	柴火灶/土灶	0.49	0.28	2.84	255.23	52.90	1.91	0.10	313.75
	煤炉	6.31	2.94	17.74	13.80	3.16		0.52	44.46
	沼气炉							3.73	3.73
	合计	6.80	3.22	20.58	269.03	56.05	1.91	4.34	361.94

考虑河北省2017年数据，每个居民家庭炊事平均消耗能源（只包含柴火灶/土灶、煤炉和沼气炉）为213.02千克标准煤（表5-11），其中柴火灶/土灶消耗能源144.40千克标准煤，煤炉消耗能源64.86千克标准煤，沼气炉消耗能源3.76千克标准煤。由于河北省的数据中包含部分城市家庭，薪柴、秸秆占全部能源消费的比例下降到53.73%，家庭散煤的使用量上升。在所有家庭散煤使用中，煤块占比52.33%，蜂窝煤占比39.41%。

表5-11 2017年河北省城乡家庭户均炊事用能　　　单位：千克标准煤

	能源消费类型（河北）	薪柴	秸秆（棉花、玉米、麦）	畜禽粪便	蜂窝煤	煤球	煤块	沼气	玉米芯	木炭	合计
炊事	柴火灶/土灶	61.09	72.41	0.00	1.78	0.13	2.72	0.00	6.27	0.00	144.40
	煤炉	5.75	3.26	0.00	20.50	4.53	26.85	0.24	3.52	0.22	64.86
	沼气炉	0.00	0.26	0.23	0.00	0.01	0.01	3.24	0.00	0.00	3.76
	合计	66.84	75.93	0.23	22.28	4.67	29.58	3.48	9.79	0.22	213.02

（2）炊事有效能转化率低于取暖

经过换算后，2016年我国农村居民家庭的有效能（只包含柴火灶/土灶、煤炉和沼气炉）为76.14千克标准煤，仅为实际能耗的21.04%，比取暖的转换率更低（表5-12）。由于家庭散煤的转换效率比生物质能略高，家庭散煤的有效能占比由8.45%上升至11.25%。2017年河北省城乡居民家庭的有效能为48，19

千克标准煤，是实际能耗的 22.62%，家庭散煤的有效能占比由 26.54% 上升至 36.85%。

表 5-12　2016 年全国农村家庭户均炊事有效能　　单位：千克标准煤

能源消费类型（全国）		蜂窝煤	煤球	煤块	薪柴	秸秆	畜禽粪便	沼气	合计
炊事	柴火灶/土灶	0.14	0.08	0.80	51.05	10.58	0.38	0.05	63.07
	煤炉	1.77	0.82	4.97	2.76	0.63		0.26	11.21
	沼气炉							1.86	1.86
	合计	1.90	0.90	5.76	53.81	11.21	0.38	2.17	76.14

（3）炊事碳排放河北高于全国平均水平

与取暖估算方法一致，对于标准化的每个居民家庭，每年炊事用能的户均碳排放为 150.23 千克（表 5-13）。其中，煤块是碳排放产生的最主要来源。河北省 2017 年户均炊事用能碳排放为 270.25 千克，超过全国平均水平。

表 5-13　2016 年全国农村家庭户均炊事碳排放量　　单位：千克二氧化碳

能源消费类型（全国）实物量		蜂窝煤	煤球	煤块	薪柴	秸秆	畜禽粪便	沼气	合计
炊事	柴火灶/土灶	2.07	1.44	14.50					18.01
	煤炉	26.78	14.99	90.44					132.22
	沼气炉								0.00
	合计	28.86	16.43	104.94					150.23

（4）炊事用能的南北差异不明显，北方散煤使用比例高于南方

从能源消费看，在总量上，2016 年我国南方地区居民炊事户均消费能源 384.76 千克标准煤，人均能源消费量为 86.51 千克标准煤/年；北方地区居民炊事户均消费能源 319.55 千克标准煤，人均能源消费量为 85.97 千克标准煤/年。总体来说南北方差异不大，且相比取暖用能较低。在种类上，南方和北方地区的炊事能耗都以薪柴、秸秆为主，但南方地区用于炊事的户均薪柴消费达到 320.15 千克标准煤/年，占全部消费的 83.21%，北方地区相对平衡，仅占全部消费的 54.48%。在家庭散煤的消费上，南方户均消费仅为 22.55 千克标准煤/年，仅占全部消费的 5.86%，北方地区相对较高（主要高在煤球和煤块），为 45.55 千克标准煤/年，占比为 14.25%（图 5-18）。

从二氧化碳排放看，在总量上，南方居民家庭 2016 年炊事用能所产生的二

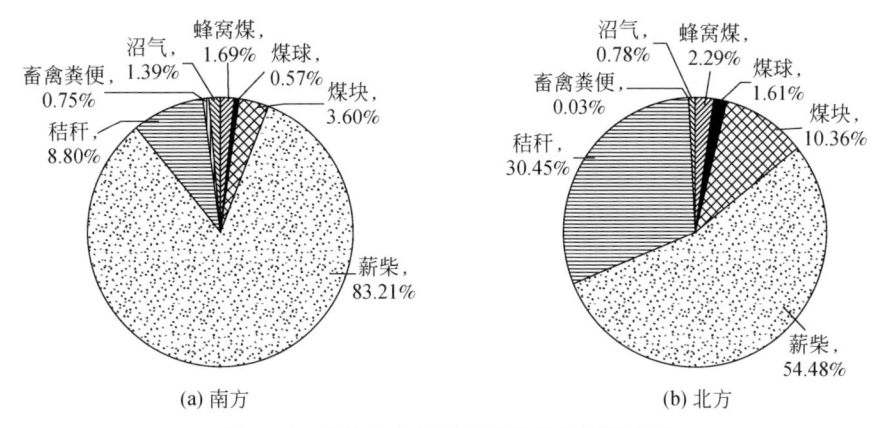

图 5-18 南北方农村居民家庭炊事用能类型

氧化碳总量为 109.46 千克，人均排放为 24.61 千克/年；北方居民家庭 2016 年炊事用能所产生的二氧化碳总量为 225.93 千克，人均排放为 60.78 千克/年。北方居民家庭的年碳排放总量约为南方家庭的 1 倍多，这主要是由于南方的薪柴秸秆等碳中和性质的燃料使用较多。在产生碳排放的能源品种上，由于只统计了家庭散煤和生物质能的信息，南方和北方碳排放的主要来源都是煤块。

第三篇

政策的实施及效果分析

第六章 散煤治理政策试点的空间选择

散煤治理政策是一项惠民的公共政策。如果将政策看成商品，那么供求双方分别由政府和居民来扮演。由于政策试点的选择和推行方式与各层政策决定者的偏好和考量密切相关，而这又直接影响到政策实施效果。因此，本章将从决策者角度出发，试图探寻决策者在制定政策时考量的因素。由于政策在不同地区开展的情况不同，我们把该情况理解成政策的空间选择问题。

以河北省为例，河北省是我国雾霾最为严重的地区之一，其几个主要重污染城市在列入《京津冀及周边地区2017—2018年秋冬季大气污染综合治理攻坚行动方案》"2+26"个重点城市后，各地政府纷纷开展"减煤"（以"煤改气""煤改电""优质燃煤替代"为主）试点项目，以推进辖区环境的治理。2017年，在"大气十条"收官考核之年大规模提速的"煤改气"，令华北地区一度出现比往年更严峻的"气荒"现象。河北省于2017年11月28日拉响全省天然气供应橙色预警（Ⅱ级预警状态），意味着该省的天然气供应存在缺口。"短气"局面的出现与"煤改气"政策的快速推进有着密切的关系。政策执行者的过度预期，加之供暖季期间居民用气需求的集中释放，最终超过了原先的冬季保供方案，导致河北省减煤试点项目受挫。据数据显示，河北省"减煤"项目开展以来，存在效果与预计目标不符的现象。例如，廊坊市要求在禁煤区内，以推进"电代煤"工程为工作重点，但数据显示该地区参与的是"煤改气"项目。

介于此，本章将以河北省减煤试点为例，从公共政策的视角出发，用反向思维策略来推导政府领导者在决策时的偏好。具体来说，本研究根据河北省农村居民减煤试点的空间分布结果，试图回答政策内容是否具有科学性？决定政策内容的因素是什么？政府还需做出哪些改进？本章研究除了对河北省减煤工作提供政策建议外，可为公共政策的试点问题提供案例。

第一节 政策发展概述

至2013年，随着环境污染日益严重，我国政府意识到环境问题的危害性，颁发《大气污染防治行动计划》，对各地区大气污染设立了明确的控制目标，并提出加快推进"煤改电""煤改气"等工程建设，减少污染物排放。减煤政策正式走上议程。2015年，中央针对北方几个城市作出规定，在《京津冀及周边地区大气污染联防联控2015年重点工作》中，将北京、天津以及河北省的唐山、廊坊、保定、沧州一共6个城市（"4+2"城市）划为京津冀大气污染防治核心区，散煤治理政策范围开始扩大，政策制定目标明确。2016年，习近平主席指出"要按照企业为主、政府推动、居民可承受的方针，宜气则气、宜电则电，尽可能利用清洁能源，加快提高清洁供暖比重。"作为政策的主体，中央认识到减煤政策的开展要考虑居民家庭的经济承受能力。相比之前，这期间减煤政策力度有所加大，政策内容更加清晰，执行政策以政府预期和群众自愿相结合。2018年初，国家能源局新闻发布会上，郭伟强调中央要充分发挥财力的支持作用，利用价格机制和补贴设计两种手段，从资金方面增加百姓参与政策的动力，解决居民采用清洁取暖的最核心问题。

  河北省在中央的部署下防治大气污染，落实中央环保督察反馈意见，集中开展散煤污染的整治专项行动，工作内容基本与中央政令相符。项目开展前阶段，政府的工作落脚在"减"。2014年的《关于加快全省洁净型煤推广工作的通知》，揭示着民用燃煤的淘汰出局。2015年，河北省政府对型煤质量进行严格要求，要求到2017年底，对民用燃煤要实现全替代，其中洁净型煤替代在90%以上，其余部分由无烟煤、兰炭等清洁煤替代。此后，工作重点转移到其他种类能源替代。2016年的《河北省散煤污染整治专项行动方案》指出加快实施清洁能源替代工程，逐步提高城市清洁能源使用比重，积极推进居民生活采暖煤改电；大力开发可再生能源，因地制宜、科学合理利用清洁能源供热采暖。2017年，能源选择范围更广，《河北省住房城乡建设科技创新"十三五"专项规划》指出开展低层建筑太阳能与其他能源耦合采暖、寒冷地区空气源热泵与其他能源耦合采暖。2018年初，河北省发展和改革委员会要求"除2017年结转的农村煤改气任务外，2018年原则上不再新增农村煤改气和燃煤锅炉改气"。上述文件同时称，河北省煤改气的继续推进将与气源落实情况相挂钩，待有新增气源后，再考虑实施新的煤改气工程。可见，河北省政府考虑到目前的气源紧张程度，待气源得到保障之后，再部署具体推进计划。

  2016年以后，河北省政府政策内容更加合理可行。"因地制宜、统筹兼顾""先易后难、有序推进"、"合理负担、惠及民生"三原则的出台，明确工作内容不只关注指标的完成，更考虑到经济因素，从百姓承受能力的角度出发，提高政府投资力度，参照燃煤成本给予运行费用补贴；统筹规划清洁能源、电网、天然气管网科学衔接，注重政策安全性和可操作性；考量条件，找好工作的出发点，实行整村推进，在氛围好、易操作、投入少的平原地区先行启动，发挥示范带动作用。2017年，河北省《"十三五"能源发展规划的通知》明确提出提高清洁高效能源的利用水平，推进能源消费革命，利用资源禀赋，选择合适的能源资源，开展"减煤"项目。

2015年以来，河北省地方政府把农村"减煤"工作作为一项重大环保工程推进，但政策开展具有明显的地方偏好性，政策的选择出现"一刀切"现象，省内各地区补贴政策和减煤积极性存在差异。例如，石家庄作为河北省会，治理散煤污染的积极性高涨。2017年起，石家庄所有城中村用户散煤取暖一律改用天然气替代，此次改造中，政府对38个城中村的居住用房进行补贴，较高补贴至900元封顶。同年底，在四组团的农村地区力争实现燃煤归零，完成38万户分散燃煤采暖居民"煤改电"。地处廊坊、保定禁煤区的农村，气代煤补贴方案较多，设备购置补贴70%，每户最高补贴金额不超过2700元，由省和市（县）各承担1/2，其余由用户承担。衡水市政府根据2016年全市政策落施情况提出到2020年农村地区用能基本实现清洁能源替代，使用气采暖和电采暖的居民，仅对其中一种采暖方式进行补贴，每户最高补贴900元。

综上所述，为落实"减煤"工程，从中央到地方自上而下地开展了多轮政策推进工作。"减煤"项目分阶段的层层推进，体现出地方政府基本按照中央的部署开展工作。政策不仅涉及环境效益，还考虑了居民可承受范围、财政支持力度等因素。但是，政策在下游端也出现了不理想的一面，如政策带有地方偏好性，选择供暖的方式较为片面。项目开展以来，政策执行过程中缺乏有效评估，很难看出工作的质量。鉴于中国目前不透明和秘密的政策体制（Ni et al.，2015），公众没有明确和透明的渠道来获取决策过程中考虑的信息和项目具体落实的情况，本章接下来试图提出假设，并揭示该项公共政策的运行机制。

第二节 数据与描述性分析

一、数据来源

本节中散煤治理的数据来源于中国人民大学能源经济的"河北省居民散煤和生物质能源消费调查"活动，通过问卷的方式获得有效样本550份。问卷调研了农村居民所属村庄、村民参与散煤治理等情况。

除了河北省居民散煤和生物质能源消费调查问卷外，还查找河北省经济统计年鉴、河北省统计公报得到参与调研的各县的人均财政收入；通过谷歌地球获取各村经纬度、海拔高度以测算出地形；通过百度地图获取各村庄村委会到县政府距离。

二、政策落实的总体情况

通过海拔、经纬度数据和调查问卷数据中家庭参与的项目，我们做成如图6-1的空间分布图。从图6-1可以看出，至2018年春季，四种能源政策参与情况的差异较大，说明河北省地方决策者在能源种类的选择上有一定的偏好。参与"煤改气"的村庄超过50%，且多分布在东南部平原地区；参与煤改电的村庄却很稀疏，分布大致在全省边缘的丘陵山地地带。选择优质煤替代、集中供暖的村庄更少，但大多也在平原地区。仍有43.19%的村庄未参与到"减煤"项目当中，这其中包括即将参与的和不打算参与的。

图6-1 河北省农村"减煤"政策的空间分布

三、不同收入水平下减煤政策的实施情况

有关学者指出，社会成员的生活质量和公共政策分配的结果越来越紧密地联系在一起，有时政策落脚点很难兼顾公平与效率，于是"效率"和"经济"成为评判公共政策的首要准则和价值尺度（王彩波和丁建彪，2012）。家庭收入是衡量经济水平的有效指标，收入差距大会明显导致政策的公平性缺失（权衡，2004），政府往往会选择在条件好的地区实施政策，象征性地完成指标。

此外，收入水平在很大程度上直接影响居民家庭能源种类选择和消费量（陈占明和朱梦舒，2018）。农户家庭收入的提高，其对能源的舒适性、便利性、卫生特性的要求将提高（陆慧和卢黎，2006）。根据调查数据，对河北省农村家庭收入进行核密度分布处理后再分组，发现家庭年收入大致分布在 1 万~10 万。图 6-2 可以看出，随着家庭收入的增多，村庄参与政策的比例也不断提高。其中，收入超过 20 万的村户，参与政策的比例达到了 100%。因此，本书提出如下假设：

H1：家庭收入是政府实施政策的考量因素之一。

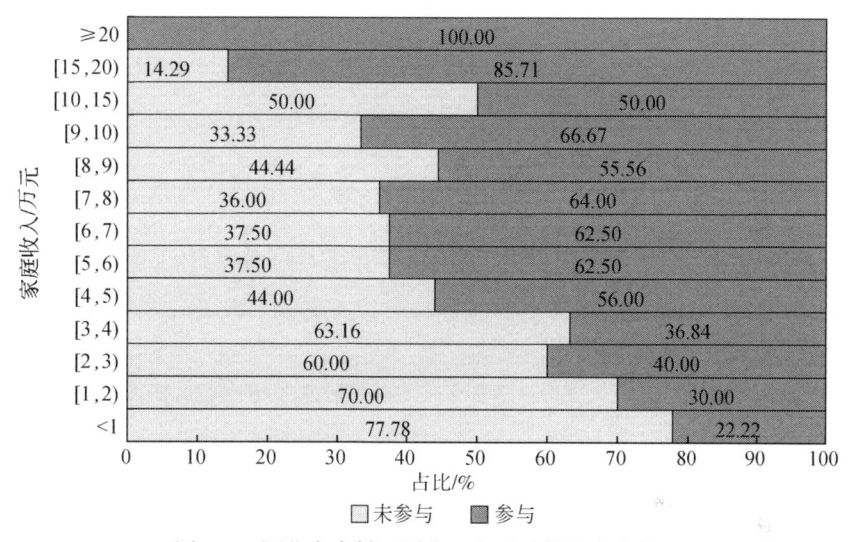

图 6-2 河北省农村不同收入水平政策的实施情况

四、不同距离条件下减煤政策的实施情况

某种能源的可获性越强，使用成本和付出代价越低，就越适合当地居民。这与河北省《"十三五"能源发展规划的通知》中指出利用资源禀赋，选择合适的能源资源的观念相符。已有学者研究证明，当地能源可获性（村到集贸市场的距离）会对农村居民的能源消费产生显著影响（仇焕广等，2015）。

根据调查数据，制成距离与政策参与情况的关系图，如图 6-3、图 6-4 所示。虽然距离县城的远近对能源种类选择的影响不大，但距离县城近的村庄参与政策的积极性较高，而较远地区参与政策的数量相比较少。因此，本书提出如下假设：

H2：距离因素是政府实施政策的考量因素之一。

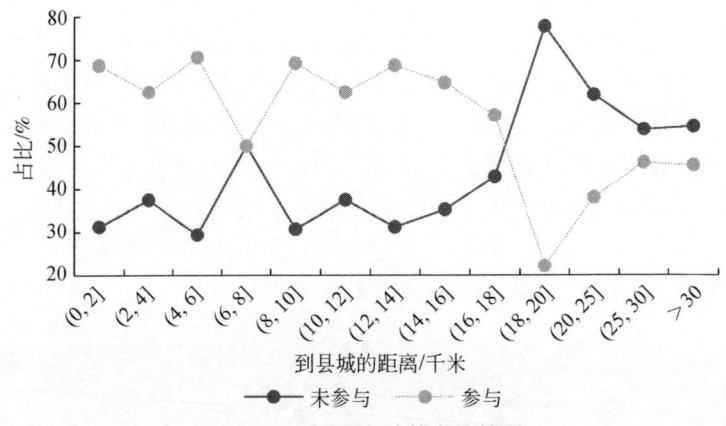

图 6-3 不同距离政策实施情况

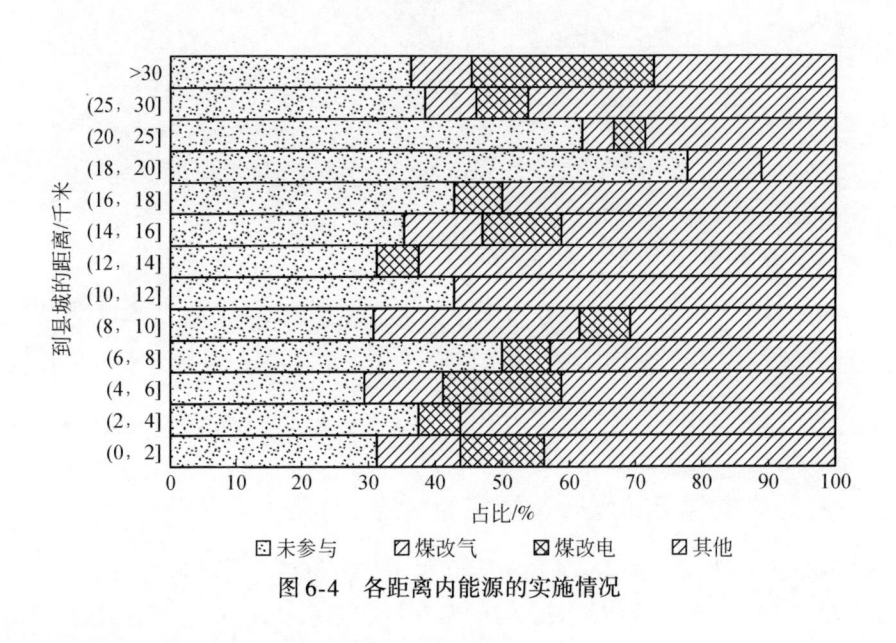

图 6-4 各距离内能源的实施情况

五、不同地形特征下减煤政策的实施情况

《关于加快实施保定廊坊禁煤区电代煤和气代煤的指导意见》中对不同地形的禁煤区制订了不同的"减煤"计划,其中平原农村"减煤"政策实施更加彻底。也有学者表示,地形对政策的参与情况有显著的影响,农户居住地越趋近平原地区,其对清洁能源政策越满意(熊翅新等,2018)。

根据调查数据,制成地形与政策参与的关系图,如图 6-5 所示。平原地区参与政策的村庄占参与调研的平原村庄总数的 58.5%,山地则为 50%,丘陵为

50%。虽然平原地区政策落实的实际情况未达到政策目标，但是即将参与的村落较多，未来几年供暖项目发展的前景仍然值得期待。山地地带在能源选择种类上与平原相近，但有36%的村落不参与政策当中。丘陵地区有50%的村户表示不参与。因此，本书提出如下假设：

H3：地形因素是政府实施政策的考量因素之一。

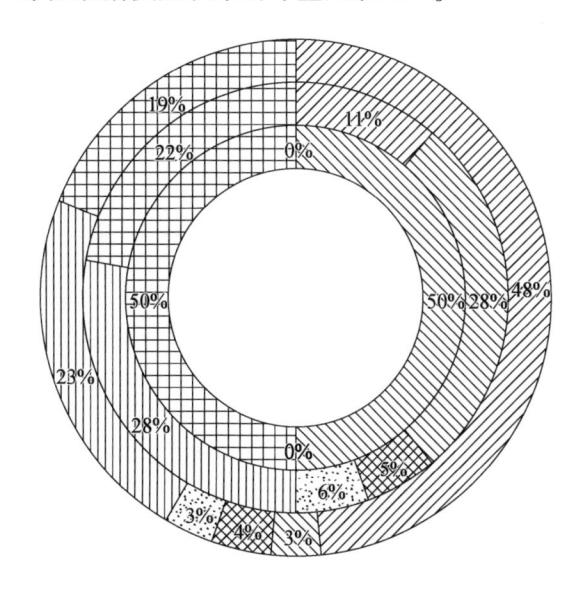

图 6-5　不同地形政策的实施情况

内环：丘陵；中环：山地；外环：平原

图例：煤改气　煤改电　集中供暖　优质燃煤　即将参与　不参与

六、不同区县减煤政策的实施情况

由图 6-6 可知，从政策的选择来看，河北省农村参与"煤改气"的区县数量较多，为35个县，占调研县数近50%；未参与的为20个县，占约26.32%；有10个县参与到"煤改电"政策中，占比为13.16%；集中供暖和优质燃煤替代占比则不到10%，说明河北省地方政府决策者更青睐煤改气政策。

从各县人均财政收入可以看出，参与"煤改电""煤改气"的县人均财政收入高，分别为7518元、6759元，而未参与政策的县人均财政收入较低，不到3500元。政府能力对公共政策的开展有至关重要的作用（马亮，2014）。这里的能力不仅指服务能力，更体现在财政能力上。财政能力与地方公共服务供给之间存在互动关系，地方财政水平高，对供给有促进作用，反之，抑制作用（辛方坤，2014）。地方人均财政收入高，政府财力强，支持力度大，政策完成的情况好；而人均财政收入低，则反之。因此，本书提出如下假设：

H4：财政因素是政府实施政策的考量因素之一。

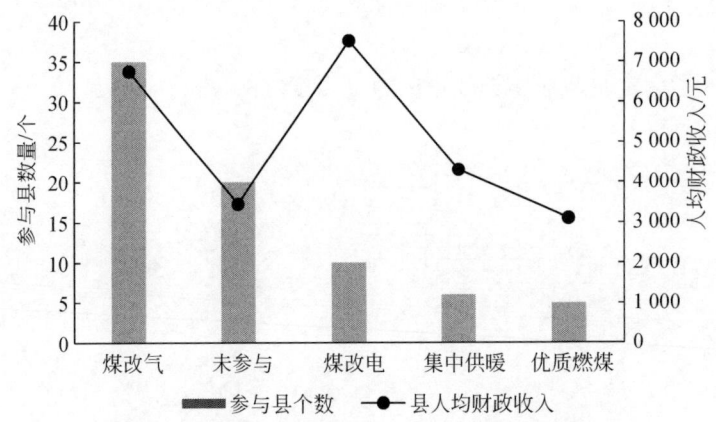

图6-6 河北省不同区县"减煤"政策实施情况

此处"未参与"是该县没有参与任何煤改清洁能源政策

综上所述，结合政策内容、参考文献和描述性统计，本书做了以下假设，H1：村民的经济水平是政府公共决策考量的因素；H2：村庄到基础设施的距离是政府公共决策考量的因素；H3：村庄所属地形是政府公共决策考量的因素；H4：政府的财政水平是政府公共决策考量的因素。

第三节 实 证 分 析

一、模型设定

本节的因变量 Y 来自调查问卷中村庄是否实施"减煤"政策。由于因变量属于二分哑变量，它违背最小二乘法（OLS）回归模型的许多前提假设，如离散性质、齐次性、线性估计等，因此 OLS 不再适用，需要 Logit 或 Probit 回归模型予以估计。由于主流创新研究文献多采用 Logit 模型，而且两者估计结果一致，本节实证分析中使用 Logit 模型。

模型中通常以 P 表示事件发生的概率（未发生概率为 $1-P$），并把 P 看成是自变量 X 的线性函数。那么，在反应变量 Y 和自变量 X_i 之间关系如下所示：

$$E(Y) = \text{Logit}P = \alpha + \beta_1 X_1 + \beta_2 X_2 + \beta_3 X_3 + \beta_4 X_4 \tag{6-1}$$

式中，X_n 为自变量，这里取 X_1、X_2、X_3、X_4 分别为村民年家庭收入（元）、到县城的距离（千米）、地形、人均年财政收入（元）。

二、变量设定

根据第三节提出的四个假设，本节选取以下变量。

1）家庭收入。无论从政府角度还是居民的角度，家庭收入水平都是政策实施需要考虑的因素。本节用各村庄参与调研家庭收入的中位数代表该村农户家庭收入水平，以减少受异常值的影响。

2）到县城的距离。资源的可获取程度是选择能源种类不可或缺的因素。仇焕广将村到集贸市场的距离设为村到生物质能的距离。由于本书研究的是清洁能源，气站、电站等大多建立在基础设施完善的县城，因此本节将县城设为能源的输送点，以各村村委会到县城的公路最短距离为计算口径，将其转化为各村距能源供应地、基础设施地的距离。

3）地形。不同地形特征在自然资源条件、能源基础设施、交通便利性、能源市场距离、人口密度、消费习惯等方面都存在显著差异，直接影响着能源消费情况。本节用各村庄的经纬度测算出海拔高度，再根据地形的定义判断村庄属于平原、山地还是丘陵。

4）人均财政收入。本节假定政府的财政收入可以代表财政能力。财政收入水平越高，政府干预市场的能力越强，在公共基础设施建设方面发挥的作用大。本节将人均财政收入衡量政府财力的指标，以减少因行政区划的大小对财政能力的影响。

变量赋值、描述性统计见表6-1。

表6-1 主要变量的描述性统计

变量		解释变量与取值	均值	标准差
因变量	Y	村庄是否实施政策（实施=1，没实施=0）	0.58	0.49
自变量	X_1	家庭收入中位数（单位：元）	58 114	4 134
	X_2	到县城的距离（单位：千米）	13.89	9.8
	X_3	地形（平原=3，丘陵=2，山地=1）	2.76	0.61
	X_4	人均财政收入（单位：元）	4 147	466

三、回归结果

本节运用Stata14.0对控制变量多重共线性诊断，发现所有自变量的VIF值都在1到10之间，这表明自变量之间不存在明显的多重共线性问题，不需要对变量进行剔除和调整。总的来看，模型通过了卡方检验，且预测错误率相对较低，模型有效。模型结果显示，假设1、假设3、假设4成立，但只有财政因素

影响显著,假设2未通过显著性检验(表6-2)。为便于解释回归结果,报告各自变量对因变量的影响:

表6-2 河北省农村参与"减煤"政策的回归分析

变量	Logit 模型 Y	Probit 模型 Y
X_1	0.00000754 * (−0.00000456)	0.00000432 * (−0.00000262)
X_2	0.0199 (−0.0189)	
X_3	0.546 * (−0.3)	0.310 * (−0.177)
X_4	0.000379 *** (−0.000087)	0.000223 *** (−0.0000469)
常数	−3.461 *** (−1.028)	−1.821 *** (−0.57)
观测值	155	155

*、*** 分别表示10%、1% 统计检验显著水平

1)农村居民家庭收入对政策实施有一定的影响,但是显著性不强。P 值在10%水平上显著为正,说明决策者倾向于在家庭收入相对较高的村庄(集镇)实施"减煤"政策。在调研中,课题组发现人均收入较高地区,如石家庄、保定等地区"减煤"政策的参与率普遍较高,其参与率超过60%。但是,农村居民家庭收入的显著性水平并不够高(在5%水平上不显著),原因可能在于"减煤"项目属于普惠型政策,多依靠政府公共财政投入统一安装实施,决策者在政策实施过程中,固然会考虑地方经济发展水平,但也会兼顾清洁能源的供应、区域间能源的平等分配等其他利益问题。

2)到县城的距离对政策实施情况影响不显著。虽然系数为负,但 P 值未通过显著性检验,说明决策者在实施政策的过程中忽略了距离因素。有学者提到距离基础设施的远近在很多情况下能够影响资源的可获性,距离近的地区能源使用更加高效(娄博杰等,2014),到市场的距离还会影响村民的能源选择(肖红波,2017)。政策执行失范,可能是决策者有选择性地执行上级政策的内容,使得政策贯彻不全面;也可能是决策者未从居民的角度出发。

3)地形对政策的执行有一定的影响。P 值在10%的水平上显著为正,这说明地势较为平坦的地区参与"减煤"政策的可能性越大。究其原因,平原地区

地势平坦，修建运输管道、安置装备、维护项目的成本较低；村户较为集中，项目开展阻力小，消耗的人力、物力、财力少；再加上省会城市、经济重心城市分布在平原居多，实施政策的动力更强。因此，决策者会优先在平原地区实施"减煤"政策。

4）地方人均财政收入对政策参与的情况影响显著。P 值在 5% 的水平下显著为正，这说明政府的财政收入是影响其决策的决定性因素，当地方政府的财政收入水平越高，政府会投入更多资金支持当地村户参与"减煤"政策当中，政策落实情况就会更好。

四、稳健性检验

本节采用多元有序 probit 回归模型进行稳健性检验（表6-2），其中，模型所得结果为剔除 logit 模型中影响不显著的解释变量后的回归结果。由表6-2结果可知，变量在显著性情况与影响方向都未发生改变，且 Pseudo R^2 相差不大，模型的拟合效果尚可。

第四节　结论与建议

尽管我国公共服务发展到今天，发挥作用越来越强，但有关公共政策失范问题需要引起决策者的注意。由于我国行政单位采取从上到下垂直领导结构，组织机构庞大、臃肿，再加上监管的缺失易出现下级执行力的偏差，致使中央政令失效（陈家建和张琼文，2015）。地方政府为追逐本级财政收益，对可能导致财政收入减少的上级政策象征性地执行，使得政策参与情况不乐观。本书选择的河北省农村"减煤"政策具有明显的上述特征：项目开展至今，由于决策者执行的偏差，导致公众参与的积极性不高。政策内容被忽视，项目开展具有明显的"一刀切"特征，选择"煤改气"项目的村庄超过一半。因此，科学地识别决策者在制定政策、执行政策过程中依赖的因素，找出问题所在，才能完善公共决策的过程，使其更加具有科学性和可实施性。

本章依据河北省居民散煤和生物质能源消费入户调查数据和统计年鉴数据，采取 logit 回归分析法，从公共政策的视角研究基层领导者的决策偏好。研究发现政策的实施有一定的科学依据，但考虑并不全面。从经济角度，决策者倾向于在家庭收入相对较高的村庄（集镇）实施"减煤"政策。但作为普惠政策，家庭收入不是政策开展的很重要的影响因素。财政水平对项目的开展起决定性作用，政府财政收入越高，对政策的支持力度更大。从地理角度，决策者在地势平坦的地区开展"减煤"政策的可能性更大，这与平原地形优势分不开。到能源的距离在实践和前人的研究中都被看成不可缺少的因素，但在本研究中影响不显著，这可能是被决策者忽略了，因此在未来的要纳入政府决策视野中，做到科学合理地决策。

国家政策的出台往往是从地方走向全国，地方作为试点对象，一般会经历政策下达、政策实施，政策完善三个过程。不同阶段的政策执行都会产生各自的执行实效，进而推动了下一阶段政策的制定与修正。本书的研究发现不仅对河北省农村"减煤"政策的进一步开展提供理论指导，更为公共政策的完善提供经验。

1）确保公共政策内容的理性科学。集思广益，广泛听取百姓们的需求，将距离、清洁能源供应能力、交通便利等多方面因素纳入政策执行的过程中。参与调研，减少信息双向不对称带来的隐患，用最真实的反馈来对症下药。注重公平，做到各基层行政区任务分配合理，各区之前避免相互推诿、讨价还价。

2）优化公共政策的执行过程。加大政策的执行力度，减少象征性、选择性的完成指标，切实做好宣传、补贴工作，提高惠民政策的参与率。落实政策的"公众性"，杜绝只从自身的成本效益角度出发而忽视公众利益的行为发生。增加公共政策的透明度，完善基层监管体制，提高政策实施的质量和效率（王春福，2005）。权衡利益悬系，要妥善处理好中央与地方、地方与地方之间的矛盾。

3）注重公共政策的执行后果。防患未然，提前做好能源供不应求的应急工作。学会反思，对每一阶段政策开展情况进行归纳总结，及时政策的修订完善工作。

第七章 散煤治理政策推行方式

自家庭散煤治理政策推行以来，我国各级政府采取了一系列措施促进居民参与。一方面，政府对清洁取暖设备、清洁能源提供高额补贴，减少居民参与减煤的经济负担；另一方面，政府采取多种禁煤措施，限制劣质煤流通、防止散煤返烧。本章将基于北京和河北调查数据，对现阶段散煤治理政策的各项补贴情况和禁煤措施进行介绍，系统梳理我国家庭散煤治理政策的推行方式。

第一节 补 贴

一、补贴概况

本节主要描述补贴政策的实施情况，包括设备的获取方式、能源的补贴方式以及补贴的到位情况。由于北京市补贴情况调研是在村庄层面进行，而河北省调研全部是在入户层面进行，因此北京将从村层面进行分析总结补贴概况，而河北省将从户层面进行分析总结。北京市与河北省"煤改电""煤改气"政策的补贴实施情况如表7-1所示，北京优质燃煤替代补贴情况如表7-2所示。

在北京，"煤改电""煤改气"设备的获取主要是从政府指定的经销商处购买（57.9%），还有27.6%的村庄由政府直接提供。设备主要的补贴方式是在购买时享受价格减免（62.3%），先自付后补贴以及政府免费提供的村庄比例均约占14.3%。另外有部分村庄刚刚开始实行散煤治理政策，天然气管道尚未铺设完成或还未实施相关补贴措施，所以不清楚政策的实施情况。从能源的补贴方式看，主要是按户和按用量补，两者所占比例分别约为33.8%和36.4%，实行"煤改电"的村庄中还通过实行峰谷电价对居民用电给予补贴优惠。北京市推行优质燃煤替代的村庄中，普遍采用的是直减补贴方式，有大约3/4的村庄统一登记购买优质煤。从补贴的发放比例看，北京市有一大半的村庄（58.4%）上个取暖季的补贴尚未落实。

在河北，"煤改气"设备的获取方式与北京市的情况相类似，主要是从政府指定的经销商处购买或直接由政府提供，设备的补贴方式主要是直减（45.4%），另外也有先全自付后补贴（22.1%）和政府免费提供（12.9%）等补贴方式。

从补贴的发放比例看，河北的状况好于北京，约68.6%的居民拿到了全部补贴，没拿到补贴的家庭约占1/4左右。

表7-1 北京市与河北省"煤改电""煤改气"政策的补贴实施情况

项目		北京市"煤改电"/"煤改气"		河北省"煤改气"	
		村庄数量	所占比例/%	家庭数量	所占比例/%
设备获取方式	自购	11	14.5	64	22.4
	从政府指定经销商处购买	44	57.9	111	38.8
	政府提供	21	27.6	111	38.8
设备补贴方式	直减（购买时价格下降）	47	62.3	148	45.4
	政府事前发放了代金券	1	1.3	17	5.2
	先全自付后补贴	11	14.3	72	22.1
	政府免费提供	11	14.3	42	12.9
	无补贴	3	3.9	26	8.0
	不清楚	3	3.9	21	6.4
能源的补贴方式	按设备补	—	—	131	39.1
	按户补	26	33.8	83	24.8
	按家庭人口数量补	4	5.2	—	—
	按用电量补	23	29.9		
	按用气量补	5	6.5	89	26.6
	实行峰谷电价	7	9.1		
	不清楚	12	15.6	27	8.1
上个取暖季的补贴是否拿到	是	32	41.6	183（其中17户拿到一半）	75.6（其中7.02%拿到一半）
	否	45	58.4	59	24.4

注：表中占比取约数，下表同。

表7-2 北京市优质燃煤替代政策的补贴实施情况

项目		村庄数量	所占比例/%
优质燃煤替代的补贴方式	直减（购买时价格下降）	53	86.9
	政府事前发放了代金券	1	1.6
	先自付后补贴	5	8.2
	无补贴	2	3.3

续表

项目		村庄数量	所占比例/%
享受补贴的优质燃煤购买方式	自购	5	8.2
	到指定经销商处购买	11	18.0
	村里面统一登记购买	45	73.8

二、补贴额度

本节主要描述补贴额度,包括北京市和河北省的"煤改电""煤改气"设备的补贴额度、北京市和河北省的"煤改电""煤改气"的能源补贴额度及北京市优质燃煤替代政策下对优质燃煤的补贴额度。需要特别指出的是,由于询问设备补贴额度时,北京市各村采访的是村干部,而河北省采访的是居民,居民在购买设备时对各级政府补贴可能并不清楚,所以报告的设备单位补贴额很可能存在低估。另外,由于居民可能不清楚补贴情况,这里描述的补贴额度跟政府实际补贴额度很可能存在较大差别,但是这也是调研的意义所在,可以反映居民对政策的理解情况和主观体验。

北京市与河北省参与"煤改电""煤改气"家庭的设备补贴情况如表7-3所示。北京市"煤改电"和"煤改气"两种政策在房屋面积上的规定上无明显差异,总的来说"煤改电"的补贴额度高于"煤改气"。"煤改电"设备的平均市场价格约为19 900元,其中价格位于20 000~30 000元的设备占比约为51.83%;"煤改气"设备的平均市场价格约为12 518元,较为均匀地分布在2000~30 000元。补贴后两者的价格分别为3591.7和1822.8元,从而得到两类设备的平均补贴额度大概为16 000元和10 000元。河北省"煤改气"设备的平均单位补贴额约为1473元,其中约有52%的家庭设备补贴额为1000元,最高补贴7200元;补贴后居民购买设备的净支出约为2110元,约有96%的家庭设备净支出未超过4000元,设备净支出在5000~8000元的仅有3户;约82%的家庭设备补贴上限在1000~3000元直减,最高不超过10000元。

表7-3 北京市与河北省"煤改电""煤改气"政策的设备补贴情况

政策	统计量	均值	观察值个数	标准差	最小值	最大值
北京市"煤改电"	适合房屋最小面积/平方米	89.1	1 188	61.3	0	320
	适合房屋最大面积/平方米	141.7	1 100	68.7	20	350
	市场价格/元	19 899.9	1 119	9 668.7	1 000	37 000
	补贴后的价格/元	3 591.7	1 318	4 651.3	0	31 500

续表

政策	统计量	均值	观察值个数	标准差	最小值	最大值
北京市"煤改气"	适合房屋最小面积/平方米	130.6	257	82.1	0	300
	适合房屋最大面积/平方米	170.2	235	73.4	60	300
	市场价格/元	12 518.4	279	9 515.5	2 000	29 500
	补贴后的价格/元	1 822.8	323	1 634.1	0	5 000
河北省"煤改气"	单位补贴金额/元	1 473.4	154	1 221.1	0	7 200
	补贴后的净支出/元	2 109.78	182	1 436.4	150	8 000
	每户补贴上限金额/元	1 972.5	91	1 475.2	200	10 000
	每户补贴设备上限数量/台	1.4	57	1.3	1	6

居民使用电力或天然气的能源补贴额度如表7-4所示。北京市按户补的家庭年均补贴额度较为均匀地分布在0~3900元，按人口数量补贴的家庭则固定人均年补贴金额4000元，按用量补的家庭电力和天然气的平均单位补贴分别为0.2元和0.7元，约86%的家庭电力户均补贴额度不超过2000元，天然气的户均补贴额度略高于电力，其中补贴额为1000元、2000元和3000元左右的家庭各占20%，户均补贴不高于2000元的家庭约占78.9%。河北省天然气的单位补贴金额平均为1.1元，约86%的家庭每立方米补贴1元，最高补贴额度为2.4元；补贴后居民家庭的平均购气成本在1.8元左右，约98%的家庭不超过2.5元。对每户天然气的补贴上限主要集中在1200元，占比约为59.3%；约有17%的居民填写的补贴上限为5000元。

表7-4 北京市与河北省"煤改电""煤改气"政策的能源补贴情况 单位：元

政策	补贴方式		均值	观察值个数	标准差	最小值	最大值
北京市煤改电/煤改气	按户补	每户补贴金额	1 677	256	1 182.5	0	3 900
		补贴上限	4 807.3	275	7 508.5	0	25 000
	按家庭人口数量补	每人补贴金额	4 000	22	0	4 000	4 000
		补贴上限	4 000	22	0	4 000	4 000
	按用电量补	单位（千瓦时）补贴金额	0.2	310	0.1	0	0.5
		每户补贴上限	3 401.4	288	3 457.9	0	12 000
	按用气量补	单位（立方米）补贴金额	0.7	55	0.4	0.4	1.2
		一年补贴上限	138.5	33	124.6	51.7	312

续表

政策	补贴方式		均值	观察值个数	标准差	最小值	最大值
河北省煤改气	按用气量补	单位（立方米）补贴金额	1.1	91	0.3	0	2.4
		补贴后的单位净支出	1.8	91	0.7	1	4
		每户补贴上限	2 064.1	59	1 503.1	420	5 000
		使用管道天然气取暖的消费支出	3 042.7	26	1 401.6	100	5 280

北京优质燃煤补贴情况如表 7-5 所示。参与了优质燃煤替代政策的家庭中，每吨优质煤的补贴额度为 370 元，补贴后居民买煤的平均支出在 477 元左右。优质燃煤替代是散煤治理政策中的过渡措施，受访居民认为优质煤补贴持续年限平均为 2.2 年，居民已经意识到在条件允许的情况下，将逐步过渡到主要使用电力和天然气的阶段。

表 7-5　北京市参与优质燃煤替代家庭的补贴情况

项目	均值	观察值个数	标准差	最小值	最大值
每吨补贴额度/元	370.2	832	149.7	0	600
补贴后价格/元	477.0	1 029	197.4	250	1 200
持续补贴时间/年	2.2	550	1.2	0	5

三、补贴的累进性

在补贴政策中，补贴分配的公平性是政策的一个重要因素，如果一个补贴政策的补贴额更多集中于低收入群体，那么这个补贴政策是具有累进性的，一般认为是公平的；如果一个补贴政策的补贴额更多集中于高收入群体，那么这个补贴政策是具有累退性的，一般认为是不公平的。本节运用 Suits 指数，根据调研数据分析了北京市与河北省推行的散煤治理政策补贴的累进性。

（1）衡量补贴累进性的指标

Daniel B. Suits 于 1977 年提出了 Suits 指数，用于衡量税收政策的公平程度。后来，该指数被广泛应用于对税收的累退性的评估。它的计算方法是：按照收入自低至高排序并作图，横坐标为收入的累积百分比，纵坐标为相应的税收的累积百分比。对角线以下的面积和做出的图像之间的面积差与对角线以下的面积之比即为 Suits 指数。它可以很好地反映出所衡量的变量在不同收入群体上的分配比例，因此尤其在衡量税收或补贴的公平性时运用广泛。在这里，我们运用它对散煤治理政策补贴在各收入群体中的分配结果进行分析，以分析现有的补贴政策是否是公平的。

如图7-1所示，如果样本的累积收入比重与累积补贴比重为 f 曲线，表明低收入群体的补贴在补贴总额中的比重超过他们的收入在收入总额中所占比例，高收入群体的补贴在补贴总额中的比例低于他们的收入在补贴中所占比例，补贴具有累进性，是较为公平的。如果样本的累积收入比例与累积能源支出比例为 g 曲线，则补贴具有累退性，较为不公平。

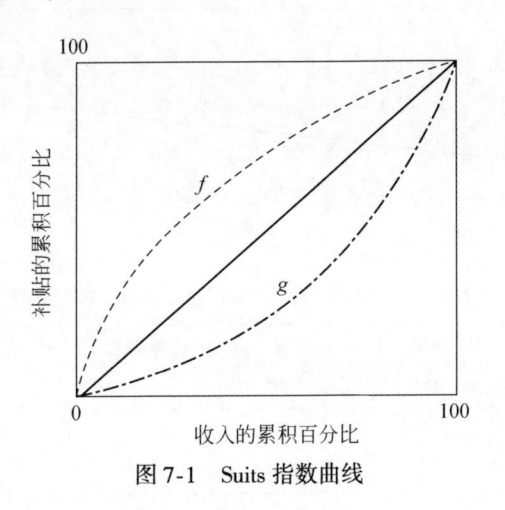

图7-1 Suits 指数曲线

类似于基尼系数，我们可以得到 Suits 指数：

$$S = 1 - \left(\frac{L}{K}\right)$$

式中，K 是对角线以下三角形的面积，L 是曲线以下的面积。如果补贴是累进的（即用 f 曲线表示），则 Suits 指数为负，而且其绝对值越大，表示累进性越强；补贴是累退的（即用 g 曲线表示），则 Suits 指数为正，其绝对值越大，表示累退性越强；如果补贴在各收入群体间分布是等比例的（即用对角线表示），则 Suits 指数为零。

(2) 能源消费补贴

如前文所述，由于调研年份河北省"煤改电""优质燃煤替代"的参与家庭较少，因此，河北省样本中，我们仅对参与"煤改气"的家庭进行相关测算。另外，由于北京市的数据中未明确哪部分煤受到政策补贴，所以，北京市样本中，我们仅对参加"煤改电""煤改气"的家庭进行测算。

如图 7-2 和图 7-3 所示，散煤治理中的能源消费补贴具有累进性。Suits 指数为负，表明补贴在收入较低的群体中分配的比例较大，大于他们的收入在收入总额中的比例，因此补贴的分配都较为公正。其中，北京市的"煤改电""煤改气"补贴的累进性明显更强，而河北省"煤改气"补贴的累进性较弱，河北省"煤改气"家庭中的中等收入和中低等收入家庭获得的补贴在补贴总额中所占的比重过小。

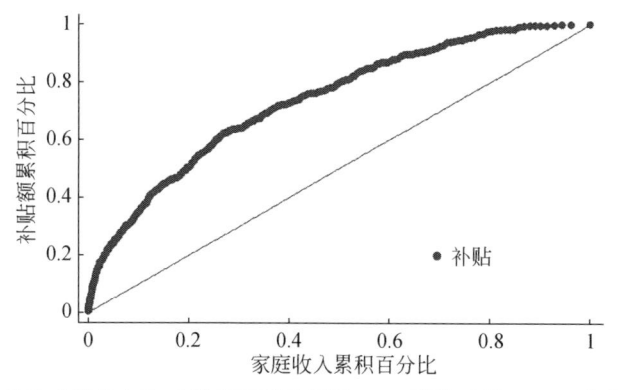

图 7-2　北京市"煤改电"政策能源消费补贴 Suits 指数曲线（Suits 指数=−0.474）

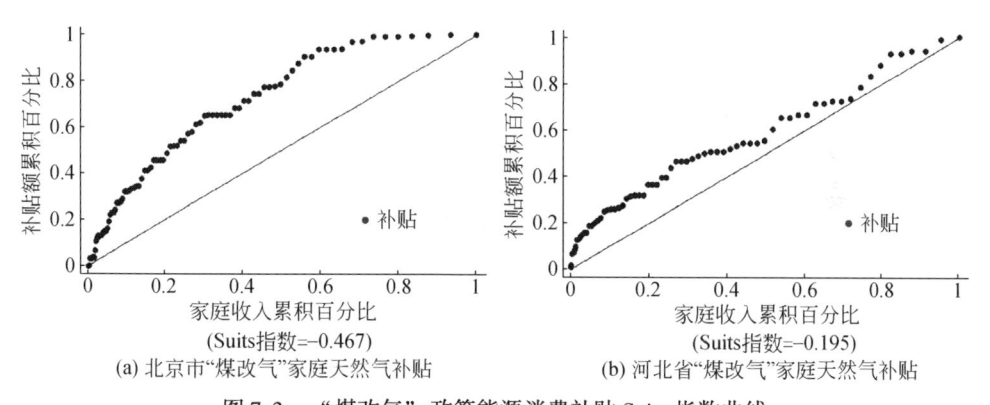

(a) 北京市"煤改气"家庭天然气补贴
(Suits指数=−0.467)

(b) 河北省"煤改气"家庭天然气补贴
(Suits指数=−0.195)

图 7-3　"煤改气"政策能源消费补贴 Suits 指数曲线

河北省和北京市补贴的累进性差异可能是由两地的补贴方式决定的。北京市的样本中，"煤改气"的能源消费补贴有按户补、按家庭人口补与按用气量补三种方式，而且在实际中按户补和按用气量补的比例都较大；河北省的样本中，"煤改气"的能源消费补贴大都是按用气量补，仅有极少部分采用按户补贴的方式。这两种补贴方式的补贴额有一定差距，北京市按户补的补贴方式额度较大，按户补的补贴额一般比按用气量的补贴的最终补贴额更大（表 7-6）。另一方面，北京市不同收入群体中的补贴方式比例不同。表7-7和表7-8描述了北京市和河北省不同收入累积百分比的家庭采用不同补贴方式的户数，从表可以看出，在北京的"煤改气"家庭中，低收入家庭采用按户补的补贴方式的比例较大，高收入家庭采用按用气量补的补贴方式的比例较大。这就使得北京市"煤改气"家庭中的部分低收入家庭依靠额度较大的按户补补贴，最终获得的补贴额比例相对于其收入在收入总额中的比例极大地大于高收入家庭。而河北省的"煤改气"家庭几乎是采用单一的按用气量补贴的方式，因此补贴直接与所使用天然气量挂钩，补贴的累进性不明显。

表7-6 北京市"煤改气"家庭不同补贴方式的能源消费补贴统计性分析

项目	样本量	均值	标准差	最小值	最大值
按户补	45	1 484.44	1 503.63	0	3 000
按家庭人口补	1	4 000	—	4 000	4 000
按用气量补	44	647.19	844.56	0	3 570

表7-7 北京市"煤改气"家庭补贴方式与累计收入百分比关系

项目	0~20%	20%~40%	40%~60%	60%~80%	80%~100%	合计
按户补	21	10	12	2	0	45
按家庭人口补	1	0	0	0	0	1
按用气量补	23	9	2	6	4	44
合计	45	19	14	8	4	90

表7-8 河北省"煤改气"家庭补贴方式与累计收入百分比关系

项目	0~20%	20%~40%	40%~60%	60%~80%	80%~100%	合计
按户补	5	1	0	0	1	7
按用气量补	26	13	10	9	5	63
合计	31	14	10	9	6	70

(3) 设备补贴

由于北京市问卷中没有对家庭进行设备补贴的提问，因此，本小节仅分析河北省"煤改气"家庭的设备补贴的累进性情况。如图7-4所示，河北省"煤改气"的设备补贴也具有累进性，低收入家庭获得的补贴额在补贴总额中的比例大于他们的收入在收入总额中的比例，补贴是较为公平合理的。

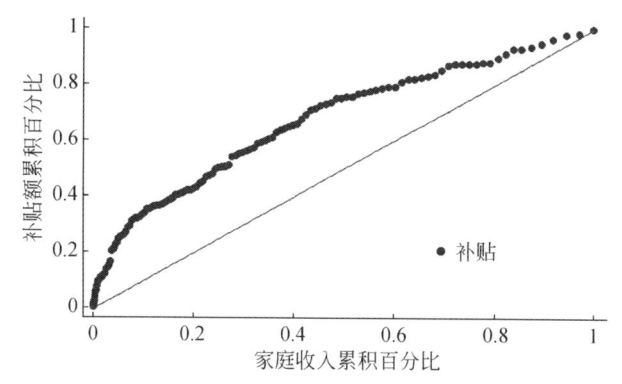

图 7-4　河北省"煤改气"设备补贴 Suits 指数结果及 Suits 指数曲线（S=−0.362）

第二节　禁　煤

我国散煤治理政策是在各省（自治区、直辖市）政府强有力的政治引领下推行的，依赖于各种强制性举措。根据《京津冀及周边地区 2017—2019 年秋冬季大气污染综合治理攻坚行动方案》，天津、河北、山西、山东和河南等省（直辖市）要求加强煤质监管，严厉打击劣质煤流通、销售和使用，持续开展采暖期供热企业燃用煤炭煤质检查。本节根据调研收集信息，考察了北京市和河北省为实现政策目标所实施的禁煤措施（表 7-9）。

表 7-9　各省市散煤监管措施

地区	散煤监管措施
河北唐山	加强型煤、洗精煤等生产企业产品质量监督抽查，生产企业抽查覆盖率达到 95% 以上
山西太原	将城市建成区划定为"禁煤区"，"禁煤区"范围内除煤电、集中供热和原料用煤企业外，禁止储存、销售、燃用煤炭
山西阳泉、长治	民用散煤销售企业每月抽检覆盖率达到 10% 以上，全年抽检覆盖率达到 100%
山东淄博	加强日常监管，及时处理举报经营销售劣质散煤行为
山东聊城	对已经取缔的散煤经营户加大检查力度，防止死灰复燃
山东菏泽	建立网格化监管模式，绘制区域管控地图，每月开展联合执法专项行动，严禁煤炭经营销售、燃用和复燃
河南开封	建立责任追究机制，对发现燃用散煤的严格问责

续表

地区	散煤监管措施
河南安阳	市工商局牵头，会同公安、城管、交通运输、质检、环保等部门联合执法，严禁违法运输销售使用散煤和不合格型煤
河南新乡、焦作	组织开展市、县（市、区）、乡镇（街道）、村（社区）四级秋冬季燃煤散烧治理专项检查行动。在采暖期间，每月组织开展洁净型煤煤质专项检查行为

对北京市禁煤措施的调研主要集中在是否明确规定不能再烧散煤和煤炉是否被收或被拆除两个方面。根据调研结果，北京市样本中有70个村规定村民不能再烧散煤，约占调查总村数的38.04%。从煤炉是否被收或被拆来看，有七成的居民家中煤炉已经被收走或是拆除，涉及村庄59个。

河北省共有有效样本550份，涉及172个村，其中有14个村庄采取宽松式的管理方式，并未实施强制性措施，其他村均有一种或多种禁煤措施。如表7-10所示，河北省实施散煤替代政策的禁煤措施有收走取暖用煤炉、卖煤商贩禁止进村，干部巡查及严惩等方式。其中，有50个村庄选择村委会巡逻检查用煤情况的手段，规范村民的取暖方式。有48个村庄从煤炭供给端入手，在进村道路上设岗排查，严格禁止卖煤商贩入村。部分村庄对煤炭的限制更为严格，修建围墙和街门，实行村庄的封闭化管理，严防劣质散煤流入村庄。有约20%的受调查村庄采取收走取暖用煤炉的措施禁止农户燃煤取暖。约10%的村庄对违规燃煤的农户给予严厉惩罚。除此之外，有8个村庄还采取其他举措确保农村散煤治理政策的有效实施，包括回收剩煤，对配合拆除煤炉工作的家庭给予一定程度上的奖励等。

表7-10　河北省各项措施及实施村数

推行措施	实施村数/个
收走取暖用煤炉	34
卖煤商贩禁止进村	48
居委会或村干部巡逻检查用煤情况	50
发现烧煤严厉惩罚	17
其他	8

综上所述，各地政府为加快推进清洁取暖，采取各类强制性措施。为达到政策目标，政策推进过程中出现了不顾客观条件盲目推进、强制改造等一系列问题。由于天然气气源紧张、配套资金落实不到位、基础设施不完善等因素，华北地区一度出现了严峻的"气荒"问题。为保障群众温暖过冬，科学合理、循序

渐进地推进散煤治理，政府关于政策强制性的要求有所放松，进一步强调在推进过程中要"宜煤则煤、宜热则热"。2018年9月生态环境部发布了《京津冀及周边地区2017-2019年秋冬季大气污染综合治理攻坚行动方案》，方案要求，坚持从实际出发，宜电则电、宜气则气、宜煤则煤、宜热则热；坚持先立后破，对以气代煤、以电代煤等替代方式，在气源电源未落实情况下，原有取暖设施不予拆除。2018年9月河北省大气污染防治工作领导小组发布了《河北省严格禁止生态环境保护领域"一刀切"的指导意见》，意见指出，在气、电源不能充足保障的情况下，不搞"一刀切"，积极推动各种形式清洁替代，确保群众温暖过冬。2018年12月国家能源局发布了《关于做好2017—2019年采暖季清洁供暖工作的通知》，明确要求"守住群众安全温暖过冬底线"，稳妥推进"煤改气""煤改电"。北京市、河北省政府积极落实国家政策，放松政策执行强制力度，转而重视居民自身的参与意愿。总的来看，虽然我国仍然坚持推进散煤治理政策，但政策的强制性程度有所放松。

第八章 散煤治理政策的实施情况和效果

本章将基于河北省和北京市入户调查的数据，对散煤治理政策的实施情况和效果进行全面分析。该政策的首要目标是"减煤"，将劣质燃煤替代为电力、天然气等优质能源，因此，我们首先研究政策的散煤替代情况。另外，本章将对比包括散煤在内的所有取暖能源，以及供暖设备的使用情况。对于参与家庭散煤治理政策的居民，改造支出和主观感受变化是影响居民参与的重要因素，因此本章将进一步考察政策实施后居民取暖支出的变化情况，并对比散煤取暖和清洁取暖在暖和程度、舒适程度、方便程度、室内空气质量等主观感受上的区别。最后，针对部分家庭不愿参与政策，或者政策参与后仍然未放弃使用煤炭作为取暖能源这一现象，本章将对影响政策实施效果、居民参与意愿、居民主观感受等因素进行考察。

第一节 政策实施情况

本节首先以村庄为研究对象，考察截至调研开展时，北京市和河北省参与政策的村庄比例和各个村庄所采取的散煤治理替代方式。然后，针对已经实施政策的村庄，进一步分析村内的农户参与率，以及参与家庭中无煤化家庭的比例。最后，针对部分家庭虽然已经实施了改造，但是在改造后可能仍然未完全放弃用煤这一现象，我们对已进行"煤改电""煤改气"改造的家庭计算其在政策实施后的散煤替代率。

一、村庄参与情况

如图 8-1 所示，截至 2017 年夏，北京市受访的 184 个村庄中有 11% 的以分户式自供暖为取暖方式的家庭还未参与该政策。对于已进行清洁取暖改造的村庄来说，"煤改电"占比居三种替代方式之首，占比为 33%，参与优质燃煤替代的村庄总数占比 30%，参与"煤改气"的家庭仅占 10%。截至 2018 年冬，河北省清洁取暖政策落实如下：有 45% 的受访村庄未实施散煤替代政策，其中取暖方式为分户式自供暖的家庭占 40%，取暖方式为集中供暖的家庭占 5%。河北省清洁取暖政策以"煤改气"为主，有 44% 的受访村庄实施了"煤改气"政策，其次为"煤改电"政策,占比8%,参与优质燃煤替代的村庄占比3%左右。

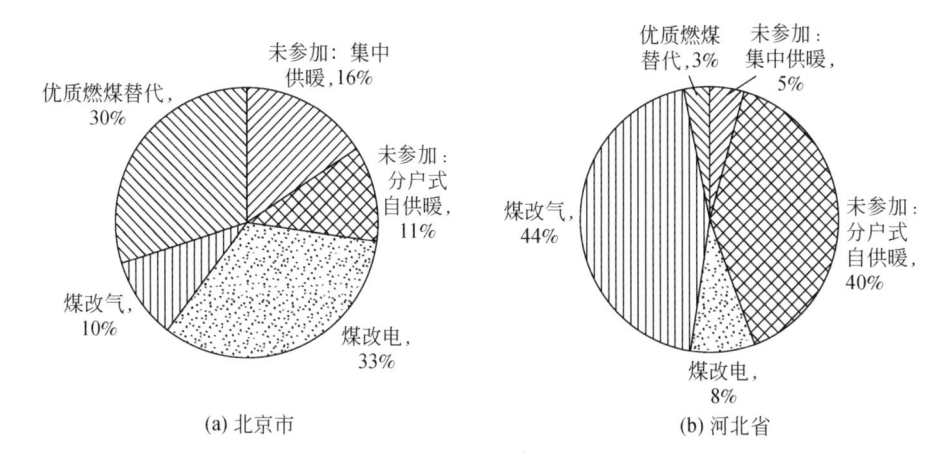

(a) 北京市

(b) 河北省

图 8-1 家庭散煤治理政策的村庄参与情况

二、农户参与情况

针对已推行散煤治理政策的村庄,我们根据以下公式计算该村的农户政策参与率。

$$农户参与率=\frac{已推行政策的村村内实施"减煤换煤"政策的户数}{已推行政策的村村内分户式自供暖总户数} \quad (8-1)$$

根据计算结果(图8-2),北京市已推行政策的村庄共有150个,各村农户平均参与率为80.24%。约有41.33%的村庄农户参与率是100%,即村内受访的分户式自供暖家庭均参与了政策改造。约有26%的村庄参与率在(80%,100%]范围内,参与程度较高。参与率在(0,20%]、(20%,40%]、(40%,60%]、(60%,80%]范围内的村庄分别占已实施政策村庄总数的5.33%、5.33%、12%、10%。没有农户参与率为0的村庄,即不存在村里已经推行政策但无受访家庭参与的现象。河北省已经实施政策的村庄有91个,各村农户平均参与率为84.45%。由于河北省平均每个村庄的调查家庭较少(平均每个村庄的调查家庭数量为3.2个),根据调查数据的测算,大部分村庄的参与率为100%和0。其中,73.63%的村庄政策参与率为100%。8.79%的村庄参与率为0,即散煤治理政策已在村内推行,但该村的分户式自供暖家庭尚未进行改造。村庄参与率在(40%,60%]和(60%,80%]的村庄所占比例相同,均为7.69%。

为了解"煤改电""煤改气"政策实施后各村家庭不再用煤的情况,针对已推行"煤改电/气"政策的村庄,根据下方公式计算不再用煤的家庭占比。

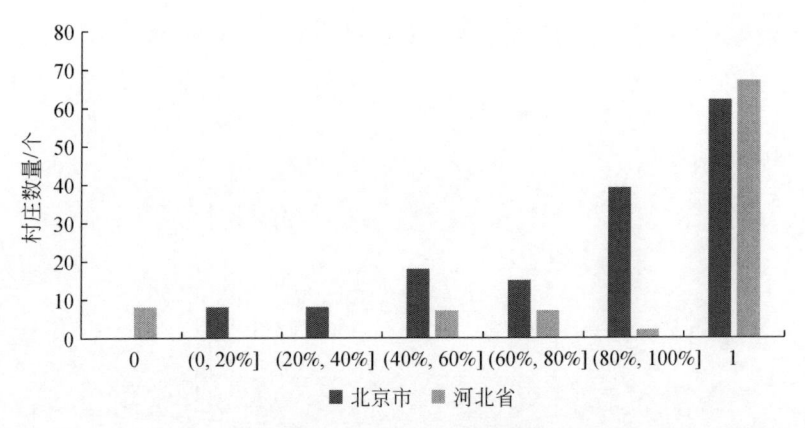

图 8-2 农户参与率分布情况

$$\text{村内政策实施后不再用煤的农户占比} = \frac{\text{村内政策实施后不再用煤的户数}}{\text{推行煤改电/气的村庄村内参与政策的户数}}$$
(8-2)

计算结果如图 8-3 所示。北京市共涉及 78 个村庄，各村村内政策实施后不再用煤的家庭占比的均值为 77.25%。不再用煤的家庭占比为 100% 的村庄数量最多，有 48 个，约占总村数的 60%。不再用煤的家庭比率在（0，20%]、(20%，40%]、(40%，60%]、(60%，80%] 和（80%，100%] 范围内的村庄分别有 5 个、4 个、7 个、1 个和 7 个。不再用煤的家庭比率为 0 的村庄有 6 个，说明各村村内参与政策的农户至少有一户仍以煤作为燃料。河北省共涉及 78 个村庄，各村村内政策实施后不再用煤的家庭占比的均值为 80.67%。76% 的村庄村内政策实施后不再用煤的家庭比率为 100%，有 10 个村庄不再用煤家庭比率为 0。

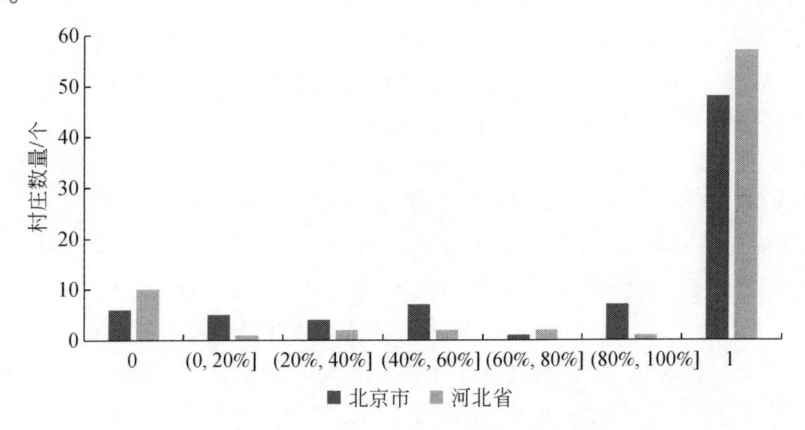

图 8-3 各村无煤化家庭比率的分布情况

针对已经参与"煤改电/气"政策的家庭，河北问卷还调查了政策不强制推行或者补贴额度降低的情况下其参与"煤改电""煤改气"政策的意愿。经统计，如果没有村内的禁煤措施，仅有现有补贴，参与调查的 244 户家庭中，有 141 户仍然愿意参与政策，有 97 户不愿意参与，分别占总样本量的 57.79% 和 39.75%。愿意继续参与的原因有政策实施后家庭取暖环保、干净、安全、方便、不用搬煤省时省力、增加的成本仍在可承受经济范围之内。不愿意参与的原因有居民认为"煤改电""煤改气"取暖不够暖和、取暖费用增加。如果没有村里的禁煤措施，仅有设备补贴，无取暖费用的补贴，参与调查的 143 户家庭中，有 102 户愿意参加，占比 71.33%，有 34 户在此情况下不愿意参加，占比 23.78%。根据上述调查数据，我们进一步计算政策不强制推行或者补贴额度降低的情况下这两种情况下的村内自愿参与率。

$$农户自愿参与率 = \frac{村内自愿参与的家庭}{村内已参与"煤改电""煤改气"改造的分户自供暖家庭数量} \tag{8-3}$$

结果如图 8-4 所示。两种情况均涉及村庄 77 个。村内不禁煤、补贴力度不变时，自愿参与率为 100% 即参与调查的家庭均愿意参与的村庄数量最多，有 28 个，占比 36.36%。自愿参与率为 0 即村内所有受访家庭不会再参与的村庄数量位列第二，有 21 个，占比为 27.27%。说明部分家庭参与是由于强制性的禁煤措施的存在。自愿参与率在 (0, 20%]、(20%, 40%]、(40%, 60%]、(60%, 80%] 和 (80%, 100%] 范围内的村庄分别有 1 个、5 个、10 个、11 个和 1 个。当村内不禁煤、没有取暖费用的补贴时，自愿参与率为 0 的村庄最多，有 26 个，占比为 33.77%，其次是自愿参与率为 100% 的村庄，有 22 个，占比为 28.57%。说明村民更加关心补贴金额的问题，补贴力度减小将会大大降低村民

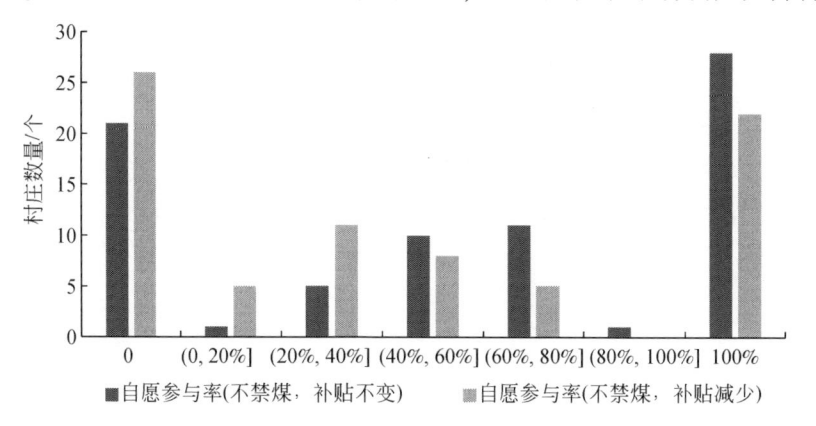

图 8-4　农户自愿参与率分布情况

的参与意愿。自愿参与率在（0，20%]、（20%，40%]、（40%，60%]、（60%，80%]和（80%，100%]范围内的村庄分别有5个、11个、8个、5个和0个。

三、散煤替代情况

本节进一步分析已参与"煤改电""煤改气""优质燃煤替代"的家庭在政策实施后的散煤替代情况。基于上述分析，可以看出，虽然部分家庭已经实施了改造，但是由于清洁能源取暖费用较高、天然气供应不到位等原因，在改造后可能仍然继续使用散煤取暖，因此我们有必要考察参与改造家庭的散煤替代率。散煤替代率指家庭劣质散煤替代量占政策颁布前一年劣质散煤消费总量的比例，即减煤量与原来煤炭使用总量的比例，是衡量家庭散煤治理前后用煤水平和质量差异的一个重要指标。按照下式计算减煤量和减煤率：

$$户均减煤量 = \frac{\sum 政策实施前取暖季用煤量 - \sum 政策实施后取暖季用煤量}{用煤家庭总数^{①}}$$

(8-4)

$$减煤率 = \frac{\sum 政策实施前取暖季用煤量 - \sum 政策实施后取暖季用煤量}{\sum 政策实施前取暖季用煤量}$$

(8-5)

在北京问卷中，调查了散煤治理政策实施前后，家庭取暖散煤使用量。在河北问卷中，没有直接调查散煤使用量，而是调查了散煤的价格，以及参与"煤改电""煤改气"的家庭在政策实施前后的取暖能源支出情况，基于此，我们可以估算出家庭的取暖散煤使用量，以及散煤替代率。根据式（8-4）和式（8-5）计算户均减煤量和户均减煤率，计算结果如表8-1所示。

北京市受访样本中有77户分户式供暖家庭虽尚未实施政策，但其用煤量也有一定的减少，户均减煤量为981.49千克。这可能来自于不同年份的天气条件不同而导致的取暖需求不同。参与"煤改电"政策的家庭样本量为356户，整体上用煤量大幅减少，平均每户减煤量为3020.89千克，每户减煤率为86.60%，与未参与政策的家庭相比，减煤率高出62.29%；参与"煤改气"政策的家庭样本量较少，仅有64户，用煤量呈下降趋势，平均每户减煤量为2256.72千克，

---

① 在调查样本中，有部分家庭不使用煤炭作为取暖能源，或者不清楚能源的使用量/支出情况，计算时户均减煤量时这部分家庭不予考虑。

表 8-1 散煤替代情况

项目	北京市 样本数	减煤量/(千克/户)	散煤替代率/%	河北省 样本数	取暖散煤支出变化/(元/户)	减煤量/(千克/户)	散煤替代率/%
尚未实施政策	77	981.49	24.31	—	—	—	—
煤改电	356	3020.89	86.60	11	2669.09	3353.52	99.33
煤改气	64	2256.72	98.41	169	2024.72	2787.10	97.26
优质燃煤替代	685	148.47	3.18	—	—	—	—

每户减煤率较高,达到了 98.41%,比未参与政策的家庭高出 74.1%;优质燃煤替代政策样本量最多,为 658 户,平均每户减煤量为 148.47 千克,减煤率为 3.18%。参与优质燃煤替代政策的家庭用煤量变化不大,因为是用煤换煤,不同煤之间的燃烧效率差别不大的话,减煤率自然不会太高。河北省参与"煤改气"的家庭样本量有 169 户,户均减煤量为 2787.10 千克,每户减煤率为 97.26%。参与煤改气的样本量较少,仅有 11 户,户均减煤量为 3353.52 千克,每户减煤率为 99.32%。河北减煤率均高于北京,原因可能是河北开展调研时间较晚,已进入散煤治理工作的攻坚阶段。

除平均值外,我们进一步研究减煤量和减煤率的分布情况。结果如图 8-5 和图 8-6 所示。"减煤换煤"政策推行后,北京市有 45.19% 的家庭尚未参加政策,

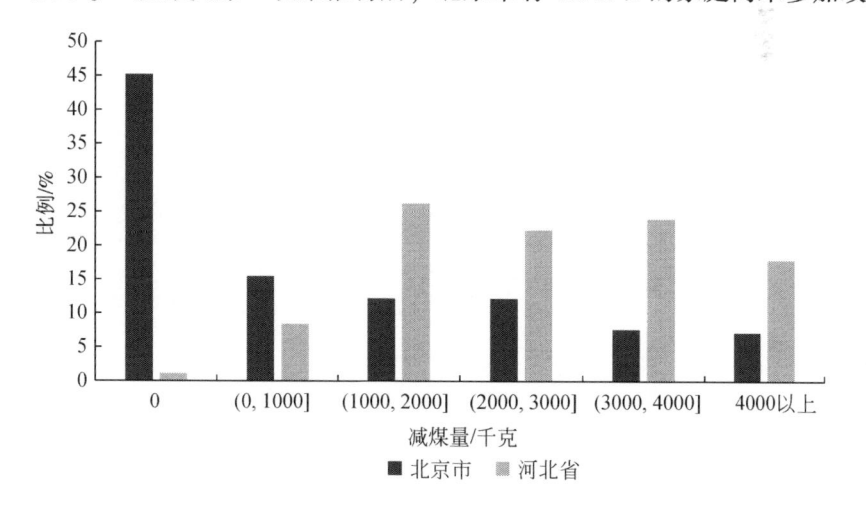

图 8-5 "减煤换煤"政策的减煤量分布

因此减煤量为0。减煤量在1000千克以内、1000~2000千克以及2000~3000千克的家庭较为集中，有411户家庭在此区间，占比约为40%。对比河北省家庭，其减煤量主要集中在1000~4000千克，总占比约为73%，未实现减煤的家庭仅有1%，远低于北京。河北省的减煤率效果也明显好于北京，有87.15%的家庭减煤率为100%%，该比例下比北京市高出了近50%。

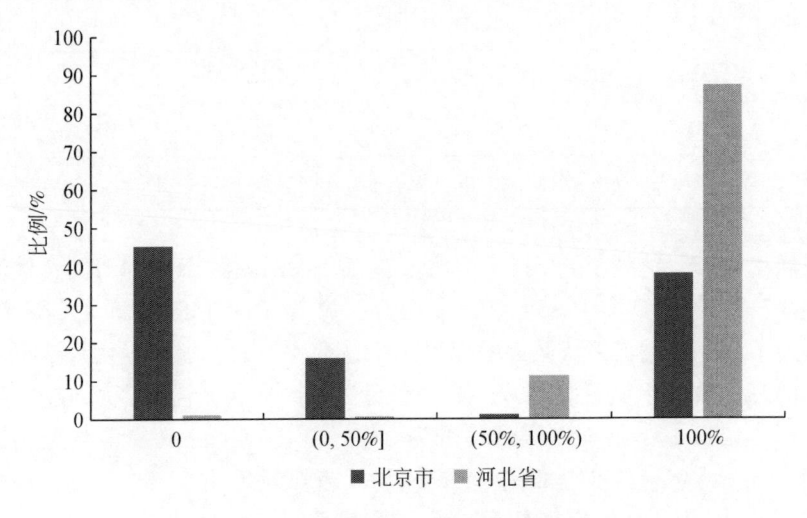

图8-6 "减煤换煤"政策的减煤率分布

第二节 取暖能源结构变化

本节从取暖设备使用类型和取暖用能结构两个角度，分析政策实施后取暖能源结构的变化。

一、供暖设备使用类型变化

表8-2对比了不同清洁取暖政策前后的供暖设备使用比例情况，其中供暖设备的使用比例等于使用该设备户数/相应政策的样本数，表8-2中用粗体分别标注了四种政策类别下使用比例最大的设备类型。另外，由于无论哪种政策下，一户家庭都可能使用多种取暖设备，因而未参加政策、"煤改电""煤改气"和"优质燃煤替代"政策下各设备的使用比例总和分别为113.27%、117.61%、120.17%和133.55%。

表 8-2 不同清洁取暖政策下各类型供暖设备使用比例   单位:%

供暖设备	未参加政策	煤改电	煤改气	优质燃煤替代
炕	20.31	9.56	18.42	26.14
锅炉管道供暖	**77.34**	13.11	7.02	**60.02**
壁挂炉管道供暖	4.69	1.91	71.05	4.32
直热式电暖	1.56	12.16	0.88	2.21
蓄热室电暖	0.00	6.28	0.00	0.00
空气源热泵	0.78	**52.73**	6.14	0.33
空调	1.56	11.89	2.63	9.41
电辐射取暖	0.78	2.87	1.75	2.88
油热加热器	0.00	0.41	0.00	0.11
采暖火炉	2.34	4.92	10.53	25.69
电热地膜采暖	3.13	1.09	1.75	1.44
其他	0.78	0.68	0.00	1.00

总体来看，清洁取暖政策实施前，供暖设备类型主要为锅炉管道供暖、炕和壁挂炉管道供暖，"煤改电""煤改气"之后供暖设备类型有很大的转变，主体设备分别从锅炉管道供暖转向了空气源热泵和壁挂炉管道供暖，而"优质燃煤替代"并未明显改变各设备的使用比例。此外，清洁取暖政策实施前后，炕的使用比例无较大变化，始终占到20%左右。电热地膜采暖、油热加热器及电辐射取暖这三种取暖方式所占比例最高不超过3.2%，变化程度也非常小，因此在后文的分析中不对其单独进行分析。

分政策来看，"煤改电"后主要使用空气源热泵、锅炉管道供暖、直热式电暖和空调；"煤改气"后主要供暖设备为壁挂炉管道供暖和炕，分别占71%和18%左右；而"优质燃煤替代"政策之后，供暖设备主体为锅炉管道，占到60%多，此外炕和采暖火炉各占到26%左右。

(1) 煤改电

"煤改电"之前供暖设备类型相对单一，锅炉管道占到了77%左右，"煤改电"之后供暖设备类型改变很大，最明显的就是设备类型显著增多，此外，锅炉管道供暖从77%下降到了13%，炕和壁挂炉管道也分别降低10%和3%；而空气源热泵迅速增加，从1%上升到了53%，直热式电暖和空调均上升10%左右，与空气源热泵共同构成了新的供暖主体，蓄热室电暖、采暖火炉等也略有增加。

(2) 煤改气

"煤改气"之后锅炉管道供暖所占比例迅速降低，被壁挂炉管道供暖所取代；炕的使用比例并无明显改变，依然在20%上下。另外，供暖设备的多样性有明显增加，主要是使用空气源热泵、采暖火炉及锅炉管道供暖的比例有所增加。具体来说，"煤改气"之后锅炉管道供暖从77%下降到了13%，壁挂炉管道供暖则从5%上升到了71%。采暖火炉和空气源热泵略微上升，分别从2%、1%上升到了8%和5%。因为气暖设备类型相对电而言较少，所以壁挂炉管道占绝对的主体地位；此外，还有一些家庭使用空气源热泵、空调等电暖设备。

(3) 优质燃煤替代

"优质燃煤替代"政策前后主体供暖设备并未改变，都是锅炉管道供暖，但其所占比例从77%下降到了60%；炕的使用比例依旧无明显变化；而采暖火炉则明显增加，从2%上升到了26%，这可能是因为优质煤更为清洁，且政府对煤价有一定补贴，所以其使用比例有所上升。此外，炕和空调的使用比例略微有所增加，其余供暖设备的使用比例几乎没有变化。

二、取暖用能结构变化

表8-3对比了不同清洁取暖政策下各类型取暖能源所占的比例。总体来看，清洁取暖政策实施前，主要取暖用能来自于电力、无烟煤煤球、型煤/原煤/煤块以及薪柴，各提供20%左右的取暖用能。"煤改电""煤改气"政策之后用能结构发生了很大转变：各种类型的煤炭用量大幅下降。"煤改电"后电力取暖迅速上升到79%左右，"煤改气"后管道天然气迅速上升到71%左右，由此可见，"煤改电""煤改气"对于煤炭的替代效果十分显著。"优质燃煤替代"政策虽未明显改变用能结构，但较为明显的是，无烟煤煤球、无烟煤蜂窝煤等优质煤比例显著上升，型煤/原煤/煤块、烟煤煤球及烟煤蜂窝煤等品质较差的煤型比例显著下降。此外，清洁取暖政策实施前后，薪柴的使用比例无较大变化，始终占到18%左右。地热、厨房余热、秸秆、木炭和瓶装液化气这几种能源在取暖用能中使用比例很小，均低于1%，故后文中不对其单独进行分析。

表8-3 不同清洁取暖政策下各类型取暖能源所占比例 单位:%

取暖能源	未参加政策	煤改电	煤改气	优质燃煤替代
电力	22.99	79.10	12.28	14.29
管道天然气	13.06	0.14	71.05	0.44

续表

取暖能源	未参加政策	煤改电	煤改气	优质燃煤替代
瓶装液化气	0.00	0.00	0.00	0.11
烟煤煤球	10.71	2.46	4.39	2.21
烟煤蜂窝煤	4.52	1.23	1.75	0.78
无烟煤煤球	21.32	6.28	5.26	**69.44**
无烟煤蜂窝煤	4.81	0.68	2.63	9.63
型煤/原煤/煤块	18.96	7.65	3.51	11.96
薪柴	16.50	6.69	17.54	18.60
木炭	0.59	0.14	0.00	0.22
秸秆	1.47	0.00	0.00	0.11
厨房余热	0.69	0.00	0.00	0.11
地热	0.00	0.41	0.88	0.11

（1）煤改电

如表8-3所示，"煤改电"政策实施之后电力取代煤炭成为占绝对优势的主体供暖能源，"煤改电"之前，主要供暖用能为各种类型的煤炭以及薪柴，共占到了68%左右；政策实施后，以上能源所占比例仅约为23%，电力提供了近80%的取暖用能。相比于"煤改气""优质燃煤替代"两项政策，"煤改电"政策推行后，供暖用能结构转变效果最为显著，除推行力度较强之外，可能也与较低的电价、充足的电力供应有关。

（2）煤改气

"煤改气"政策实施之后，无烟煤煤球提供的供暖用能从53%迅速下降到5%左右，相反，管道天然气所占比例从5%上升到71%左右，成为供暖用能的主体。电力所占比例略微有所上升，从9%增加到12%多，而薪柴在"煤改气"政策前后所占的比例无明显变化，均为17%左右。相对于"煤改电"政策而言，"煤改气"之后能源使用类型更为多样。

（3）优质燃煤替代

"优质燃煤替代"政策推行前后，主要改变的是清洁煤型与传统煤型的使用比例，对于电力和管道天然气的使用影响较小。具体来看，污染较大的型煤/原煤/煤块和烟煤煤球分别从19%、11%下降到12%和2%左右；较为清洁且燃烧效率高的无烟煤煤球和无烟煤蜂窝煤分别从21%、5%上升到了69%和10%左右。电力和管道天然气取暖用能反倒有所下降，分别降低了9%和13%左右，薪柴用能比例无显著变化。

第三节　取暖支出

本节对北京市和河北省参与清洁取暖政策的家庭改造前后取暖季取暖支出的变化进行了测算。我们采取两种方式获得家庭取暖支出变化情况：一种是根据家庭取暖用能量、能源价格以及补贴来计算支出变化；另一种是使用受访户所报的取暖支出变化数据。

一、北京市取暖支出

首先，我们根据家庭用于取暖的各类能源用量、能源价格和能源补贴金额计算北京市家庭政策改造前后的取暖支出，具体公式如下：

家庭 i 2016年取暖季取暖支出

$$= \sum_{j=1}^{n} 家庭 i 第 j 种能源年取暖使用量 \times 该种能源价格 - 该种能源补贴 \quad (8-6)$$

家庭 i 减煤换煤政策之前一年取暖季取暖支出 $= \sum_{j=1}^{n}$ 家庭 i 第 j 种能源年取暖使用量 $\times$ 该种能源价格 　　　　　(8-7)

取暖支出变化 = 2016年取暖季取暖支出 - 减煤换煤政策之前一年取暖支出

　　　　　　(8-8)

北京市问卷分别调查了居民2016年和减煤换煤政策实施前一年取暖季取暖能源总用量，所调查的能源种类包括电、管道天然气、管道煤气、瓶装液化气、烟煤煤球、烟煤蜂窝煤、无烟煤煤球、无烟煤蜂窝煤、型煤/原煤/煤块、薪柴、木炭、秸秆和柴油共13种能源。因参与集体供暖的农户并不清楚取暖能源使用量，因此只考虑分户式自供暖的家庭，共得到有效问卷1604份。北京市受访家庭13种能源消费情况见表8-4。

表8-4　改造前后北京市农村取暖各类能源消费状况

能源品种	减煤换煤政策前一年取暖季户均用量	2016年取暖季户均用量	单位
电	1 661.07	4 582.86	千瓦
管道天然气	30.85	524.56	立方米
管道煤气	1.09	86.03	立方米
瓶装液化气	35.19	12.55	千克

续表

能源品种	减煤换煤政策前一年取暖季户均用量	2016年取暖季户均用量	单位
烟煤煤球	3 275.35	1 221.47	千克
烟煤蜂窝煤	1 358.43	410.75	千克
无烟煤煤球	2 358.88	3 676.72	千克
无烟煤蜂窝煤	1 190.23	1 348.22	千克
型煤/原煤/煤块	3 784.34	1 652.12	千克
薪柴	1 093.98	866.21	千克
木炭	103.17	38.46	千克
秸秆	56.91	29.01	千克
柴油	0.00	0.00	升

北京市问卷还分别调查了各行政村2016年和减煤换煤政策实施前一年村民购买能源时的支付价格。假设除无烟煤蜂窝煤和无烟煤煤球之外的能源品种政策实施前后两年价格相等。无烟煤蜂窝煤和无烟煤煤球补贴后价格根据北京市怀柔区政府补贴政策[①]制定，每户最高补贴4.5吨。各类能源产品价格见表8-5。

表8-5 改造前后北京市农村各类能源价格

能源品种	2016年价格*	减煤换煤政策前一年价格	单位
管道煤气	2.5	2.5	元/立方米
瓶装液化气	3.67	3.67	元/千克
烟煤煤球	675	675	元/吨
烟煤蜂窝煤	742.5	742.5	元/吨
无烟煤煤球	550	750	元/吨
无烟煤蜂窝煤	450	640	元/吨
型煤/原煤/煤块	600	800	元/吨
薪柴	0.3	0.3	元/千克

---

① 《关于印发怀柔区2017年农村地区煤改清洁能源及优质燃煤替代等工程实施方案的通知》要求按照中标价格，每吨优质燃煤市财政补贴200元、农户自筹550元，不足部分由区财政给予补贴，每户最高补贴4.5吨。如遇燃煤市场价格波动较大，燃煤中标价格与市场价格上下波动超过5%，则以第三方评估价格为准。

续表

能源品种	2016 年价格*	减煤换煤政策前一年价格	单位
木炭	0.8	2.8	元/千克
秸秆	0	0	元/千克
柴油	5.7	5.7	元/升

* 除无烟煤煤球和无烟煤蜂窝煤外，通过取北京市参与调查的各行政村村民购买价格的中位数分别得到其他能源产品的 2016 价格和减煤换煤之前一年价格，再取两者的平均值作为 2016 年和减煤换煤政策前一年的价格。

表 8-6 罗列了 2016 年北京市居民销售电价、气价以及电、气价格优惠政策。对于电力取暖支出的计算，考虑到峰谷分时电价和阶梯电价的存在，我们假设家庭全天用电取暖，将家庭取暖用电量按 9∶15[①] 的比例分配至用电低谷时段和其他时段，分别用谷时电价和其余时段电价计算。2016 年因已进行或正在进行"煤改电"改造，享受谷段电价优惠，谷时电价为 0.1 元/千瓦时，每户用电量不超过 10 000 千瓦时，超过则还是 0.3 元/千瓦时；"减煤换煤"政策之前一年的谷时电价为 0.3 元/千瓦时。其余时段取暖电费则按照阶梯电价进行计算。对于用于取暖的天然气支出计算，由于参与煤改气的家庭可获得 0.38 元/立方米，上限用气量为 820 立方米的天然气补贴，2016 年在 820 立方米以下（含）的取暖用气量需按照 2.28 元/立方米减去补贴 0.38 元/立方米的价格计算，即 1.9 元/立方米。超过 820 立方米的用气量则按照阶梯气价进行计算。"减煤换煤"政策之前一年没有气价优惠，直接按照阶梯气价进行计算。对于没有参与三种替代改造的家庭，我们假设政策实施前后取暖支出不变。

表 8-6 2016 年北京市电和天然气价格及补贴

能源品种	价格 分档电量/(千瓦时/户·月)	电价/(元/千瓦时)	参与"煤改电"政策补贴
电	1~240（含）	0.4883	谷段电价优惠时段统一为 21∶00 至次日 6∶00。用户在享受低谷电价 0.3 元/千瓦时的基础上，由市、区（县）两级财政各补助 0.1 元/千瓦时，补贴用电限额为每个取暖季每户 1 万千瓦时
电	241~400（含）	0.5383	
电	400 以上	0.7883	

① 用电低谷时段统一为 21∶00 至次日 6∶00，共 9 小时，其他时段共 15 小时。

续表

能源品种	价格		参与"煤改电"政策补贴
	分档电量/(千瓦时/户·月)	电价/(元/千瓦时)	
天然气	0~1500（含）	2.28	补贴0.38元/立方米，上限用气量为820立方米
	1500~2500（含）	2.5	
	2500以上	3.9	

根据式（8-6）~式（8-8），计算所有受访农户的取暖支出变化。另外，北京市问卷直接询问了参与"煤改电"或"煤改气"政策的受访户其家庭取暖支出的变化，我们对其进行统计，并比较两种方法的结果，结果如表8-7所示。其中，"方法一"指通过2016年和"减煤换煤"政策实施前一年各项能源价格和用量间接计算得到取暖支出变化的方式，"方法二"指居民直接报出取暖支出变化的方法。结果显示，对于参与"煤改电"和"煤改气"的受访户，2016年户均取暖支出为3291.03元，"减煤换煤"政策实施前一年户均取暖支出为2316.55元，户均取暖支出变化值为974.48元。方法二所得户均取暖支出变化是1644.87元，后者将近是前者的两倍。

表8-7 北京市取暖支出及其变化情况

方法	取暖支出	政策类型	样本量	均值	最小值	最大值
方法一	2016年取暖支出	煤改电/煤改气	440	3 291.03	205.61	19 893.00
		优质燃煤替代	667	2 561.87	209.00	15 100.00
	减煤换煤政策之前一年取暖支出	煤改电/煤改气	440	2 316.55	276.61	11 603.88
		优质燃煤替代	667	2 845.67	260.00	16 500.00
	取暖支出变化	煤改电/煤改气	440	974.48	-8 466.88	18 818.66
		优质燃煤替代	667	-283.80	-3 900.00	7 145.38
		未参与政策	497	0.00	0.00	0.00
方法二	取暖支出变化	煤改电/煤改气	345	1 644.87	-2 000.00	10 000.00

图8-7分别是参与"煤改电""煤改气"和"优质燃煤替"代政策的受访户取暖支出变化结果的分布图。在实行"煤改电"的家庭中，取暖支出增加和减少的家庭分别约占总样本数量的57%和38%；在参与"煤改气"改造的家庭中，取暖支出增加和减少的家庭占比分别约为86%和13%；在参与"优质燃煤"替代政策的家庭中，取暖支出增加和减少的家庭占比分别约为22%和72%。由此可以看出，实行"煤改电"和"煤改气"的家庭改造后取暖支出增加的情况较为普遍，实行"优质燃煤替代"的家庭取暖支出减少的情况更为常见。具体来

看，参与"优质燃煤替代"的家庭改造后取暖支出减少1000元以下的比例最大，约为60%。参与"煤改电"和"煤改气"的家庭取暖支出增加1000~5000元的比例最大，分别约为33%和48%。

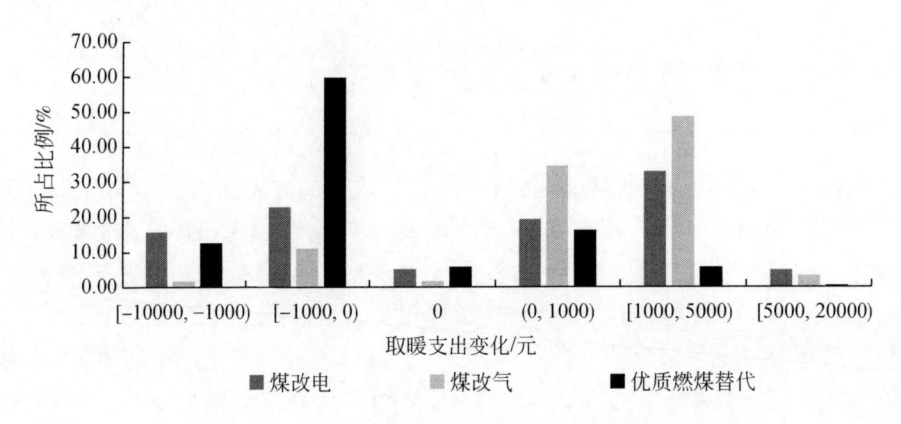

图8-7 北京市不同政策用户取暖支出变化分布情况

二、河北省取暖支出

与北京市问卷有所不同的是，《河北省居民散煤和生物质能源消费调查问卷》直接调查了参与"煤改电"或者"煤改气"改造的家庭在2016~2017年取暖季用于取暖的能源消费支出和2017~2018年取暖季用于取暖的能源消费支出，不需要根据用能量和价格进行计算，共涉及电、管道天然气、管道煤气、瓶装液化气、煤球、蜂窝煤、煤块、薪柴、木炭、秸秆（麦秆）、秸秆（玉米秆）、畜禽粪便、沼气和地热共14种能源。计算式如下：

参与"煤改电"或"煤改气"的家庭i取暖支出变化
=2017~2018年家庭i取暖季取暖支出–2016~2017年取暖季取暖支出

(8-9)

对于参与"优质燃煤替代"的家庭，河北省问卷直接调查了2017~2018年取暖季用于取暖的能源消费支出，还特别调查了2016~2017年补贴部分和煤有补贴部分的煤炭使用量和煤炭价格，包括蜂窝煤、煤球、煤块和其他燃煤。假设参与"优质燃煤替代"的家庭在用于取暖的其他能源支出不变，仅看用于取暖的煤炭支出变化。通过式（8-10）和式（8-11）分别计算出参与优质燃煤替代的家庭再政策实施前后两年的用于取暖的煤炭消耗支出，再通过式（8-12）计算政策前后的取暖支出变化。

家庭 i 优质燃煤替代政策之前一年用于取暖的煤炭支出

$$= \sum_{j=1}^{n} 家庭\,i\,第\,j\,种补贴部分煤炭使用量 \times 补贴部分煤炭价格 \\ + 没有补贴部分煤炭使用量 \times 没有补贴部分煤炭价格 \qquad (8\text{-}10)$$

优质燃煤替代家庭 i 2017～2018 年用于取暖的煤炭支出

$$= \sum_{j=1}^{n} 家庭\,i\,第\,j\,种补贴部分煤炭使用量 \times 补贴部分煤炭价格 \\ + 没有补贴部分煤炭使用量 \times 没有补贴部分煤炭价格 \qquad (8\text{-}11)$$

参与优质燃煤替代的家庭 i 取暖支出变化

$$=2017～2018 年用于取暖的煤炭支出 - 政策实施前一年用于取暖的煤炭支出 \qquad (8\text{-}12)$$

与北京市计算方法类似，在河北省对于没有参与三种替代改造的家庭，我们假设政策实施前后取暖支出不变。同时只留下分户式自供暖的家庭样本，共筛选出有效样本 366 个。其中参与"煤改电/气"政策的样本 191 个，参与"优质燃煤替代"政策的样本 2 个，未参与政策的样本 173 个。另外，河北省农户问卷直接询问了参与"煤改电"或者"煤改气"政策的受访户其家庭取暖支出的变化，我们通过该数据得到居民所报取暖支出变化值，共有 190 个样本。表 8-8 列出了分别用上述两种方法得到的取暖支出变化情况，其中"方法一"指通过居民 2016～2017 年和 2017～2018 年各项能源支出计算间接得到取暖支出变化的方式，"方法二"指居民直接报出取暖支出变化的方法。

如表 8-8 所示，方法一包含了所有政策的参与者。对于参与"煤改电"和"煤改气"的受访户，2016～2017 年户均取暖支出为 2535.76 元，2017～2018 年户均取暖支出为 4124.11 元，户均取暖支出变化值为 1588.35 元。方法二所得户均取暖支出变化是 1300.82 元，两者数值相差不大。

表 8-8　河北省取暖支出变化情况

方法	取暖支出	政策类型	样本量	均值	最小值	最大值
方法一	2017～2018 年取暖支出	煤改电/煤改气	191	4 124.11	300	20 000
		优质燃煤替代	2	1 800.00	1 200	2 400
	2016～2017 年取暖支出	煤改电/煤改气	191	2 535.76	375	14 400
		优质燃煤替代	2	-300.00	-600.00	0
	取暖支出变化	煤改电/煤改气	191	1 588.35	-9 200	19 100
		优质燃煤替代	2	-300.00	-600	0
		未参与政策	173	0.00	0	0
方法二	取暖支出变化	煤改电/煤改气	190	1 300.82	-2 400	16 000

图 8-8 分别是参与"煤改电""煤改气"和"优质燃煤替代"政策的受访户取暖支出变化结果的分布图。实行"煤改电"和"煤改气"的家庭改造后取暖支出增加的情况较为普遍，取暖支出增加分别约占各自总样本数量的 82% 和 77%，且增加 1000～5000 元的比例最大，分别约为 64% 和 51%。其中，实行"煤改电"改造的受访户不存在取暖支出不变情况，且取暖支出增加小于 5000 元。对于"优质燃煤替代"来说，样本量仅有两户，一户取暖支出不变，一户取暖支出减少，故各占 50%。

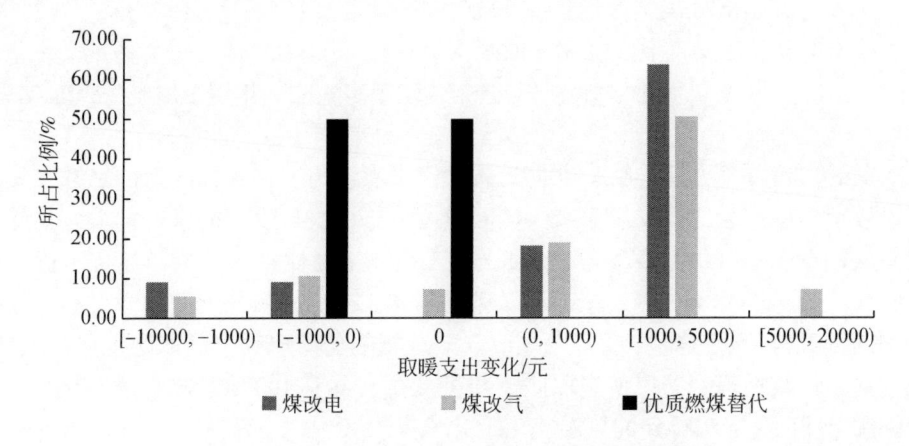

图 8-8　河北省两种方法取暖支出变化分布情况

第四节　主观感受变化

本次问卷调查了"煤改电""煤改气"政策实施前后居民对取暖季期间家庭取暖暖和程度、舒适程度、方便程度、室内空气质量、家庭卫生状况、取暖安全情况等的主观判断，以打分的形式表现主观感受的变化。对于实施"优质燃煤替代"政策的家庭，通过居民对两种煤各自的耐烧程度、烟尘情况、刺鼻味道多少的判断，比较有补贴的煤与家庭原用煤的各方面性质。北京市的暖和程度的变化按照 1～5 分的打分形式由居民进行评估，从 1 分到 5 分各分数段分别表示改造后比以前冷得多（1 分）、比以前冷一些（2 分）、没变化（3 分）、比以前暖和一些（4 分）、比以前暖和得多（5 分）。北京市其他维度的主观感受和河北省的调查均采用 10 分制，从 1 分到 10 分各分数段分别表示改造后更差了（1～2 分）、差一些（3～4 分）、没变化（5～6 分）到好一些（7～8 分）和有明显提升(9～10 分)。

一、煤改电

（1）暖和程度

北京市大多数家庭认为改造后室内暖和程度不变或者提高，而河北省家庭对"煤改电"改造后家庭暖和程度的评价呈两极分化（图8-9）。

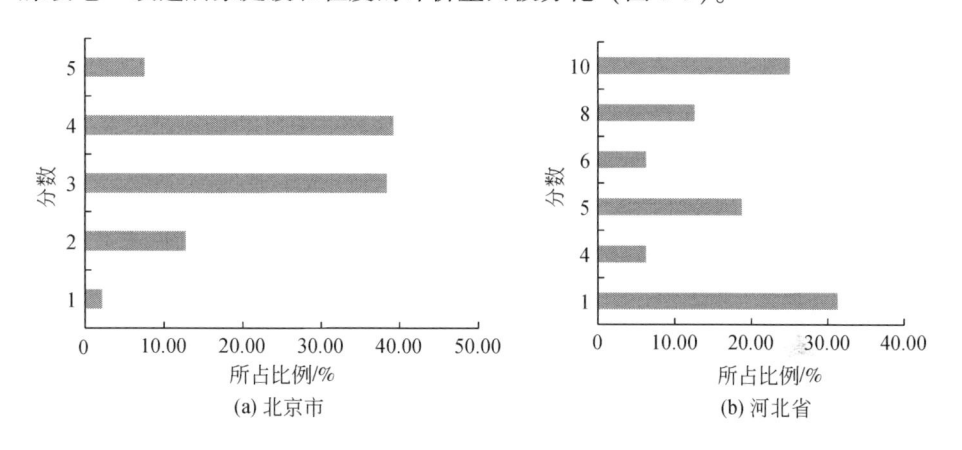

图8-9 "煤改电"后暖和程度打分情况

2016年北京市取暖季参加"煤改电"政策的家庭中，有375户家庭认为相比于烧煤取暖，完成改造后家中取暖季比以前暖和一些，占比约为46.82%。61户家庭认为改造后比以前暖和得多。307户家庭认为改造前后暖和程度没变化，占比接近40%。有119户家庭认为改造后家庭取暖比以前冷。

河北省参加"煤改电"的家庭样本较少，仅有16个。对改造后取暖季暖和程度评价最低（1分）的家庭最多，占样本总户数的31.25%。其次是评价最高（10分）的家庭，占样本总户数的25%。认为改造后室内更暖和的家庭占比和认为改造后室内不如改造前暖和的家庭占比相同，均为31.25%。有25%的农户认为改造前后家庭暖和程度不变。

（2）舒适程度

北京市受访家庭普遍认为改造后家庭取暖季取暖舒适程度提高，河北省受访家庭对取暖舒适度的评价呈两极分化（图8-10）。

北京市共有593份有效样本，有447户家庭给分在6分以上，所占比例高达75%。其中，166户家庭选择10分，认为改造后舒适程度提升特别明显，约占样本量的28%。仅有部分居民认为比之烧煤取暖，改造后情况变差了。河北省的

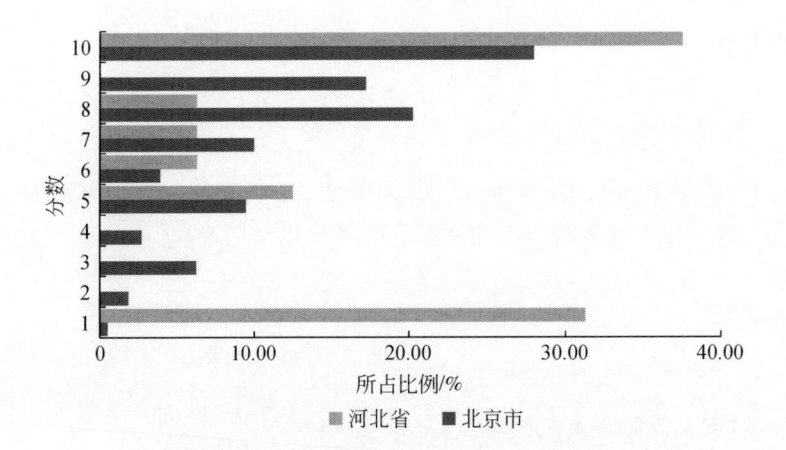

图 8-10 "煤改电"后舒适程度打分情况

有效样本为 16 份,选择 1 分和 10 分的家庭均较多,将近四成的家庭选择 10 分,有超 30% 的家庭给分 1 分,认为改造后舒适度变差了。对比发现,北京市居民对"煤改电"改造前后舒适程度的变化评价较高,打分在 7~9 分的家庭占比均高于河北省。

(3) 方便程度

北京市和河北省"煤改电"改造工程实施后,普遍认为改造后用电取暖较之之前的燃煤取暖更为方便(图 8-11)。

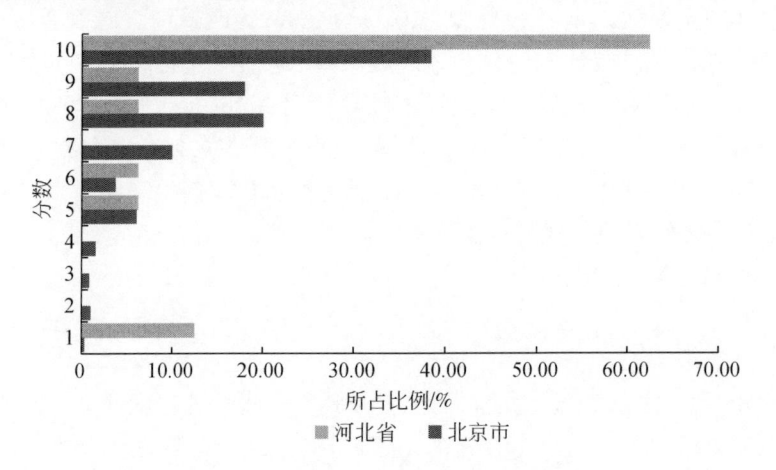

图 8-11 "煤改电"后方便程度打分情况

相比于河北省,北京市民对改造后取暖方便程度评价更高。北京市 593 份有效样本中，有513户家庭选择分数在6分以上，占比约86%。有约38.45%的家庭对改造后家庭取暖方便程度评价最高，给分10分。仅有3.71%的家庭认为改造后相比之前方便程度降低。大多数家庭对改造后家庭取暖的方便程度给予好评，认为改造过后更不方便的家庭寥寥无几，但仍然存在给分1分的情形，即认为方便程度变得最差的家庭。河北省参与"煤改电"工程的家庭中有75%的家庭主观上感觉改造后取暖比以前方便，认为取暖不如以前方便的家庭，占比为12.5%。

（4）室内空气质量

室内相对封闭的环境使其产生的污染物不易扩散，因此室内空气质量状况好坏与否更为直接地关系到人类健康身体，对人类的威胁更为明显。故而室内空气质量尤其值得政府和居民的重视和关注。北京市和河北省"煤改电"政策实行后，居民认为取暖季室内空气质量明显提升（图8-12）。

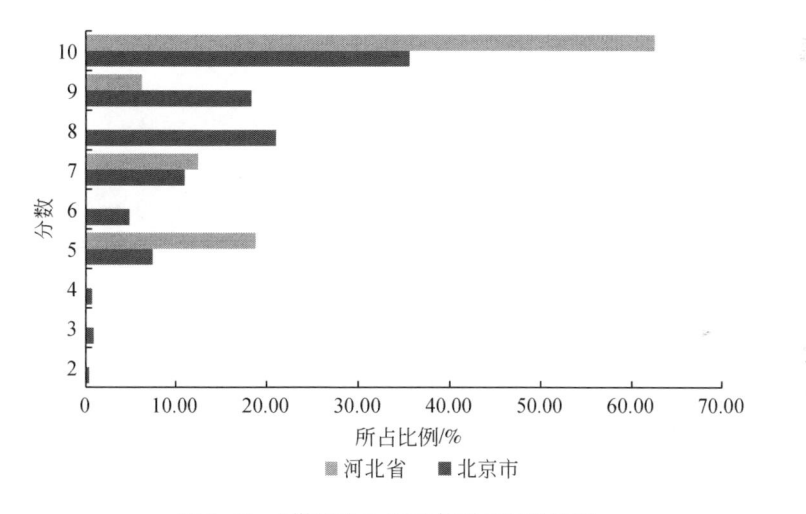

图8-12 "煤改电"后空气质量打分情况

在北京市591户样本家庭中，认为室内空气质量改善最为明显（10分）的家庭占比最大，约为35.53%，有210户。主观上感受到室内空气质量情况恶化的家庭仅约占1.87%，并且，无人给予最低评价（1分），而认为空气质量提升的家庭占比高达85%。这说明"煤改电"政策的实施，确实有效减少污染物排放、改善了室内空气质量，能够为居民提供健康的取暖环境。在河北省16个样本中，除去3户认为前后室内空气质量没什么变化的家庭，剩下的家庭一致给予好评，没有家庭认为改造后取暖使室内空气质量变差。

（5）家庭卫生状况

北京市和河北省受访家庭普遍认为改造后家庭取暖时期卫生状况大幅好转，其中河北省家庭卫生状况评价更高（图8-13）。

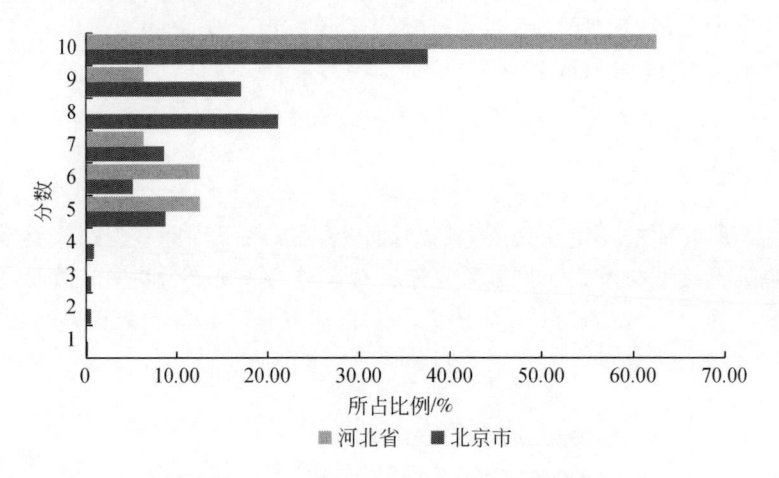

图8-13 "煤改电"后家庭卫生打分情况

北京市594份有效样本中，共有524户认为取暖季时期家庭卫生情况改善，占比约88%，高于上述其他居民主观感受方面的评价指标占比（方便程度、舒适程度和室内空气质量），表明改造后家庭卫生情况改善最为突出。认为卫生情况改善最为明显的北京市家庭有226户，约占总户数的38.05%。与北京市相似，河北省居民对"煤改电"后家庭的卫生状况普遍给予较高的评价，有87.5%的家庭卫生水平较之以前改善，给分10分的家庭占改善组（7~10分）的78.57%。另外，河北省调查样本中不存在主观上感受到卫生状况变差的家庭，表明家庭卫生状况的变化在居民感官上更为明显。

（6）取暖安全情况

就取暖安全情况来看，大部分北京市和河北省受访家庭表示改造后取暖安全性有提升（图8-14）。

北京市587份有效样本中有494户家庭认为相比于燃煤取暖，改造后取暖安全情况改善，占比约为84.16%。认为取暖安全性没什么变化的家庭有81户。超过七成的河北省家庭认为相比于燃煤取暖，"煤改电"改造后取暖季家庭取暖更加安全，其中，相当大的一部分家庭选择10分。选择改造前后取暖安全情况没有区别的家庭较多，约占总户数的25%。

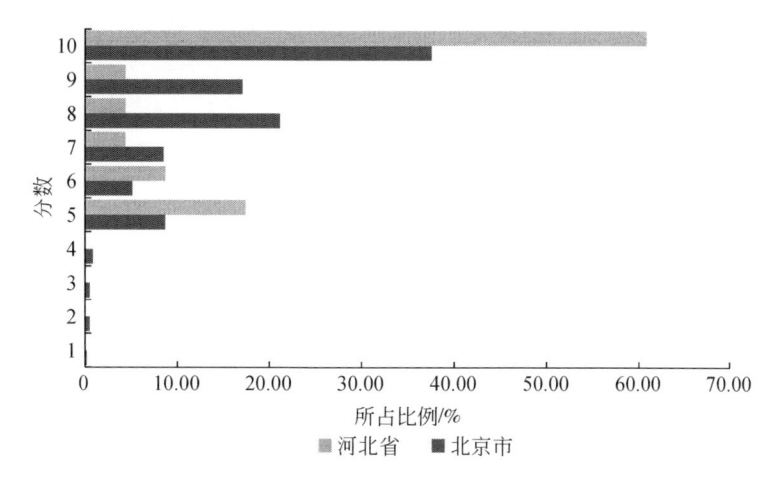

图 8-14 "煤改电"后取暖安全打分情况

二、煤改气

(1) 暖和程度

参与"煤改气"改造后，北京市受访家庭对家庭暖和程度的评价较高，河北省暖和情况评价则不太理想（图 8-15）。

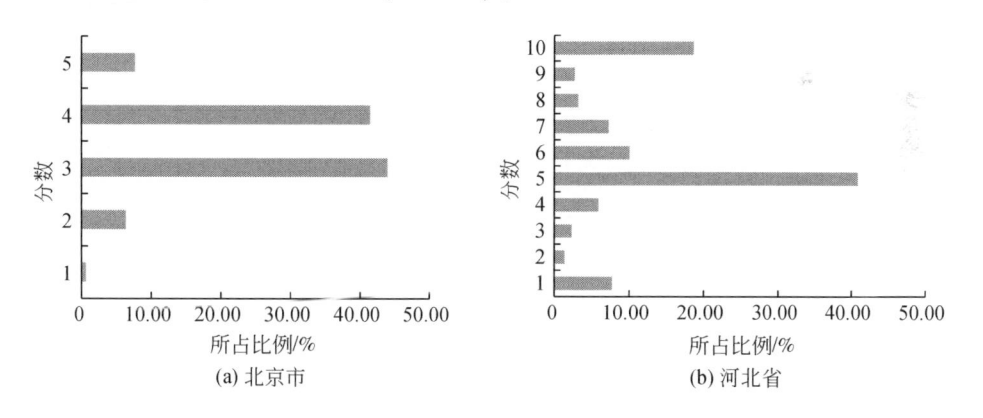

图 8-15 "煤改气"后暖和程度打分情况

北京市"煤改气"的调查样本较少，共有 157 个。有近一半的家庭给分在 4~5 分，即认为煤改气后取暖季室内较之前暖和。有 65 户家庭认为相比于烧煤取暖，完成改造后家中取暖季暖和程度没有改变，占比约为 41.4%。仅有 7% 的家庭觉得改造后不如之前暖和。河北省"煤改气"的样本相对较多，共有 220

个。给分 5 分的家庭最多，约占总户数的 40.91%。因此认为"煤改气"实施后室内暖和程度并无改变的家庭占比最大，超过 50%。评价最高（10 分）的家庭较多，占比约为 18.64%。与北京市相比，河北省对家庭暖和程度变化给出负面评价的家庭更多，占比约为 17%。

(2) 舒适程度

北京市和河北省大部分受访家庭认为煤改气改造后家庭取暖更为舒适，但河北省舒适程度的改善情况不如北京（图 8-16）。

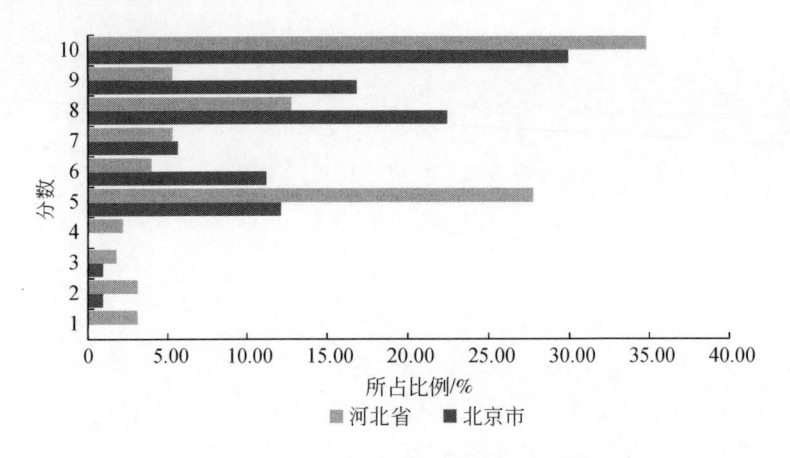

图 8-16 "煤改气"后舒适程度打分情况

在北京市的 107 个样本中，有 80 户家庭认为参与"煤改气"政策后取暖更加舒适，占比约为 75%。有约 23% 的居民认为改造前后并无舒适程度的变化。河北省 227 个有效样样本中有 72 户家庭主观上感受到舒适度并无较为明显的变化，所占比例超过北京市，约为 32%。有 132 户家庭认为改造后舒适程度提高，占比约为 58.15%，明显低于北京市所占比例。说明河北省受调查居民对于"煤改气"实施后取暖舒适度的改变评价不太高。

(3) 方便程度

从方便程度来看，北京市和河北省受访家庭对煤改气实施后家庭取暖方便程度的感受大体相似（图 8-17）。

北京市和河北省的样本家庭对改造后取暖方便程度较为满意，约八成的家庭给 6 分以上，给分 5 分以下的家庭占比在 2% 以内，且均无居民给予最低评价（1 分）。但两者仍有细微差别，河北省评分最高的家庭所占比例超过北京市。

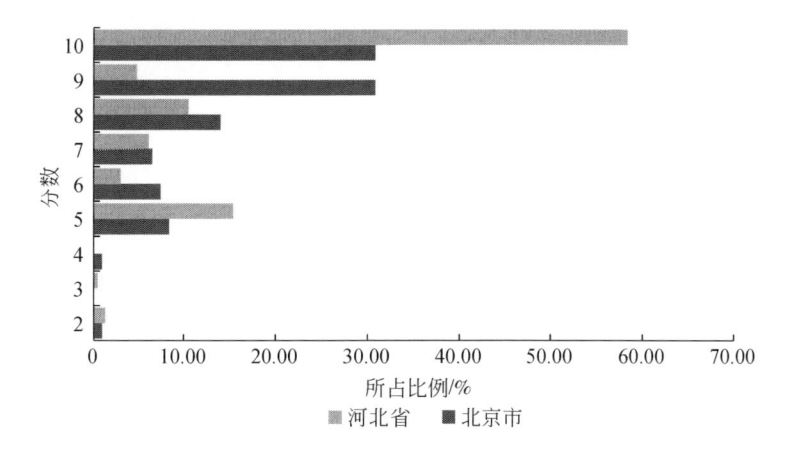

图 8-17 "煤改气"后方便程度打分情况

(4) 室内空气质量

北京市和河北省的受访家庭在室内空气质量方面的评价大体相同（图 8-18）。

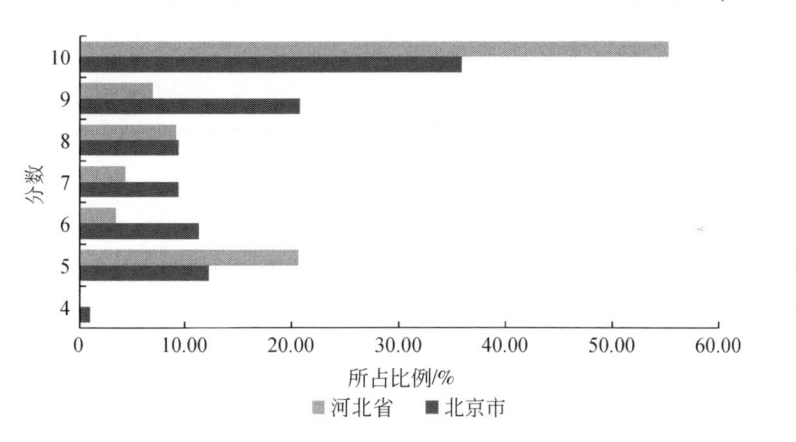

图 8-18 "煤改气"后室内空气质量打分情况

北京市与河北省受访家庭中均约有 75% 的家庭认为参与"煤改气"改造后室内环境清洁度更高，约 25% 的家庭未感受到室内换将的变化。与河北省相比，北京市仍有 1 户家庭认为改造后室内空气质量的恶化。

(5) 家庭卫生状况

北京市与河北省实行"煤改气"改造后家庭卫生状况均显著改善（图 8-19）。在河北省的 221 个有效样本中，有 191 户家庭认为参与"煤改气"后取暖季期

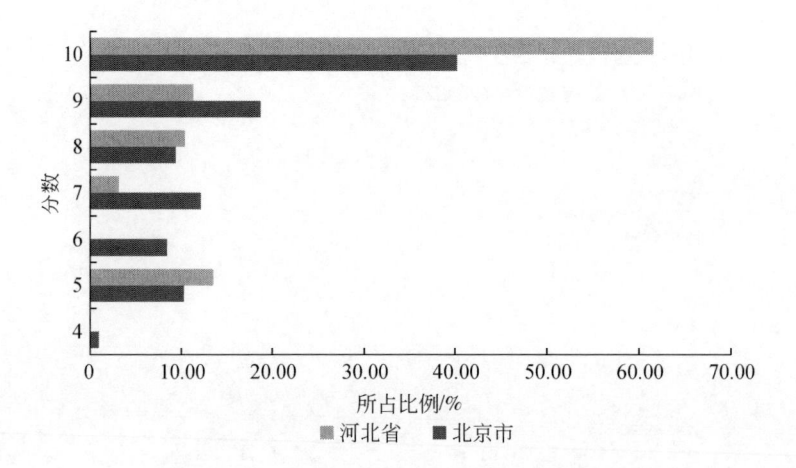

图 8-19 "煤改气"后家庭卫生状况打分情况

间家庭环境更加干净卫生，所占比例约为 86.43%，高于北京市的占比（80.38%）。主要体现在河北省打分 10 分的家庭占比（61.54%）大大超过北京市家庭占比（40.19%），说明河北省大部分居民主观上觉得家庭卫生状况显著改善。北京市和河北省受调查家庭之中认为卫生情况并无变化的家庭占比大致相同。另外，北京市仍有认为卫生状况恶化的家庭。

（6）取暖安全情况

大部分居民认为改造后取暖比燃煤取暖更为安全，其中，河北省受访居民对煤改气后家庭取暖安全性的评价较为多样化（图 8-20）。

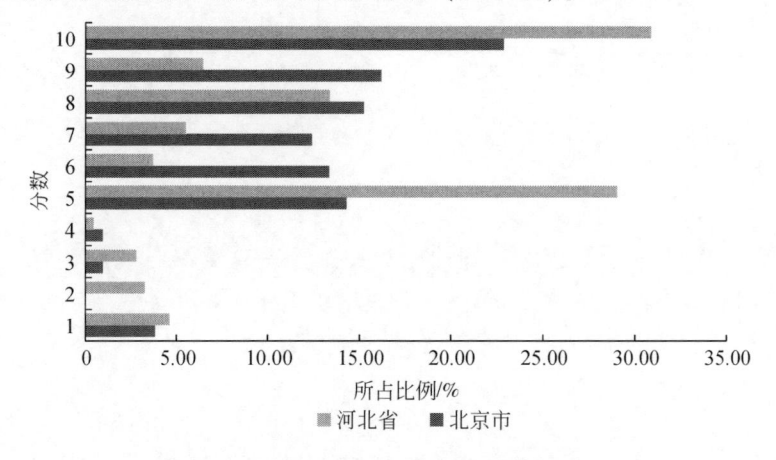

图 8-20 "煤改气"后取暖安全性打分情况

河北省共有 213 个有效样本，给分 10 分和 5 分的家庭最多，分别有 64 户和 61 户，占比分别约为 30.05% 和 28.64%，均高于北京市占比；并且对取暖安全情况评价低的家庭占比也高于北京市。北京市共有 105 个有效样本，居民给分主要集中在 5~10 分，且分布均匀，表明北京市参与调查的家庭对"煤改气"取暖方式的安全性能满意度高。

三、优质燃煤替代

（1）耐烧程度

北京市受访家庭对优质燃煤的耐烧程度褒贬不一，河北省居民对于替换煤炭的耐烧程度不太满意。

如图 8-21 所示，从 1 分到 10 分表示有补贴的优质燃煤相比于家庭常用煤耐烧程度逐渐增强。北京市 105 份有效样本中有 25 户家庭对有补贴的优质煤的耐烧程度最为看好（10 分），所占比例约为 23.81%。然而有 43 户家庭认为有补贴的煤比原来使用的煤更不耐烧，占比与认为有补贴的煤耐烧性更好的家庭等同，均为 40.95%。对于两种煤的耐烧性的比较，暂时不能得到确切的结论。另外，约有 18.10% 家庭认为两者耐烧性相似，没有什么区别。河北样本中，所有居民均认为替换煤炭相比于被替换的煤炭更不耐烧。

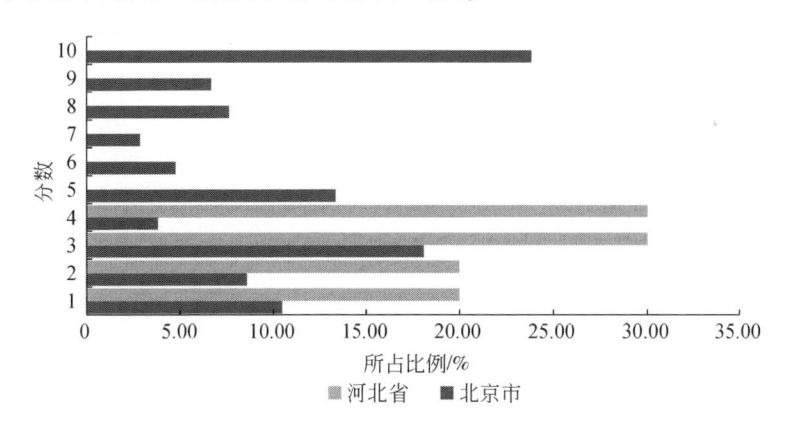

图 8-21 优质燃煤耐烧程度打分情况

（2）烟尘情况

北京市与河北省受访家庭对于替换的优质燃煤的烟尘情况满意度都较高。与河北省相比，北京市优质燃煤替代政策实施后，居民对替代煤烟尘情况的负面评价略多（图 8-22）。

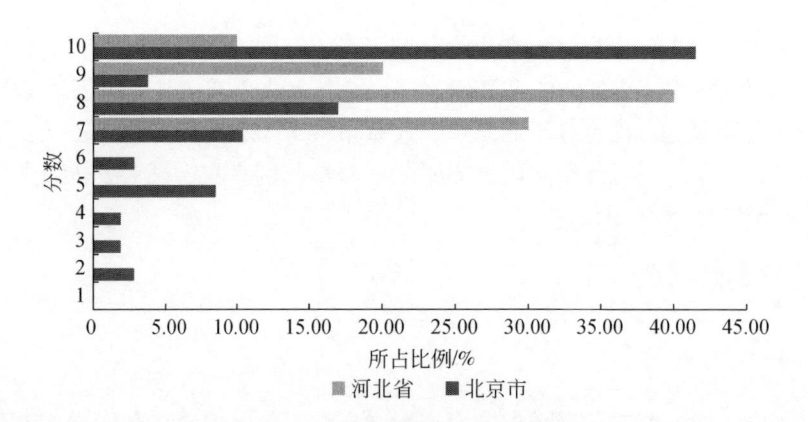

图 8-22　优质燃煤烟尘情况打分

如图 8-22 所示，从 1 分到 10 分代表有补贴的燃煤相比于家庭常用煤所散发的烟尘逐渐减少。受访家庭打分均在 6 分以上，说明所有受访居民均认为替换煤炭相比于被替换的煤炭释放的烟尘更少。北京市选择 10 分的家庭户数最多，有 44 户，约占总户数（106 户）的 41.51%。同时，认为有补贴的煤烟尘排放情况更好（7~10 分）的家庭占到七成，表明大部分受调查居民感知到优质燃煤替代政策所要求的用煤比原来所用的煤产生的烟尘更少，对大气的污染、人体的健康威胁更少。但仍有居民给分在 2~4 分，评价较低。

（3）刺鼻的味道

同烟尘情况类似，相比于北京市，河北省受访家庭对于替换煤炭的刺鼻气味有无多少情况较为满意。

如图 8-23 所示，从 1 分到 10 分代表有补贴的燃煤相比于家庭常用煤使用过

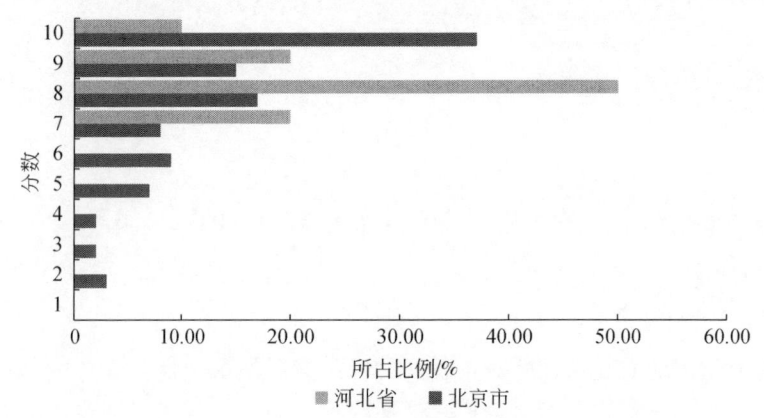

图 8-23　优质燃煤刺鼻情况打分

程中所产生的刺鼻的味道逐渐减少。河北省受访家庭打分均在 6 分以上，说明所有受访家庭均认为有补贴的煤炭所散发的刺鼻的气味更少。参与"优质燃煤替代"政策的大部分北京市受访家庭认为有补贴的煤所造成的刺鼻气味较少，占比约为 77%。但仍有约 16% 的家庭觉得"优质燃煤替代"政策实施后取暖带来的刺鼻气味多少没有变化。

(4) 暖和程度

关于优质燃煤替代后的暖和程度，仅河北省调研涉及该问题（图 8-24）。河北省参加"优质燃煤替代"政策的家庭对该项打分较为分散，10 分和 5 分之间间断，分化严重。大部分家庭认为政策实施前后家庭取暖暖和程度没什么变化，占比为 50%。认为优质燃煤替代原有煤炭后没有之前暖和的家庭较多，占比约为 33%。

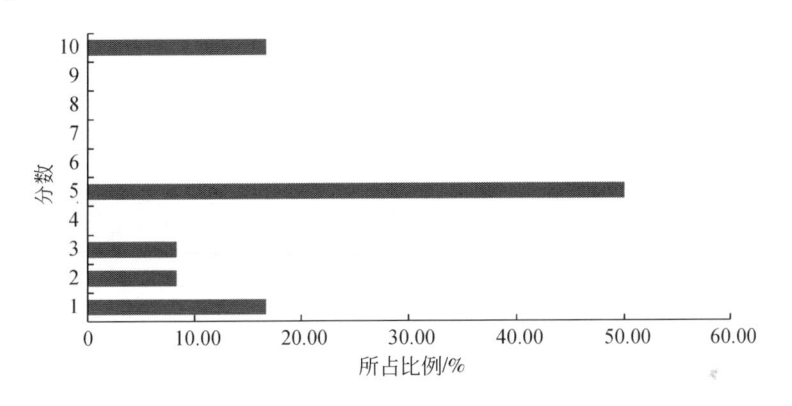

图 8-24　河北省优质燃煤暖和程度打分情况

综上所述，通过对北京市和河北省受访家庭参与散煤替代政策前后取暖主观感受变化的分析，我们发现，两地"煤改电""煤改气"政策改造后暖和程度略高于改造前，舒适度、方便程度、环境清洁、安全性、家庭卫生状况等主观体验有明显提升；"优质燃煤替代"政策实施后，燃煤的耐烧程度与改造前基本持平，但烟尘情况、刺鼻味道方面有显著改善。

第五节　政策实施效果和居民主观感受异质性分析

基于本章前几节的分析，我们发现农户在参与政策的积极性，取暖成本的变化和替代后对取暖的主观感受上存在较大差异。可能的原因在于村庄推行政策的不同特点和农村在收入等方面的异质性。因此，本节进一步分析禁煤措施和收入对政策效果的影响，以及在没有强制性措施的情况下，居民收入水平和居民主观感受对居民参与意愿的影响。

一、禁煤措施、收入水平、与政策实施效果

如第七章所述，政府为实现散煤治理的目标，采取了没收或拆除煤炉、村委会巡逻检查村内用煤情况、发现燃煤严厉惩罚、禁止卖煤商贩进村、回收剩煤等强制性禁煤举措。表 8-9 分析了禁煤措施对政策效果的影响。

表 8-9　禁煤措施对政策效果的影响

禁煤措施		散煤替代情况			改造后村内用煤家庭比例/%		
		样本量	减煤量/(千克/户)	减煤率/%	没有	少数家庭	多数家庭
政府是否规定不能再烧散煤	未规定	53	1266.42	53.45	50.44	24.78	24.78
	规定	419	2538.34	74.51	72.33	20.31	7.36
煤炉是否已经被收或者被拆	未没收/未拆毁	135	1957.37	58.01	39.38	33.56	27.05
	没收/拆毁	337	2571.04	77.80	83.11	15.23	1.66

从表 8-9 可以看出，样本中大部分地区都实行了此类政策。其作用成效较为显著，规定不能再烧散煤的地区，其减煤率比未规定的地区高 21.06%；没收并拆毁煤炉的地区，其减煤率比未没收的地区高 19.79%。平均来看，政府举措使得减煤率增加了 20.43%。

虽然政府的强制手段确实可以有限地减少散煤的使用，但存在两个问题：首先，强制性政策损害了居民的福利。在调研过程中有居民反映，在政策实施后，取暖花费增加较大，还有居民反映存在天然气后期供应不足的问题，由于在"煤改气"过程中，煤炉被强制拆除，一旦断气，村民既无法烧煤取暖，也无法使用天然气取暖。其次，一旦强制性政策的执行力度放松，可能出现反烧煤现象。在高压政策下，居民会暂时服从政府的安排。但是，如果居民对政策不认同，政策的执行力度一旦放松，可能会重新烧煤。调研过程中，有居民反映，刚开始政策执行较严格，包括没收煤炉、禁煤等，后期执行力度逐渐放松下来，一些家庭开始重新购买煤炉。

除了禁煤措施，居民收入水平同样是影响散煤治理政策实施效果的重要因素。一般情况下，居民收入越高，越有能力负担"煤改电""煤改气"等改造的一系列成本，不会对减少煤炭使用有较大的抗拒心理。如表 8-10 所示，我们将居民按照收入水平分三类，计算不同收入群体的减煤量和散煤替代率，分析发现，河北省和北京市两地大致呈现出减煤量和散煤替代率随着收入水平的提高而增加。

表 8-10　居民收入水平对减煤量和散煤替代率的影响

项目		低收入	中等收入	高收入
河北省	减煤量/(千克/户)	2 169.22	2 405.67	3 120.16
	散煤替代率/%	96.85	98.83	98.67
北京市	减煤量/(千克/户)	884.30	1 075.85	1 708.05
	散煤替代率/%	28.96	29.65	32.59

二、取暖主观感受、收入水平、与政策参与意愿

改造后居民取暖的主观感受是影响居民参与意愿的重要因素，一般来说，如果居民认为清洁能源取暖比散煤取暖更加安全、舒适、卫生，那么会更加愿意参与清洁能源改造。河北省问卷中调查了暖和程度、舒适程度、方便程度、室内空气质量、家庭卫生状况、取暖安全状况等居民主观感受变化情况，以及没有禁煤措施的情况下居民是否愿意参与政策。基于上述调研数据，表 8-11 计算了在不同的主观感受下，愿意参与政策的居民比例。

表 8-11　居民主观感受对居民参与意愿的影响　　　　　单位:%

项目	更差	不变	更好
暖和程度	32.56	52.17	77.78
舒适程度	21.43	33.85	75.68
方便程度	0.00	25.00	65.83
室内空气质量	—	32.65	64.58
家庭卫生状况	—	22.58	65.02
取暖安全程度	27.27	47.69	68.53

根据表 8-11 可以看出，当所有主观感受指标在政策实施后大有改善时，居民参与意愿均在 60% 以上，高于居民主观感受不变或者变差的比例。说明居民对改造后取暖效果的主观感受评价越高，其后续政策参与意愿将会有所提高。其中，居民对暖和程度的变化更为敏感，如果居民认为改造后更暖和，参与意愿为 77.78%，如果暖和程度没有变化，居民愿意参与政策的比例为 52.17%，均大于其他主观感受指标。

除了取暖的主观感受，居民的收入水平也是影响居民参与意愿的重要因素，与高收入群体相比，低收入群体往往难以负担清洁取暖改造的设备开支和更加高额的取暖能源开支。基于河北省调研数据，图 8-25 分析了不同收入下居民的政策参与意愿。以 7000 元为组距，通过计算年收入在 (0, 7000]、(7000, 14000]、

(14000，21000］等区域内愿意参加政策的家庭占比，得到收入与政策参与度的拟合曲线。由于样本中高收入家庭较少，图中存在（200000，0）的异常点，该点只代表了一户家庭，故不予考虑。总的来看，收入与政策参与意愿呈现正相关关系，即随着总收入的增加，清洁取暖政策的参与意愿增高。

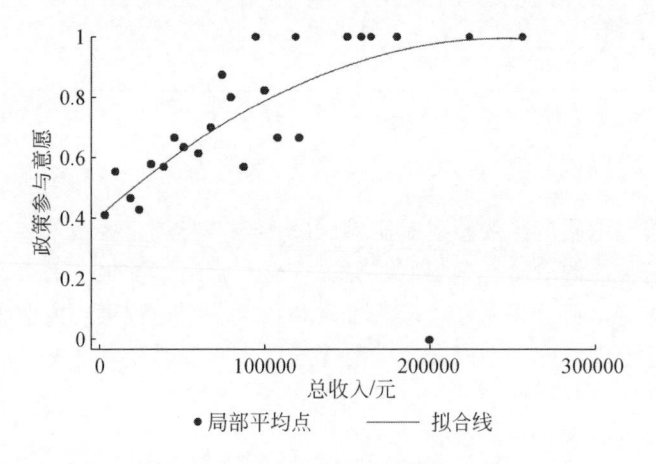

图 8-25 收入对居民参与意愿的影响

三、收入水平与取暖成本变化

针对已经参与"煤改电""煤改气"政策的家庭，改造前后的取暖支出的变化已在前文计算，本节进一步考察取暖支出变化与收入的关系。如图 8-26 所示，北京市参与"煤改电/气"的家庭的收入水平越高，其改造后取暖支出增加越多；河北省参与"煤改电/气"的家庭改造前后的取暖支出增加额随着收入等级的提升，呈现出先减少后增加的态势。原因可能是低收入群体在改造前用煤量较

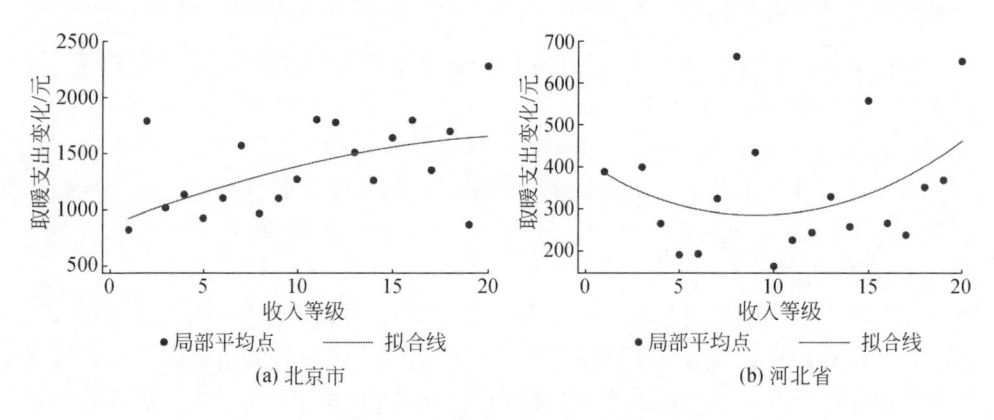

(a) 北京市

(b) 河北省

图 8-26 收入对居民取暖支出变化的影响

大，是政策的主要实施对象，改造过程中更换设备和使用电、天然气等能源，取暖支出陡增。高收入群体在改造前用煤较少或者已经不再用煤，已部分改用电和天然气进行取暖，改造前后的取暖支出基本不变。但由于高收入群体在经济上更为宽裕，对取暖的要求高，取暖能源使用量可能更大，取暖支出增加多。中等收入群体综合以上两种原因，取暖支出增加最少。

四、收入水平与取暖主观感受

居民参与"煤改电""煤改气"改造后取暖季取暖主观感受与收入密切相关。表8-12分析了河北省和北京市两地不同收入人群对各类取暖主观感受指标的评价。河北省居民参与政策后，相比于中低收入群体，高收入群体认为室内更为暖和。相反，北京市中低收入群体对改造后室内暖和程度的评价更高。河北省中高等收入家庭明显认为改造后舒适程度、取暖安全程度提高，而方便程度随着收入水平的增高而降低。北京市居民对方便程度和舒适程度的评价随着收入的提升而提高，中等收入群体对认为参与政策后家庭取暖卫生状况更好。另外，河北省和北京市家庭收入水平越高，主观感受到的室内空气质量更好。

表8-12 收入对居民取暖主观感受的影响

	取暖感受	低等收入	中等收入	高等收入
河北省	暖和程度（0~10分）	5.24	5.50	6.29
	舒适程度（0~10分）	6.57	7.54	7.45
	方便程度（0~10分）	8.91	8.74	8.71
	室内空气质量（0~10分）	8.37	8.51	8.90
	家庭卫生状况（0~10分）	9.02	8.98	9.12
	取暖安全程度（0~10分）	6.89	7.06	7.32
北京市	暖和程度（1~5分）	3.45	3.38	3.36
	舒适程度（1~10分）	7.58	7.73	7.96
	方便程度（1~10分）	8.23	8.37	8.61
	室内空气质量（1~10分）	8.19	8.42	8.45
	家庭卫生状况（1~10分）	8.32	8.59	8.58
	取暖安全程度（1~10分）	8.26	8.12	8.31

综上所述，本节通过分析禁煤措施和收入对政策效果的影响、居民主观感受，居民收入水平对居民参与意愿的影响，收入对居民取暖支出变化和主观感受的影响，发现：第一，禁煤措施执行后，减煤率平均增加了20.43%，不再用煤的家庭所占的比例提升。但此类措施损害了居民的福利，由于部分客观原因居民

取暖季取暖得不到保障，导致了反烧煤的现象发生。第二，随着收入水平的提高，减煤量和散煤替代率逐渐增加。第三，居民主观感受是影响居民参与意愿的重要因素，政策改造后居民主观感受的提升将会增加居民的参与意愿。第四，居民收入与居民政策参与意愿呈正相关关系。随着总收入的增加，家庭有一定的经济能力负担清洁取暖改造的设备开支和相对高价的取暖能源支出，对于清洁能源的需求增加，因此清洁取暖政策的参与意愿较高。第五，收入对北京市和河北省两地取暖支出变化的影响不同。北京市家庭取暖支出增加额随收入等级提高而增加；河北低收入群体和高收入群体取暖支出增加多，中等收入群体取暖支出增加相对较少。第六，收入对不同居民取暖主观感受指标的影响差别明显，且随地点的不同而不同。相比于中低收入群体，河北省高收入群体认为室内更为暖和，而北京市中低收入群体对改造后室内暖和程度的评价更高。河北省和北京市家庭收入水平越高，主观感受到的室内空气质量更好。总的看来，后续散煤治理工作的开展需要对政策推行手段的制定加以重视，针对不同收入水平的群体制定差异化政策，关注居民采暖的主观感受，从而在更大程度上提高居民的参与意愿。

第九章　散煤治理政策的环境收益—成本分析

第一节　核算内容和方法

本章将采用成本收益核算方法（cost-benefit analysis，CBA），对北京市"煤改电""煤改气"和"优质燃煤替代"三项清洁取暖政策效果分别进行量化，并对三项政策的政策效果进行对比分析。

一、核算内容

在收益方面，由于散煤燃烧产生的空气污染物和二氧化碳等温室气体会对人体健康、农业生产、经济发展等带来影响（裴辉儒，2017；李昱瑾，2017），因而清洁取暖政策的收益包括人体健康改善的收益，农业生产增加的收益以及社会由于污染物治理成本减少对应的收益，本章所计算的社会收益即包含了对健康、对环境、对经济的收益三个部分，根据污染物排放的社会成本和排放量计算而得。同时对个人而言，清洁取暖政策实施后，家庭在取暖时的清洁性、舒适度等主观感受方面也会有所改善，这也属于政策收益的一部分，但在本章并未计算入内。在成本方面，对整个社会而言，实施清洁取暖政策的成本由政府和居民共同承担，因而政策的成本分为政策实施后居民取暖支出增加和政府补贴增加两个部分。

二、核算方法

成本收益分析是一种将项目或政策的成本和收益进行量化并以货币价值的形式进行衡量，从而对项目或政策的成本和收益进行比较，为政策制定者选择和评估方案提供决策信息的经济评价方法。成本收益分析是对政府的公共项目或公共政策进行经济评价的重要方法和手段，自1936年首次在美国水利工程中使用以来，在世界上多个国家得到了快速推广和运用。随着理论和实践的丰富与发展，成本收益分析现已在公共建设项目、政府经济管制分析和环境经济评估等方面被广泛采用。例如，华盛顿州公共政策研究所对华盛顿州的教育、医疗、犯罪等公共政策进行了一系列成本收益分析研究，并设计出了一套成本收益分析软件系统

(许光建和魏义方，2014）。之后，该方法得到了英国、澳大利亚、加拿大等其他国家的重视，如英国财政部在 1991 年颁布了《绿皮书：中央政府评价与评估》（*The Green Book*：*Appraisal and Evaluation in Central Government*）（1997 年和 2003 年两次修订），澳大利亚财政部 1991 年发布了《成本收益分析使用指南》（*Handbook of Cost-Benefit Analysis*）（2006 年更新第二版），加拿大财政部 1998 年编写了《成本收益分析手册》（*Benefit-Cost Analysis Guide*）（许光建和魏义方，2014）。

与其他绩效评价方法相比，成本收益分析的评价方法有三个主要特点：第一，在研究范围上，该方法从政府角度出发，考虑社会整体的公共福利。第二，在研究对象上，往往会包含对非市场交易的商品或服务的价值的衡量。例如，在本研究中包含污染物排放减少产生的环境改善的价值、减煤政策实施后人们主观感受的变化等。第三，在计量单位上，要求以统一的计量单位衡量项目的各方面成本及收益，一般以货币为单位。

（1）收益的核算方法

衡量北京市清洁取暖政策的收益主要是散煤被电、天然气和优质燃煤替代所带来的环境外部性收益，平均每户改造的收益计算公式见式（9-1）。

$$\text{Benefit}_j = - \sum_{i=1}^{n} (\Delta E_{i,0} \times C_i) - \sum_{i=1}^{n} (\Delta E_{i,j} \times C_i) \qquad (9\text{-}1)$$

式中，$\Delta E_{i,j}$ 表示在政策实施后，北京平均每户家庭一个供暖季使用 j 能源取暖时空气污染物 i 排放量的变化量，单位为吨；$j=0,1,2,3$，分别对应着使用散煤、电力、天然气和清洁燃煤取暖；C_i 表示每单位污染物排放量的社会成本，单位为元/吨；n 为所排放物的种类量。

清洁取暖政策前后，使用 j 能源供暖时平均每户家庭污染物 i 的排放变化量 $\Delta E_{i,j}$ 用式（9-2）计算。

$$\Delta E_{ij} = \Delta A_j \times \text{EF}_{ij} \qquad (9\text{-}2)$$

式中，ΔA_j 表示政策实施前后平均每户家庭 j 能源消耗的变化量，单位为吨/户、千瓦时/户或立方米/户；$j=0,1,2,3$ 分别对应散煤、电力、天然气和清洁燃煤；EF_{ij} 表示使用 j 能源时污染物 i 的排放因子，单位为千克/吨、克/千瓦时或克/立方米。

能源消耗的变化量 ΔA_j 利用问卷调研得到的面板数据，根据平均每户家庭在减煤政策实施前后能源消耗的差值进行估计，公式如式（9-3）：

$$\Delta A_j = Q_j' - Q_j \qquad (9\text{-}3)$$

式中，Q_j' 表示清洁取暖政策实施后每户家庭的 j 能源的平均消耗量，Q_j 表示政策实施前每户家庭 j 能源的平均消耗量。其中，"煤改电"政策主要考虑煤炭和电力的能源使用变化量,而"煤改气"政策主要考虑煤炭和天然气的能源使用变化量,"优质燃煤替代"政策主要考虑不同类型煤炭的使用变化量。

(2) 成本的核算方法

清洁取暖政策的成本主要包括居民家庭供暖开支的增加和政府财政支出的增加两个方面。政策实施分摊到每户家庭的成本计算公式如式(9-4)。

$$\text{Cost}_j = C_j + S_j \tag{9-4}$$

式中,C_j表示参与清洁取暖政策的每户家庭使用j能源替代散煤取暖后取暖成本增加的平均值,单位为元/户;$j=1,2,3$,分别对应着参与"煤改电""煤改气"和"优质燃煤替代"的家庭;S_j表示政府对每户家庭使用j能源替代散煤进行取暖补贴的平均值,单位为元/户。

具体而言,居民的采暖成本包括更换取暖设备的一次性开支和每年取暖季取暖支出的增加两个部分。其中更换取暖设备的成本按10年使用寿命采取"平均年限折旧法"换算为年化成本。总成本中居民家庭采暖成本的计算公式如式(9-5)。

$$C_{j,m} = \left(P_{j,m} \times \frac{(1-\alpha_{j,m})}{n_{j,m,\text{year}}} \right) + (\text{HC}_{j,m} - \text{HC}_{\text{coal},j}) \tag{9-5}$$

式中,$j=1,2,3$,分别对应着参与"煤改电""煤改气"和"优质燃煤替代"的家庭;$m=1,2,\cdots,k$,表示使用j能源取暖时可供选择的取暖设备的类型;$P_{j,m}$表示使用j能源取暖、选用取暖设备m的家庭平均每户的设备开支(扣除补贴),单位为元/户;$n_{j,m,\text{year}}$表示m设备的使用年限,单位为年;$\alpha_{j,m}$为设备m的净残值率;$\text{HC}_{j,m}$表示平均每户家庭使用j能源、m设备时的采暖成本。

由清洁取暖政策的实施而导致政府财政支出的增加主要包括两个方面:基础设施的投资和提供给居民改用电力、天然气和清洁燃煤取暖的补贴。具体来说,基础设施投资主要包括电网升级和天然气管道铺垫的费用,提供给居民的补贴包括对居民更换取暖设备的补贴和能源消耗的补贴。政策实施导致政府财政支出的增加可用式(9-6)计算。

$$S_j = I_j \times \frac{(1-\alpha_j)}{n_{j,\text{year}}} + \text{SP}_{jm} \times \frac{(1-\alpha_{j,m})}{n_{j,m,\text{year}}} + \text{Sp}_j \times \overline{Q}'_j \tag{9-6}$$

式中,第一项表示政府对基础设施的投资分摊到每户的成本,第二项表示对每户居民家庭更换取暖设备的补贴,按10年使用寿命采取"平均年限折旧法"换算为年化成本;第三项表示对每户家庭取暖消耗能源的补贴。$j=1,2,3$,分别对应着参与"煤改电""煤改气"和"优质燃煤替代"的家庭;$m=1,2,\cdots,k$,表示使用j能源取暖时可供选择的取暖设备的类型;I_j分别表示对应着改用j能源取暖时平均每户的基础设施投资额,通过平均年限折旧的方法进行年化成本计算,单位为元/户;$n_{j,\text{year}}$ ($j=1,2$)表示新建电网和天然气管道的使用年限,单位为年;

α_j 为基础设施的净残值率；$SP_{j,m}$ 分别表示使用 j 能源取暖、选用取暖设备 m 的家庭平均每户的设备补贴额，单位为元/户；$n_{j,m,year}$ 表示 m 设备的使用年限，单位为年；$\alpha_{j,m}$ 为设备 m 的净残值率；Sp_i 为对居民家庭取暖消耗能源 j 的单位补贴，单位为元/吨、元/千瓦时和元/立方米。

在本报告的计算中，设备折旧按照《企业会计准则》的要求，假设设备使用年限为 10 年，净残值为 5%；电网基础设施折旧按照《省级电网输配电价定价办法》，假设折旧年限为 30 年，净残值为 5% 进行计算。

三、数据和参数

(1) 家庭能源使用情况及支出成本的调研数据

本章主要用到的数据为第五章家庭调研问卷中的居民基本家庭信息，如住房情况、供暖设备及其使用情况、散煤和其他替代能源的使用和价格以及对散煤使用的主观感受，所用村委会调研问卷的数据变量主要包括政策的实施时间、设备类型和补贴情况、能源购买价格等。

除了第五章提到的调研数据之外，本章所用整村改造财政支出的数据为课题组于 2017 年 11 月在北京怀柔区对"煤改气"试点村范各庄村和"煤改电"试点村北年丰村进行实地调研所得，调研组通过对村委会领导的详细访问，搜集了整村层面进行基础设施改造的财务支出数据。

(2) 污染物排放因子

煤炭燃烧的主要排放物包括多种空气污染物和二氧化碳。不同的煤和燃烧条件会影响排放因子。本节总结以往的相关文献并将结果列在表 9-1 和表 9-2 中，将煤分成烟煤/散煤和无烟煤两大类，最终分别选取了过往研究中的平均值，而文献数据的差异是污染物排放不确定性的来源之一。

表 9-1 散煤的污染物排放因子 单位：千克/吨

文献来源	研究对象	能源类型	$PM_{2.5}$	SO_2	NO_x	CO	TSP	PM_{10}	CO_2
梁云平等，2017	北京农村	烟煤散煤		1.62	2.2	86.3			
徐钢等，2016	京津冀	散煤		17.12	2.8	65.24	6.37		
支国瑞等，2015	保定农村	烟煤散煤	6.99	20.72	1.62				
孔少飞等，2014	中国城乡	烟煤块煤	9.873					11.93	
Shen et al.，2010	榆林/太原	烟煤块煤				288			2286

续表

文献来源	研究对象	能源类型	PM$_{2.5}$	SO$_2$	NO$_x$	CO	TSP	PM$_{10}$	CO$_2$
虞江萍等, 2008	中国农村	烟煤			1.88		1.3		
刘源等, 2007	北京	烟煤散煤	4.91						
烟煤/散煤		平均值	7.26	13.15	2.13	146.51	3.84	11.93	2 286
		标准差（S2）	2.49	10.15	0.51	122.98	3.59		

表 9-2 无烟煤的污染物排放因子　　　　单位：千克/吨

文献来源	研究对象	能源类型	PM$_{2.5}$	SO$_2$	NO$_x$	CO	TSP	PM$_{10}$	CO$_2$
马丽萍等, 2018	陕西省民用散煤	煤球						2.32	
		蜂窝煤						1.28	
祁娟, 2018	中国	煤球/蜂窝煤		2.245			0.28		
梁云平等, 2017	北京农村	煤球		1.91	0.9	37.3			
		蜂窝煤		1.5	0.42	22.4			
孔少飞等, 2014	中国城乡	蜂窝煤	0.78					0.87	
Chen 等, 2015	中国城乡	煤球						1.04	
		蜂窝煤	1.329					1.84	
支国瑞等, 2013	中国城乡	煤球						1.5	1500
		蜂窝煤						1.15	1150
Zhang et al., 2008	中国城乡	煤球	5.242						
		蜂窝煤	1.054						
刘源等, 2007	中国民用燃煤	蜂窝煤	5.53						
IPCC, 2006	中国	煤球							1550.4
发改委, 2005	中国	煤球/蜂窝煤							2211
田贺忠, 2001	中国	煤球		3.23	0.31				
周伯俞, 1992	中国	煤球		7.61	0.41	38.58			
孙竹如和吴依平, 1988	上海市燃煤	蜂窝煤		1.47	0.50	78.05			

续表

文献来源	研究对象	能源类型	污染物					
			$PM_{2.5}$	SO_2	NO_x	CO	TSP	PM_{10}	CO_2
平均值		煤球	5.24	2.08	0.54	37.30	0.28	1.62	1753.80
		蜂窝煤	2.17	1.87	0.46	28.70	0.28	1.29	1217.33
标准差（S2）		煤球	0.00	0.24	0.32	0.91	0.00	0.65	396.75
		蜂窝煤	2.25	0.53	0.06	39.35	0.00	0.41	750.24

在散煤（本报告中主要指烟煤）使用减少的同时，电力、天然气和清洁燃煤（本报告中主要指无烟煤）的消耗量增加，本节同样利用公式（9-2）计算电力、天然气和清洁燃煤消耗量的变化。在终端，电力消耗不会产生空气污染。然而在发电过程中会产生空气污染物和碳排放。同样采取文献聚类梳理的方法，得到电力主要污染排放物的排放因子具体如表9-3所示。

表9-3　电力主要污染物排放因子　　　单位：克/千瓦时

文献来源	污染物				
	$PM_{2.5}$	SO_2	NO_x	CO	PM_{10}	CO_2
Ohara et al.，2007		8.085	2.974	1.698		
Zhang et al.，2009	0.514	6.397	3.209	0.824	0.864	
Zhao et al.，2013	0.170	2.187	2.289	0.333	0.293	773
孙洋洋，2015	0.276	6.942	2.675			
孙爽，2016		1.327	1.651			624
刑有凯，2016	0.168	1.100	1.100			478
样本数（N2）	4	6	6	3	2	3
平均值	0.282	4.340	2.316	0.952	0.579	625
标准差（S2）	0.163	3.138	0.810	0.691	0.404	148

天然气污染物排放种类较少，在计算中只包括了其主要的排放物二氧化硫、氮氧化物和二氧化碳。通过梳理以往研究，本节总结了文献中相关排放因子并将结果列于表9-4中。

表9-4　天然气主要污染物排放因子　　　单位：克/立方米

文献来源	排放物				
	$PM_{2.5}$	SO_2	NO_x	CO	PM_{10}	CO_2
庞军等，2015		0.630	1.843			2 184

续表

文献来源	排放物					
	$PM_{2.5}$	SO_2	NO_x	CO	PM_{10}	CO_2
王春兰等，2017		0.610	1.820			
贺洪燕，2015		0.001	1.844			
Chen et al.，2013						1 994
张凤霞，2017		0.14	4.99			
样本数（N2）		4	4			2
平均值		0.345	2.624			2 089
标准差（S2）		0.322	1.577			134

（3）污染物排放的社会成本

排放的社会成本 C_i 被定义为由污染物造成的社会和环境损害的经济损失。本节通过全面地梳理以往相关文献，列出单位排放的社会成本（表9-5）。由于污染物对于社会和环境的经济成本因国家和地区而异。因此在本报告中，用近年来中国地区的平均值来衡量排放的经济损失。

表 9-5　主要污染排放物社会成本

来源	地区	污染物（美元/吨）							
		$PM_{2.5}$	SO_2	NO_x	CO	TSP	PM_{10}	VOC	CO_2
Yang et al.，（2013）	China		902	1 006			7 714		
Berechman and Tseng，2012	Kaosiung	554 229	13 960	4 992	3		375 888	13 960	26
VTPI，2012	US	317 000		934	205		3 175		
Muller and Mendelsohn，2007	US	2 200	1 200	300			3 500	400	
World Bank，2010	China		379	269		5801			
Song，2014	China	85 771	12 329	10 687	1146		76 867		29
魏学好和周浩，2003	China		948	1 264	158	348			3.6
丁淑英等，2007	China		7 057	4 579			5 032		19
平均值（美元）		85 771	4 323	3 561	652	3 075	29 871	—	17.2
平均值（人民币）*		582 385	29 353	24 179	4 427	20 879	202 824	—	117

* 按照 2018 年 7 月 29 日外汇中间价 6.79 元/美元计算

第二节 煤改电成本—收益核算

一、收益

（1）煤炭消耗的变化

根据公式（9-1），计算"煤改电"政策收益。首先对政策前后的能源使用量变化进行统计核算，具体方法说明如下：

1）煤炭使用量：本次调研中在农户调研问卷里详细设置了问题询问每户居民所经历的政策以及在对应政策前后取暖季所使用的散煤数量，时间区间为上一个取暖季的使用量，均由居民通过回忆填写。调查员根据问答结果转换为统一的标准单位"吨"。

2）煤炭使用变化量：使用"煤改电"政策前后煤炭使用量的面板数据，取平均值，两者相减得到由"煤改电"政策引起的每户的散煤使用量变化数据。

表9-6 "煤改电"样本家庭散煤使用情况

设备	样本户数	煤炭种类		改造后 $Q'_{煤炭}$/千克	改造前 $Q_{煤炭}$/千克	$\Delta A_{煤炭}$/千克	变化比例/%
平均	400	散煤		479.98	2 327.40	−1 847.43	−79.38
		清洁/无烟煤	煤球	161.03	806.31	−645.28	−80.03
			蜂窝煤	29.20	219.63	−190.43	−86.70
空气源热泵	225	散煤		2.22	1 941.76	−1 939.53	−99.89
		清洁/无烟煤	煤球	46.71	1 064.55	−1 017.84	−95.61
			蜂窝煤	45.24	274.33	−229.09	−83.51

由表9-6可知，通过平均值得出北京市样本家庭"煤改电"政策煤炭（散煤、煤球、蜂窝煤）使用量每户减少量均值分别为1.85吨、0.65吨和0.19吨，共计减少了2.7吨的燃煤使用，减少比例为80.01%，大大高于"煤改气"政策减少的比例（69.15%）。

在北京市400户参与"煤改电"政策的有效样本家庭中，有225户家庭选择了空气源热泵作为取暖设备。对于使用该设备的家庭而言，平均每户家庭一个取暖季减少消耗散煤1939.53千克，无烟煤煤球1017.84千克，无烟煤蜂窝煤229.09千克。通过计算平均值可以得出，"煤改电"政策实施后，使用空气源热泵的家庭平均每户家庭减少使用各类煤炭共计3.19吨，减少的幅度达到

97.13%，高于"煤改气"政策实施的平均效果。

(2) 电力消耗量的变化

"煤改电"政策所涉及的设备类型多样，其中主要的几种设备包括空气源热泵、蓄热式电暖、直热式电暖、锅炉供暖、空调、电辐射取暖器。根据问卷中得到的每户家庭政策前后的用电量变化取得平均值。由表 9-7 可知，2016～2017 年取暖季经历了"煤改电"政策的北京市有效样本户数为 519 户，平均每户因取暖增加的电力使用量为 5482.35 千瓦时。同时，改造为空气源热泵的有效样本共 297 户，平均每户因取暖增加的用电量为 5815.37 千瓦时，略高于"煤改电"政策的平均水平。

表 9-7 电力使用增加量　　　　　　　　单位：千瓦时

设备	样本户数	改造后 $Q'_{电力}$	改造前 $Q_{电力}$	$\Delta A_{电力}$
平均	519	6 390.25	907.90	5 482.35
空气源热泵	297	6 278.84	463.47	5 815.37

(3) "煤改电"政策收益核算

北京市"煤改电"政策的收益为能源替代后对应的环境外部性收益，通过对应污染物排放量变化所对应的社会成本计算得出（表 9-8）。社会成本的减少即为"煤改电"政策的收益，由式 (9-1) 可得"煤改电"政策在北京给每户居民家庭带来的净收益约为 14 598.58 元，对于使用空气源热泵进行改造的家庭，户均净收益为 16 544.17 元。

表 9-8 "煤改电"政策收益核算　　　　　　　　单位：元/户

	各种排放物社会收益变化							合计
	$PM_{2.5}$	SO_2	NO_x	CO	TSP	PM_{10}	CO_2	
煤炭	10022.08	762.91	105.69	1348.98	149.23	4519.82	662.76	17571.47
电力	-900.35	-698.42	-306.98	-23.09	—	-643.83	-400.20	-2972.87
合计社会收益变化								
合计	9121.70	64.50	-201.32	1325.88	149.23	3876.00	262.59	14598.58
——其中空气源热泵用户社会收益变化								合计
合计	10642.77	82.47	-209.93	1455.39	156.84	4069.85	346.77	16544.17

二、成本

(1) 居民采暖的支出变化

根据式 (9-4),计算"煤改电"政策带来的居民家庭采暖成本的增加。如表 9-9 所示,北京市"煤改电"平均每户设备数量为 1.32 个,而设备主要是空气源热泵和直热式电暖,其次是炕,其他种类的电取暖设备较少。样本家庭中平均每户的设备开支为 3077.73 元。而按每户为单位统计的安装费用为 1896.51 元。"煤改电"政策实施后,居民的取暖方式也发生了改变,其取暖季的支出为平均每户每个取暖季 1406.34 元。"煤改气"政策实施后,平均每户家庭采暖支出变化为 6380.58 元,采用空气源热泵取暖的家庭支出变化为 7019.59 元/户。

表 9-9 "煤改电"政策家庭的平均支出变化　　　　单位:元/户

平均每户开支		样本数	平均数量	固定费用			取暖费用
				设备开支	安装费用	合计	取暖季支出
		637	1.32	3 077.73	1 896.51	4 974.24	1 406.34
不同设备开支	空气源热泵	361	1.20	3 331.93	2 279.91	5 611.84	1 407.75
	直热式电暖	83	2.16	2 457.36	1 814.83	4 272.19	2 106.06
	炕	46	1.34	3 042.05	1 640.24	4 682.29	928.57
	其他	147	1.13	2 814.91	1 081.28	3 896.19	1 157.30

(2) 政府支出

"煤改电"政策的政府补贴包括基础设施建设、设备安装以及能源使用的补贴。如表 9-10 所示,北京截至 2017 年底的政策补贴为平均每户一次性补贴 15 308.57 元,运营补贴为 935.94 元。

表 9-10 "煤改电"补贴情况　　　　单位:元/户

补贴情况	一次性补贴			运营补贴
	设备补贴	安装补贴	合计	电力使用补贴
平均	14 541.73	766.84	15 308.57	935.94
空气源热泵	24 268.49	1 025.42	27 074.94	1 449.07

第三节 煤改气成本—收益核算

一、收益

(1) 煤炭消耗的变化

由表9-11可知,通过对2017年冬季经历"煤改气"政策的有效样本家庭的煤炭使用情况的分析,参与"煤改气"政策的79户样本家庭在政策实施前一个取暖季煤炭使用情况为平均每户家庭一个取暖季消耗散煤1353.16千克,消耗无烟煤煤球826.83千克,无烟煤蜂窝煤152.53千克。可以算得,改造前平均每户样本家庭消耗各类煤炭共计2.33吨。根据中国环境规划院的调查结果,2015年北京居民生活的散煤消费量约为320万吨。北京生活燃煤用户110万户,户均消费2.9吨煤,采暖用煤占煤炭消费总量的92%,约为2.67吨,与调研结果相近。通过计算平均值可以得出,"煤改气"政策实施后,平均每户家庭减少使用各类煤炭共计1.61吨,减少的幅度达到69.15%。由于"煤改气"政策原则上要求将散煤取暖完全替代为天然气取暖,用煤量应减少为零,但是在调研中发现部分居民因取暖达不到合适的温度依然使用一定的散煤燃烧,天气寒冷的时候作为"减煤政策"的补充,部分村民甚至重新支起煤炉。在79户参与"煤改气"政策的样本家庭中,有63户家庭选择了壁挂炉作为取暖设备。对于使用该设备的家庭而言,平均每户家庭一个取暖季减少消耗散煤1215.24千克,无烟煤煤球647.94千克,无烟煤蜂窝煤191.27千克。通过计算平均值可以得出,"煤改气"政策实施后,使用壁挂炉的家庭平均每户家庭减少使用各类煤炭共计2.05吨,减少的幅度达到94.29%,高于"煤改气"政策实施的平均效果。

表9-11 "煤改气"政策下样本家庭散煤使用情况

设备	样本户数	煤炭种类		改造后 $Q'_{煤炭}$/千克	改造前 $Q_{煤炭}$/千克	$\Delta A_{煤炭}$/千克	变化比例/%
平均	79	散煤		86.58	1353.16	-1266.58	-93.60
		清洁/无烟煤	煤球	613.92	826.83	-212.91	-25.75
			蜂窝煤	18.99	152.53	-133.54	-87.55
壁挂炉	63	散煤		5.40	1220.64	-1215.24	-99.56
		清洁/无烟煤	煤球	119.05	766.98	-647.94	-84.48
			蜂窝煤	0	191.27	-191.27	-100

(2) 天然气消耗量的变化

在散煤燃烧量减少的同时，天然气同样会在全生命周期内产生污染物排放，据调研，北京"煤改气"政策的主要设备为壁挂炉，此外少量空气源热泵和炕等其他设备。同样利用式（9-3）计算出天然气使用的增加量，具体如表9-12所示。

表 9-12 天然气使用增加量　　　　　　　　　　　　单位：立方米

设备	样本户数	改造后 $Q'_{天然气}$	改造前 $Q_{天然气}$	$\Delta A_{天然气}$
平均	64	1 342.75	43.44	1 299.31
壁挂炉	60	1 399.77	0.83	1 398.93

由表9-12可知，2017年冬季经历了"煤改气"政策的有效样本户数为64户，平均每户的天然气使用量增加1299.31立方米。其中，采用壁挂炉取暖的有效样本户数为60户，平均每户的天然气使用量增加1398.93立方米。

(3) "煤改气"政策收益核算

"煤改气"政策的收益为能源替代后对应的环境外部性收益，通过对应污染物排放量变化所对应的社会成本计算得出（表9-13）。社会成本的减少即为"煤改气"政策的收益，由式（9-1）可计算得"煤改气"政策给每户居民家庭带来的净收益约为12 566.13元。对于使用壁挂炉进行改造的家庭，户均净收益为13 664.46元。

表 9-13 "煤改气"政策收益核算　　　　　　　　　　单位：元/户

能源种类	各种排放物变化的社会收益							合计
	$PM_{2.5}$	SO_2	NO_x	CO	TSP	PM_{10}	CO_2	
煤炭	7 494.22	535.58	75.14	959.59	106.10	3 311.56	496.53	12 978.72
天然气		−13.17	−82.43				−317.03	412.56
合计社会收益变化								合计
合计	7 494.22	522.42	−7.29	959.59	106.10	3 311.56	179.53	12 566.13
——其中壁挂炉的用户社会成本变化								合计
合计	8 487.57	527.49	−10.75	1 001.71	104.50	3 324.79	229.16	13 664.46

二、成本

(1) 居民采暖的支出变化

根据公式（9-4），计算"煤改气"政策引起的居民家庭增加的采暖支出。如表 9-14 所示，"煤改气"政策的主要改造设备是壁挂炉，101 户样本家庭中平均每户的设备开支为 1867.11 元。而按每户为单位统计的安装费用为 632.72 元/户。"煤改气"政策实施后，居民的取暖方式也发生了改变，其取暖季的支出为平均每户每个取暖季 1237.77 元。"煤改气"政策实施后，平均每户家庭采暖支出变化为 3737.6 元，采用壁挂炉取暖的家庭支出变化为 3194.48 元/户。

表 9-14 "煤改气"政策家庭的平均支出变化　　　　单位：元/户

项目		样本数	平均数量	固定费用			取暖费用
				设备开支	安装费用	合计一次性开支	取暖季支出
设备数量		101	1.01	1 867.11	632.72	2 499.83	1 237.77
平均每个设备开支	壁挂炉	78	1.18	1 315.70	316.67	1 632.37	1 562.11
	其他	23	0.43	3 761.08	1 718.28	5 479.36	123.73

(2) 政府支出

"煤改气"政策的政府补贴包括基础设施建设、设备安装以及能源使用的补贴。计算结果如表 9-15 所示，平均每户家庭得到的一次性补贴为 10 430.95 元，得到的天然气使用补贴平均为 1156 元。

表 9-15 "煤改气"家庭补贴情况　　　　单位：元/户

项目	一次性补贴			运营补贴
	平均设备补贴额度	安装补贴	合计一次性补贴	天然气使用补贴
煤改气	10 001.96	428.99	10 430.95	1 156.00
壁挂炉	16 528.00	309.21	16 837.21	1 583.73

第四节　优质燃煤替代成本—收益核算

"优质燃煤替代"政策的收益来源于使用"优质燃煤替代"散煤取暖而带来的污染物排放量减少的福利增加；成本包括政府因政策实施增加的财政支出和居民家庭因使用"优质燃煤替代"散煤取暖而增加的设备支出和取暖支出。

一、收益

使用"优质燃煤替代"劣质散煤进行取暖是北京清洁取暖政策中的一项过渡政策,但短期来看,因劣质散煤燃烧导致污染物排放减少带来的收益仍然不可忽视,本节对"优质燃煤替代"政策的收益进行了计算。

(1) 散煤和清洁燃煤消耗量的变化

由表 9-16 可知,通过对样本家庭煤炭使用情况的分析可以得到,参与"优质燃煤替代"政策的 784 户样本家庭在政策实施前一个取暖季煤炭使用情况为:平均每户家庭一个取暖季消耗散煤 3128.49 千克,消耗无烟煤煤球 797.98 千克,无烟煤蜂窝煤 241.07 千克。通过计算平均值可以得出,"优质燃煤替代"政策实施后,参与"优质燃煤替代"政策的样本家庭散煤使用量减少的每户均值为 2556.11 千克。同时,平均每户消耗清洁无烟煤的数量有所增加,其中平均每户家庭消耗无烟煤煤球增加 2539.2 千克,无烟煤蜂窝煤增加 249.75 千克。原则上劣质燃煤的使用量应减少至零,但是在调研中发现部分居民因取暖达不到合适的温度依然使用一定的散煤,在天气寒冷的时候作为"减煤政策"的补充,部分村民甚至重新支起了煤炉。

表 9-16 煤炭消耗变化量

样本户数	煤炭种类		改造后 $Q'_{煤炭}$/千克	改造前 $Q_{煤炭}$/千克	$\Delta A_{煤炭}$/千克	变化比例/%
784	散煤		572.38	3 128.49	−2 556.11	−81.70
	清洁/无烟煤	煤球	3 337.19	797.98	2 539.21	318.20
		蜂窝煤	490.82	241.07	249.75	103.60

(2) 环境外部性的货币化收益

结合计算出的污染物排放量变化情况和第四章中各类污染物排放的社会成本,表 9-17 计算出了各类污染物排放量变化对应的货币化社会成本,由公式 (9-1) 可得"优质燃煤替代"政策在北京市带来的收益分摊到每户家庭可以估算为 11 267.43 元,其中 $PM_{2.5}$ 和 PM_{10} 带来的收益最多,分别为 2739.58 元和 6119.91 元。

表 9-17 污染物排放的货币化社会收益变化　　　　　　单位:元/户

项目	排放物							共计
	$PM_{2.5}$	SO_2	NO_x	CO	TSP	PM_{10}	CO_2	
煤炭	2 739.58	818.07	95.71	1 175.90	204.94	6 119.91	113.32	11 267.43

二、成本

在成本方面,由于"优质燃煤替代"不需要新增相关基础设施,因而该项政策成本包括家庭采暖支出的增加和政府对煤炭价格的补贴两部分。另外,本节还将考虑燃煤替代政策实施后居民主观感受的变化情况。

(1) 居民采暖支出的变化

在获得的3949个样本中,共有951户家庭参与了清洁燃煤政策。其中有839户家庭表示在清洁燃煤政策实施后,不再使用非补贴的散煤,全部使用受补贴的无烟煤。然而,仍有100户家庭在政策实施后仍部分使用非补贴燃煤,有12户家庭仍坚持全部使用非补贴燃煤。基于问卷调查,"优质燃煤替代"政策实施前后每户家庭在一个取暖季的采暖支出情况如表9-18所示。政策实施前,平均每户家庭一个采暖季的采暖支出为2823.47元;政策实施后,平均每户家庭的采暖支出为1968.26元。因此,该项政策的实施使每户家庭在采暖季节的平均支出减少了855.21元。

表9-18 样本家庭的支出变化

项目		样本量	政策前/千克	政策前单价/(元/吨)	政策前支出/元	政策后/千克	政策后单价/(元/吨)	政策后支出/元
散煤		784	3 128.49	708.73	2217.25	572.38	623.95	357.14
清洁煤	煤球	784	797.98	581.11	463.71	3 337.19	411.63	1373.69
	蜂窝煤	784	241.07	591.11	142.50	490.82	483.75	237.43
总支出					2 823.47			1 968.26

(2) 政府财政支出

由于不需要新建相关的基础设施,"优质燃煤替代"政策的政府财政支出主要包括政府对居民家庭使用清洁燃煤的价格补贴。根据对北京49个样本村的调查结果,每吨清洁燃煤的原价平均为880.85元,政府对每吨煤炭平均补贴453.50元,补贴后每吨燃煤的价格平均为427.35元。根据对参与"优质燃煤替代"政策的样本家庭的调查结果,政策实施后平均每户家庭在一个采暖季的清洁燃煤使用量为3891.19千克。因此可以粗略估算,政府对每户家庭燃煤价格的补贴平均为1764.66元。

第五节 成本—收益核算综合对比分析

一、户均成本收益现状及对比

综合以上分析,"煤改电""煤改气"和"优质燃煤替代"政策的收益、成本总结如下（表9-19）。户均成本分别为:"煤改电"5852.47元/取暖季,"煤改气"5205.52元/取暖季,"优质燃煤替代"909.45元/取暖季;各项政策的户均收益分别为:"煤改电"14 598.58元/取暖季,"煤改气"12 566.13元/取暖季,"优质燃煤替代"11 286.55元/取暖季;进而可算得各项政策的收益成本比依次为2.41、2.49、12.41。

表9-19　北京散煤治理政策成本收益表（户均）

经历政策		煤改电	煤改气	优质燃煤替代
成本/元	年化基础设施建设	1583.33	1583.33*	0
	年化设备及安装补贴	1454.31	990.94	0
	政府取暖补贴	935.94	1156	1764.66
	年化家庭一次性开支	472.55	237.48	0.00
	家庭取暖开支	1406.34	1237.77	−855.21
	成本小计/元	5852.47	5205.52	909.45
收益	煤炭变化量/吨	−2.68	−1.61	0.23
	散煤/吨	−1.85	−1.27	−2.56
	无烟煤煤球/吨	−0.65	−0.21	2.54
	无烟煤蜂窝煤/吨	−0.19	−0.13	0.25
	天然气变化量/立方米	—	1299.31	—
	电力变化量/千瓦时	5482.35	—	—
	环境外部性/元	14598.58	12566.13	11286.55
	收益小计/元	14598.58	12566.13	11286.55
	收益成本比	2.49	2.41	12.41

＊基础设施建设的投入数据来自基于北京市范各庄村（煤改气代表村）和北年丰村（煤改电代表村）的实地调研，两个村的整体前期投入为3000万左右，是村委会实际投入的总成本（包含财政投入和村委会开支），按照中等规模村庄（600户）计算，每户约5万元。对比环境规划院报告中估算的施工建设方面基础设施投入分别为"煤改气"4000元/户及"煤改电"1.5万元/户，本报告中的数值是整村所有的投入，包含建设施工以及其他改造成本

从收益成本比来看，"煤改电"政策略优于"煤改气"政策。然而，由于本

报告中的成本数据仅为个别村庄的调研结果，对于不同的村庄，"煤改电"和"煤改气"基础设施的投入可能有所差异，如环境规划院报告中估算的施工建设方面基础设施投入分别为"煤改气"4000元/户及"煤改电"1.5万元/户，若以环境规划院的数据作为基础设施投入则成本更低，"煤改气"和"煤改电"政策的收益成本比会更高。"优质燃煤替代"政策的收益成本本远高于另外两种政策。这主要出于两个方面的原因：①从成本侧来看，"优质燃煤替代"不需要新增相关基础设施及设备，因而该项政策成本仅包括家庭采暖支出的增加和政府对煤炭价格的补贴，这使其成本远小于需要新增相关基础设施和取暖设备的另外两项政策；②从收益侧来看，"煤改电"政策的环境收益高于"煤改气"政策，"优质燃煤替代"政策的环境收益相较最低。从短期来看，由于成本较低，"优质燃煤替代"政策的收益会大于另外两种减煤政策，但在长期，"优质燃煤替代"由于还是采用的燃煤散烧，煤的污染物排放和碳排放始终是需要解决的问题，而家庭燃煤散烧方式对污染物的控制和低空排放仍是难以克服的环境问题。

因此，"优质燃煤替代"政策只能作为一项过渡性的减煤政策，随着污染性散煤的逐步退出，"优质燃煤替代"政策的收益也将逐渐减小。因此，如果短期内政府成本约束较强，"优质燃煤替代"政策是比较合适的选择，但是长期来看，仍需在"煤改电"和"煤改气"两种政策中作出权衡。

二、统一基准下的成本收益对比分析

由于不同政策对应的减煤替代程度以及减煤的种类有所不同，为方便比较，表9-20对"煤改电""煤改气"政策进行统一基准的比较和分析。

首先，两种政策对于煤炭替代的比例有所不同，"煤改电"和"煤改气"政策在理想情况下应替代掉所有煤炭（包括散煤及无烟煤），仅利用天然气以及电力进行取暖，但在调研样本中其对取暖用煤的实际替代比例分别为69.15%和80.01%。据调研，主要原因包括：①前一年取暖季购买囤积的煤炭尚未烧完，为了不浪费因此继续使用其取暖；②取暖费用过高，居民难以承担（"煤改电"和"煤改气"平均每户在取暖季开支增加了1237.77元和1406.34元），因此仍然使用燃煤进行补充；③部分类型的设备在极寒天气下运转不畅，需要使用煤炭进行取暖。其次，对比不同政策的煤炭使用量可知，两种政策的煤炭种类变化有一定差别，主要是两种政策的样本家庭本身存在差异性，在进行煤改政策之前本身的煤炭使用量和使用种类不同。

为剔除本身煤炭清洁性的差异带来的环境收益差别，表9-20中，"假设"情景将三种政策的减煤量统一为相同基准，即假设"煤改电"和"煤改气"政策均减少与"优质燃煤替代"政策相同数量的散煤（2.56吨）。

表 9-20　统一基准的"煤改电""煤改气"政策效果比较

经历政策		煤改电	煤改气
各种类煤炭替换率/%	散煤	−79.38	−93.60
	无烟煤煤球	−80.03	−25.75
	无烟煤蜂窝煤	−86.70	−87.55
总煤炭替代率/%		−80.01	−69.15
总替代煤炭/吨		2.68	1.61
平均每吨煤替代所需气/电/清洁煤		2045.65 千瓦时	807.02 立方米
平均每吨煤替代所需成本/元		2 183.76	3 233.24
平均每吨煤替代的环境收益/元		5 447.23	7 805.05
假设：减煤数量和质量均相同			
成本/元	年化一次性成本	3 510.19	2 811.75
	政府取暖补贴	894.03	1 838.11
	家庭取暖开支	1 343.37	1 968.13
	成本小计	5 747.59	6 617.99
收益	煤炭替代量/吨	−2.56	−2.56
	散煤/吨	−2.56	−2.56
	无烟煤煤球/吨	—	—
	无烟煤蜂窝煤/吨	—	—
	天然气变化量/立方米	—	2 065.98
	电力变化量/千瓦时	5 236.87	—
	收益小计/元	17 816.32	20 000.06
收益成本比		3.10	3.02

由计算结果可知，"煤改电"的环境收益为 17 816.32 元，"煤改气"平均每户的环境收益最高，达 20 000.06 元，均高于"优质燃煤替代"的环境收益 11 286.55元。由此可知"优质燃煤替代"政策的高环境收益部分原因在于替代高污染性煤炭，若替代同等数量的散煤，"煤改气"和"煤改电"政策的环境收益均显著优于"优质燃煤替代"政策。同时，"煤改电"和"煤改气"政策的收益成本比均增加。

三、代表性设备成本收益分析

表 9-21 描述了"煤改电"和"煤改气"政策中使用代表性设备进行改造的家庭的成本收益情况。可以看出，使用空气源热泵进行改造的家庭收益成本比为

2.19，也低于"煤改电"政策整体的收益成本比 2.49；使用壁挂炉进行改造的家庭收益成本比为 2.11，低于"煤改气"政策整体的收益成本比 2.41。代表性设备的收益成本比均低于政策平均的收益成本比，最主要的原因在于代表性设备的成本太高，拉低了其收益成本比。随着使用壁挂炉和空气源热泵进行改造的家庭越来越多，市场竞争的加剧和技术的进步将推动设备成本的降低，从而有望提高改造的收益成本比。从收益来看，空气源热泵的环境收益高于政策的平均值，而壁挂炉的环境收益稍低于平均值，说明空气源热泵在"煤改电"政策中环境收益的优势较为明显，是主要的设备更新发展方向，而在"煤改气"政策中可选设备种类较少，在误差范围内壁挂炉和其余设备（炕、天然气驱动的空气源热泵等）相比优势不明显。

表 9-21　代表性设备政策成本收益分析表（取暖季）

经历政策		空气源热泵	壁挂炉
成本/元	年化一次性开支成本	4 688.57	3 337.94
	政府取暖补贴	1 449.07	1 583.73
	家庭取暖开支	1 407.75	1 562.11
	成本小计	7 545.39	6 483.78
收益	煤炭变化量/吨	−3.19	−2.05
	散煤/吨	−1.94	−1.22
	无烟煤煤球/吨	−1.02	−0.65
	无烟煤蜂窝煤/吨	−0.23	−0.19
	天然气变化量/立方米	—	1 398.93
	电力变化量/千瓦时	5 815.37	—
	环境外部性/（元/户）	16 544.17	13 664.46
	收益小计/元	16 544.17	13 664.46
收益成本比		2.19	2.11

四、不确定性分析

由于清洁取暖政策的成本主要由政策确定，因而核算结果的不确定性主要来自于收益的统计，本节着重分析核算收益时，因调查数据和参数计算的差异而导致的不确定性。其中，收益的不确定性主要来自于污染物排放量 $\Delta E_{i,j}$ 的不确定性。

从公式（9-2）可以看出，造成排放变化量 $\Delta E_{i,j}$ 的不确定性的因素包括政策实施前后平均每户家庭 j 能源消耗的变化量 ΔA_j 和使用 j 能源时污染物 i 的排放因子EF_{ij}。依据JJF 1059.1-2012《测量不确定度评定与表示》技术规范，我们根据式（9-7）计算相应污染物排放量的A类扩展不确定度：

$$U_{90}=\sqrt{EF_{ij}^2\times u_{A90}^2+A_{ij}^2\times u_{EF90}^2} \quad (9-7)$$

式中，U_{90}为Q置信度为90%的A类扩展不确定度，u_{A90}为每户能源消耗变化量A的置信度为90%的A类扩展不确定度，u_{EF90}为排放因子EF的置信度为90%的A类扩展不确定度。其中u_{A90}和u_{EF90}的计算原理同（支国瑞等，2013）：

$$u_{A90}=t_{0.10,n_1-1}\times s_1/\sqrt{n_1} \quad (9-8)$$

$$u_{EF90}=t_{0.10,n_2-1}\times s_2/\sqrt{n_2} \quad (9-9)$$

式中，$t_{0.10,f_1}$和$t_{0.10,f_2}$是显著性水平为0.1、自由度为n_1-1和n_2-1是t分布的临界值；n_1为调查样本中实际使用该能源的户数，单位为户；s_1为该能源调查结果的标准误差。由此得到能源消耗量变化所对应的排放量变化情况，进而可计算各项减煤政策收益的不确定性（表9-22）。

考虑不确定性后，"煤改电"政策的收益为（5495.89~23701.26）元/户，"煤改气"政策的收益为（6033.27~19099.00）元/户，"优质燃煤替代"政策的收益为（2834.80~19700.07）元/户。三种政策比较来看，"煤改电"政策的户均收益平均值最大，而"煤改气"政策对应的不确定性更小，收益区间最大值最高；"优质燃煤替代"政策的户均收益最低，但其收益的不确定性波动也较大。

表9-22 各项政策收益的不确定性核算　　　　单位：元/户

	各种排放物变化的收益							合计
煤改电	$PM_{2.5}$	SO_2	NO_x	CO	TSP	PM_{10}	CO_2	
	9121.70	64.50	-201.32	1325.88	149.23	3876.00	262.59	14598.58
不确定性	4831.52	922.97	91.58	1154.63	302.30	1595.76	203.92	9102.68
	空气源热泵用户社会收益变化							合计
空气源热泵	10642.77	82.47	-209.93	1455.39	156.84	4069.85	346.77	16544.17
不确定性	5446.60	981.64	100.73	1230.84	317.95	1868.95	246.88	10193.59
煤改气	7494.22	522.42	-7.29	959.59	106.10	3311.56	179.53	12566.13
不确定性	4275.49	490.05	83.23	899.49	224.21	684.11	227.78	6884.36
	壁挂炉用户的社会收益变化							合计
壁挂炉	8487.57	527.49	-10.75	1001.71	104.50	3324.79	229.16	13664.46
不确定性	3733.35	432.88	65.22	793.53	200.88	641.03	180.47	6047.37
优质燃煤替代	2739.58	818.07	95.71	1175.90	204.94	6119.91	113.32	11267.43
不确定性	5398.85	845.59	29.95	1672.91	416.96	20.62	47.75	8432.63

五、北京成本收益总量

北京市参与"煤改电"的家庭数量为 47.07 万户,参与"煤改气"的家庭数量为 12.24 万户,参与"优质燃煤替代"的家庭数量为 44.49 万户①。根据参与户数,本节核算得出北京散煤治理政策的总收益和总成本。如表 9-23 所示,"煤改电"政策的总成本为 27.55 亿元,环境收益为 68.72 亿元,净收益为 41.17 亿元;"煤改气"政策总成本 6.37 亿元,环境收益为 15.38 亿元,净收益为 9.01 亿元;"优质燃煤替代"政策的总成本为 4.05 亿元,环境收益为 50.21 亿元,净收益为 46.17 亿元。

表 9-23 北京减煤政策成本收益分析

	项目	煤改电	煤改气	优质燃煤替代
	户数/万户	47.07	12.24	44.49
	总成本/亿元	27.55	6.37	4.05
支出	年化基础设施建设/亿元	7.45	1.94	0
	年化设备补贴/安装/亿元	6.85	1.21	0
	政府取暖补贴/亿元	4.41	1.41	7.85
	年化家庭一次性开支/亿元	2.22	0.29	0
	家庭取暖开支/亿元	6.62	1.52	-3.80
收益	煤炭变化量/万吨	-126.15	-19.71	10.23
	散煤/万吨	-87.08	-15.54	-113.89
	无烟煤煤球/万吨	-30.60	-2.57	113.00
	无烟煤蜂窝煤/万吨	-8.94	-1.59	11.12
	天然气变化量/立方米	—	15 903.55	—
	电力变化量/千瓦时	258 054.21	—	—
	环境收益/亿元	68.72	15.38	50.21
	净收益/亿元	41.17	9.01	46.17

---

① 2016 年、2017 年的北京市政府工作报告中提到"对尚未改用清洁能源的地区,实现全市农村地区居民使用优质煤全覆盖。"但并未详细提及,故推测 2016 年底就实现了优质燃煤全覆盖。因此用北京市农村总户数(2016 年统计年鉴为 103.8 万农业户)-"煤改气"与"煤改电"的户数=在 2017 年底仍旧实施清洁燃煤替代政策的户数 44.49 万户。

六、相关研究结论对比

表 9-24 将本报告的核算结果与环境规划院的研究进行了比较，其中环境规划院针对京津冀 10 城市的调研得出"双替代"政策减煤年消费量 809 万吨，由总户数可以平均估计出减少量 2.50 吨。与本书所计算的北京"双替代"平均每户减煤量 2.46 吨非常接近。就"煤改电"和"煤改气"两项政策的净收益而言，本节核算得北京"双替代"政策的环境收益为 33.25 亿～134.94 亿元，与环境规划院所算得"双替代"政策减少北京健康损失 53.5 亿～88.3 亿元数值相近。

从成本来看，环境规划院的研究仅从政府支出方面计算了政策的财政成本，京津冀整体而言为平均每户 4866 元；而本报告不仅考虑了政府成本，还包含了家庭能源结构改变带来的居民年支出变化，其中"煤改电"和"煤改气"每户分别为 5205.52 元和 5852.48 元，加权平均每户为 5710 元，数值较高。从收益成本比来看，环境规划院对京津冀地区的"双替代"政策平均收益/平均成本为 1.05，低于本书对北京市的评估（2.47），其差别主要来自环境成本的不同，若将平均收益替换为报告中估算的北京的环境收益（减少过早死亡带来的健康收益），而平均成本仍采用京津冀地区的平均值，可得到收益成本比为 3.03，高于本书评估。当考虑本报告中可能出现的基础设施投入成本的高估时，两者收益成本比的差别会进一步扩大。同时对比可知，北京市施行"双替代"政策的收益成本比高于京津冀整体的平均值。

表 9-24 数据对比

项目	环境规划院	本书	备注
"双替代"平均减煤量/(吨/户)	2.50	2.46	环境规划院数据为京津冀地区平均每户减煤量，本书为北京市"煤改电""煤改气"减煤量的加权平均值
"双替代"环境收益/亿元	71.5	84.10	环境规划院计算方法为北京市减少过早死亡带来的健康收益，本书计算方法为煤炭使用量减少从而降低污染物排放量带来环境外部性收益
不确定性区间/亿元	53.5～88.3	33.25～134.94	
"双替代"平均每户成本/(元/年)	4866	5710	环境规划院仅计算京津冀地区政府支出成本，本书还考虑了家庭支出变化
北京"双替代"收益成本比	3.03	2.47	

第四篇

政策的影响分析

第十章　散煤治理政策对能源贫困的影响

本章将以北京市和河北省农村地区为案例，研究冬季家庭取暖燃煤替代过程中的能源贫困问题。通过计算清洁能源替代政策实施前后的取暖能源贫困率及家庭能源贫困缺口，本书发现在现行技术条件、能源价格和政策补贴下，"煤改电"和"煤改气"政策会加剧能源贫困，而"优质燃煤替代"政策能够缓解能源贫困。本章关于能源贫困的讨论引为全国范围内推进取暖家庭散煤散烧治理、促进能源贫困地区可持续发展及评估政府补贴政策效果等提供科学依据。

第一节　能源贫困概述

能源贫困是一个在能源发展和政策评估领域十分重要的概念，它讨论的是家庭对于满足基本需求的现代能源的可获得性（accessibility）和可支付性（affordability）。能源贫困问题会体现居民的用能水平、用能结构和用能能力。解决能源贫困对提高人民生活水平、保证人民生活质量、促进社会公平以及经济社会可持续发展有重要且积极的作用。

国外学术界在20世纪70年代后就开始出现对能源贫困概念及衡量方法进行了探讨，不同国家在政府官方报告中所采用的定义也有所不同，目前中国还没有对于能源贫困的官方定义。

关于能源贫困的讨论主要分为两个方向：第一种能源贫困（energy poverty），是以国际能源署为代表的将能源贫困定义为主要依靠传统生物质能（薪柴、秸秆、牲畜粪便等）或无法广泛获得或使用电力等现代清洁能源，也就是说存在现代能源的不可获得性。很多文献都采用了这种定义（Sagar, 2005；Birol, 2007；Barnes et al., 2011；Bhide and Monroy, 2011；Sesan, 2012；Kaygusuz, 2011）。类似的定义还有家庭能源消费量不足以满足其基本需求，这种基本需求是由工程学等方式计算出来的最低能源需求，这种能源贫困指的是能源消费量不够。例如Goldemberg（2015）就计算出了月人均能源需求量，并将此定义为能源贫困线，使用量小于该均值的为能源贫困户。但不同的气候和社会经济条件所对应的最低能源消费量有极大的差别。还有文献通过构建能源获得—消费矩阵来衡量印度的能源贫困率在2000年之后将至30%（Pachauri and Spreng，2004）。

这一类能源贫困的研究对象主要是落后的发展中国家的农村地区，这些国家或地区的能源发展水平较低，电力、天然气等现代清洁能源并不普及，居民仍然依靠传统生物质燃料来烹饪、取暖等，存在这类能源贫困的家庭和地区主要面临以下三类问题：第一，能源不足或无法连接电力，阻碍经济发展和就业率的提高；第二，家庭能源消费不足，无法给孩子提供优质环境，传统能源的采集和使用占用孩子的时间，进而阻碍教育的发展；第三，传统生物质能源（煤、秸秆等）的使用带来严重的室内空气污染，不利于身体健康。另外，采集和使用传统生物质能源一般被视为家庭妇女的责任，利用这种能源做饭、取暖、烧水也使得妇女的健康水平受到极大的威胁，提供现代清洁能源也会更有利于性别平等的发展。总之，这类文献得出的基本结论是，能源的普及尤其是电力的使用能够极大地缓解能源贫困，提高能源使用效率和居民用能水平，进而促进社会发展。

国际能源署建立了一套衡量能源可获得性的指标——能源发展指数（energy development index，EDI）。它包含以下4个方面：①人均商业能源消费，作为一个国家整体经济发展的指标；②住宅部门的人均电力消耗，作为电力服务的可靠性和消费者支付能力的指标；③现代燃料在住宅部门能源使用总量中的份额，作为清洁烹饪设施获取水平的指标；④获得电力的人口比例。

我国在2015年已经全面解决无电人口的用电问题，我国的供能在一定程度上也是优先保障居民用能，除了落后偏远的农村地区外，能源的可获得性问题暂且不用考虑。关于这一类的能源贫困，主要研究方面的还是能源的消费结构。魏一鸣等（2014）将能源贫困的体现总结为以下三个方面：一是用能水平低，发展中国家人均生活用能远低于发达国家；二是用能结构较差，无法获得以电力为代表的现代清洁能源；三是用能能力较弱，难以支付相当昂贵的清洁商品燃料。张忠朝（2014）年基于贵州省盘县的问卷调查数据，发现受访农村家庭能源贫困主要体现为家庭能源消费支出贫困和结构贫困。

第二种能源贫困，也叫燃料贫困（fuel poverty），它主要关注的是能源的可支付性，常用家庭能源支出和家庭收入等指标来衡量，体现在能源支出占家庭总收入的比重过高或扣除能源支出之后家庭陷入经济贫困。较高的能源支出额意味着较低的家庭福利水平，因为人们在其他商品和服务上花费较少，包括食品和非食品。燃料贫困的家庭更容易受到收入、能源效率、能源价格变动的影响。燃料贫困也会造成社会孤立，对社会公平发展、人类福祉提高、教育进步等产生阻碍。除此之外，燃料贫困也经常与能源对寒冷环境中人的身体健康（如冬季死亡率）（Rudge and Gilchrist，2005；Liddell and Morris，2010；Dear and Mcmichael，2011）、二氧化碳减排和能效提高等问题结合起来（Jenkins，2010；Guertler，

2012)。

这类能源贫困最早是在 20 世纪 80 年代作为一个政治问题出现，主要在英国、爱尔兰以及欧盟国家范围内讨论，集中在寒冷气候地区，尤其关注冬季取暖的能源支出。现在在美国、新西兰等其他发达地区也开始流行起来。Lewis（1982）最早提出能源贫困表现为无力维持温暖的家；Boardman（1991）将这一概念扩展为居住的房屋能源效率太低，并转向研究发展中国家，她认为一个家庭维持合适的室内温度所付出的能源消费支出占总收入的 10% 以上者可视为能源贫困。这一定义在出现之后被广泛用于各类学术研究和政府报告中。后来还有一些学者对于用能源支出与家庭收入占比来确定能源贫困线的方法进行了很多种修正。另外，还有一种被英国官方采用的定义是 Hills（2011）对能源贫困定义：家庭必需的能源支出高于中位数水平，且除去这部分支出后，家庭可支配收入将落入经济贫困线之下。除此之外，还有研究利用调研中家庭对于类似"你认为你是否处于燃料贫困中"的回答来确定家庭是否陷入能源贫困。

在 2013 年，英国的政府报告中给出英国的能源贫困率为 10.2%（Hills, 2011）；而法国 2013 年有 19% 的家庭处于燃料贫困中；King Baudouin Foundation（2015）报告比利时有 21.3% 家庭处于燃料贫困，苏格兰政府也报告称 2014 年苏格兰的燃料贫困率为 34.9%，其有 9.5% 家庭陷入极端燃料贫困中。

在我国，还没有关于燃料贫困的官方报告，关于能源贫困的研究也较少，已有研究主要还是偏重于能源的获得性和结构性，几乎没有研究测算我国的能源贫困率，尤其是没有结合政策实施，对比研究能源贫困率。但随着我国能源经济的不断发展，居民获得能源不再存在问题之后，能源的可支付性问题显得更具研究价值，尤其是在北方的冬季取暖支出占比逐步升高的情形。因此，本章研究的重点以及后文中出现的能源贫困均指是农村家庭取暖方面的能源支出贫困问题。

第二节 能源贫困的衡量方法

关于能源贫困的衡量方法，学术界已有广泛的讨论，关键点在于如何确定能源贫困线。在此，本章将梳理现存的衡量能源贫困的几种方法，进而详细说明本章将采用的测算方法。

一、衡量方法的文献综述

最早的能源贫困方法是由英国的 Boardman（1991）提出的如果一个家庭需

要花费超过其收入的 10% 来满足所必需的能源消费①，那么他们被视为面临能源贫困。10% 这个阈值的确定是根据 1988 年的数据，当时受访家庭的家庭用能支出占收入比例的中位数为 5%，10% 是中位数的两倍，并且最贫穷的 30% 的人口的用能支出占比也是 10%，因此 10% 一定意义上可以代表穷人可以支付得起的比例。后来 10% 作为一个固定值也被广泛用于各种研究能源贫困的文献和报告中。在 Boardman（2010）关于能源贫困的第二本书中，她还给出了第二种动态确认方法，即利用现在家庭能源消费与收入占比的中位数的两倍来确定当前的能源贫困阈值，这种方法在之后的研究中也被广泛应用，但 Hills（2011）认为这种方法可能会使能源贫困率偏低。

第二种方法是来自于 Foster 等（2015），他们用经济贫困线上下 10% 的家庭的平均的能源支出占比作为能源贫困线的阈值，高于这一比例的家庭为能源贫困家庭。这种方法不再将能源贫困的阈值视为一个固定值，使得这个阈值可以视不同地区的情况而有所变化。他们测算了危地马拉地区的能源贫困率，测算结果是接通电力的家庭能源贫困率为 25.5%，而未接通电力的家庭是 50.9%，假设电力全覆盖，则总体能源贫困率可降至 36.5%。

第三种方法是由 Douglas（2011）提出的将能源贫困线定义为农户能源消费量伴随收入增加而开始上升的临界点，并以孟加拉国为案例，测算出能源贫困率为 58%。在这个阈值点以下，人们的能源消费维持在一个固定水平——即维持基本福利的最低水平，也就是说，在这个点以下，能源消费不变，收入越低的人，能源消费支出占比会越高，这些家庭被认为是能源贫困。

第四种方法为能源负担能力差距（energy affordability gap），它是由美国咨询公司开发的一种方法。该方法计算实际支出与"负担得起"的能源支出之间的差值。"负担得起"的能源支出可以设定为收入的 10% 或其他比例。这种方法相对简单，并且一定意义上可以表现出能源贫困深度的问题。

第五种方法为能源支出后贫困——家庭净收入扣除能源消费支出和其他必需的生活支出后，陷入经济贫困的家庭则被视为能源贫困。对于经济贫困的官方定义是家庭净收入（考虑到家庭规模和组成）不到所有家庭收入中位数的 60%。这种方法也可以反映能源贫困深度，并且意味着能源贫困的认定需满足两个条件：高支出、低收入。在这种方法下，高收入高支出的家庭和低收入低支出的家庭将不再被视为能源贫困。

---

① 这里的所必需的能源消费包含取暖、照明、烹饪、热水等，但在许多政府研究报告里只包含了取暖，因此所必需的能源消费有时被可支付的温暖所代替，且这里的必要能源消费量是用家庭能源消费模型估计出来的。

最后一种方法是能源贫困的主观测量。如果一个家庭报告他们无法负担起冬季的基本取暖，那么他们将被视为能源贫困。这种方法跟实际测量的方法可能有很大不同，在英国 2007 年的调查中，有 5.9% 的人报告自己处于能源贫困，但按照第一种测量方法他们并不处于能源贫困；有 11.4% 的人报告自己没有感觉到能源贫困，但实际上他们是，这一类人的主观心态可能与二氧化碳减排、能源效率提升带给人的感觉有关。

二、能源贫困衡量方法介绍

第一，利用 Boardman 的方法确定能源贫困线，尽管阈值 10% 是多数文献中使用的方法，但它衡量的是家庭所有能源支出占比（取暖、炊事等），因此本节利用 Boardman 提出的第二种方法，也是最早确定 10% 时的原理，用能源支出占比中位数的两倍作为阈值，能源支出比例高于该阈值的认为是能源贫困户。能源贫困比率计算公式如下：

$$\text{能源贫困比率} = \frac{\text{能源支出}}{\text{家庭总收入}}$$

$$= \frac{\sum_{t=1}^{n}(\text{家庭}i\text{第}t\text{种能源使用量}) \times t(\text{能源价格}) - R_t(\text{对该种能源的补贴})}{\text{家庭}i\text{的总收入}}$$

$$= \frac{E_i}{I_i} = \frac{\sum_{t=1}^{n}(X_{it} \cdot P_t - R_t)}{I_i} \geq \alpha \tag{10-1}$$

第二，测算能源贫困率（能源贫困广度）和能源贫困深度，测算公式如下：

$$P_\theta = \sum_{E_i \geq Z_i}(w_i/N)\left[\frac{E_i - Z_i}{I_i}\right]^\theta \tag{10-2}$$

式中，w_i 代表每个家庭的权重，在本章中每个家庭都占据平等的权重，因此 $w_i = 1$。N 为总家庭数，E_i 是每个家庭取暖能源支出，Z_i 为家庭"可负担得起"的取暖能源支出，即 $Z_i = I_i \times \alpha$。加总的条件是 $E_i \geq Z_i$，即 $E_i \geq I_i \times \alpha\%$，也就是存在能源贫困的家庭。当 θ 取 0、1、2 时，可以分别求出家庭取暖能源贫困的广度、深度和差异度。

第三，测算能源负担能力差距，以及社会总能源贫困缺口。能源负担能力差距（EnergyAffordabilityGap，EAG）等于实际能源支出减去可负担起的能源支出，即

$$EAG = E_i - Z_i \tag{10-3}$$

社会总能源贫困缺口是能源贫困家庭能源负担能力差距的加总：

$$\text{社会总能源贫困缺口} = \sum_{EAG_i \geq 0} EAG_i = \sum_{E_i \geq Z_i}(E_i - Z_i) \tag{10-4}$$

测算能源贫困过程中存在几点问题需要说明：

第一，在计算北京市居民取暖支出时，假设每个家庭获得的能源价格是一样的，且政策前后能源市场价格未发生改变。鉴于我国同一地区内居民电价统一，居民气价统一，且煤炭价格也大致相同，该假设存在很大程度的合理性。如果政策对某种能源给予补贴，则在后面减去政府补贴。

第二，在计算北京市居民取暖支出时，电和天然气的补贴是按政策规定计算的，优质燃煤的价格及补贴是按照村级数据中煤炭价格的中位数计算的。在实际中，并非所有家庭都能拿到政策规定的全部补贴，如果家庭实际收到的补贴数少于政策规定的，或者家庭使用的煤炭价格高于设定价格，则北京市居民的实际支出会更高，能源贫困率也会由于补贴不到位而进一步升高。

第三，河北省居民取暖支出利用的是调研问卷中受访者填写的实际支出，并不是由计算得出。

第四，未参与政策的居民仅填写了一年的支出情况，在计算过程中假设前后两年能源支出不变，因此没参与政策的人，能源贫困率不变。

第五，计算时假设政策前后居民收入没有改变。由于数据统计的是2016年的家庭情况及政策实施前的情况，而北京市散煤治理政策的推行大多在2015年之后，因此前后两年收入变化幅度相对较小，因而该假设具有合理性。

第三节 实 证 分 析

一、数据和研究变量介绍

本章统计样本为北京市与河北省采取自供暖方式的家庭，计算时只保留前后能源支出和家庭收入都填写完整的家庭（不为0、无异常值），最终，北京市的有效样本数为1585份，河北省的有效样本数为171份。从北京市和河北省各变量的描述性分析来看（表10-1和表10-2），2016年，北京市的家庭平均年收入为83 562元，显著高于河北省的64 478元；河北省的平均家庭取暖能源支出高于北京市，北京市在清洁能源替代政策实施前后平均家庭能源消费支出分别为2532元和2643元，而河北省的均值为2645元和4002元。关于政策实施前后能源支出占比方面，北京市变化不大，但是河北省则由均值6.6%上升至10.4%。

表10-1 北京市的数据描述性分析

变量	样本数	均值	标准差	最小值	最大值
政策实施前支出/元	1 585	2 532.096	1 862.023	203.538	16 500

续表

变量	样本数	均值	标准差	最小值	最大值
政策实施后支出/元	1 585	2 642.957	2 120.872	203.538	15 526.5
支出变化值/元	1585	110.861	1 367.714	-8 466.875	14 257.63
家庭年收入/元	1 585	83 561.77	8 3160.93	1 200	1 000 000
政策实施前能源支出占比/%	1 585	5.94	8.02	0.1	91.7
政策实施后能源支出占比/%	1 585	5.98	8.16	0.1	91.7
能源支出占比变化值	1 585	0.000 449 4	0.041 576	-0.423	0.55

表 10-2　河北省的数据描述性分析

变量	样本数	均值	标准差	最小值	最大值
政策实施前支出/元	171	2 644.874	1 679.731	400	14 400
政策实施后支出/元	171	4 001.614	2 168.9	480	13 000
支出变化值/元	171	1 356.74	2 331.058	-9200	10 500
家庭年收入/元	171	64 478.28	45 569.43	4 000	257 000
政策实施前能源支出占比/%	171	6.6	7.9	0.6	75
政策实施后能源支出占比/%	171	10.4	11.2	0.5	60
能源支出占比变化值	171	0.038	0.079	-0.2	0.433

二、能源贫困度量结果及分析

根据上节描述的测算方法和调研数据，本节将测算北京市和河北省政策实施前后总体的能源贫困线、能源贫困率、能源贫困深度和能源贫困缺口。

（1）北京市能源贫困度量结果及对比

根据中位数的两倍确认能源贫困的阈值，得到北京市能源贫困线为7.33%。因此本节定义各种取暖能源总支出占比超过其家庭总收入7.33%的家庭为能源贫困户。

从整个样本情况来看，在北京1585户有效样本数据中，政策实施前能源贫困户为340户，能源贫困率为21.45%，2016年能源贫困户为345户，能源贫困率为21.77%，能源贫困户增加了5户，能源贫困率上升0.32%，总体能源贫困率基本没变。2016年能源贫困深度为1.96%，意味着能源贫困家庭能源支出占收入的比重距离能源贫困线7.33%的平均距离为1.96%。2016年能源贫困家庭平均能源贫困缺口为319.60元，社会总能源贫困缺口为506 572.5元，这个值表示如果要使所有受访者中的能源贫困家庭脱离能源贫困，政府需要支付的补贴金额。在政策实施之前，能源贫困深度为1.94%，能源贫困家庭平均能源贫困缺口为282.62元，社会总能源贫困缺口为447 947.6元。从北京市整体的测量结果来看，能源贫困率和能源贫困深度的总体变化不大，但还是有所升高（表10-3）。

表10-3 北京市能源贫困测算结果

能源贫困指标（$N=1585$）	政策实施前	政策实施后
能源贫困率/%	21.45	21.77
能源贫困深度/%	1.94	1.96
平均能源贫困缺口/元	282.62	319.60
社会总能源贫困缺口/元	447 947.6	506 572.5

由于不同政策对于能源贫困的影响不同，表10-4总结了三项措施分别的能源贫困率变化情况。如表所示，参与"煤改气"政策的群体能源贫困率上升了9.86%，上升幅度最大。其次是"煤改电"，能源贫困率上升了5.88%。优质燃煤替代政策对能源贫困率有缓和的作用，使之减少了3.43%。表10-5和表10-6进一步对比了不同政策对能源贫困深度和能源贫困缺口所带来的影响。总的来说，"煤改电""煤改气"加剧了能源贫困，"优质燃煤替代"缓解了能源贫困。

表10-4 北京市不同政策下的能源贫困率变化　　　　　　　　单位:%

政策	政策实施前	政策实施后	差值
煤改电	19.52	25.40	5.88
煤改气	11.27	21.13	9.86
优质燃煤替代	26.53	23.10	-3.43

表10-5 北京市"煤改电"家庭能源贫困指标

指标（$N=374$）	政策前	政策后	差值
能源贫困人数/人	73	95	22
能源贫困率/%	19.52	25.40	5.88
能源贫困深度/%	1.59	2.15	0.56
家庭平均能源贫困缺口/元	199.77	458.25	258.48
社会总能源贫困缺口/元	44 7947.60	506 572.50	58 624.90

表 10-6　北京市优质燃煤替代家庭能源贫困指标

指标（$N=671$）	政策前	政策后	差值
能源贫困人数/人	178	155	−23
能源贫困率/%	26.53	23.10	−3.43
能源贫困深度/%	2.55	2.16	−0.40
家庭平均能源贫困缺口/元	365.85	289.60	−76.24
社会总能源贫困缺口/元	447 947.60	506 572.50	58 624.90

（2）河北地区能源贫困度量结果及对比

根据中位数的两倍确认能源贫困的阈值，得到河北省能源贫困线为8.70%。因此本节定义各种取暖能源总支出占比超过其家庭总收入8.70%的家庭为能源贫困户。

从整个样本情况来看，在河北省171户有效数据中，政策实施前2017年能源贫困户33户，能源贫困率为19.29%，2018年能源贫困户为59户，能源贫困率为34.50%，能源贫困户增加了26户，能源贫困率上升15.20%，总体能源贫困率升高。另外，2017年能源贫困深度为1.72%，意味着能源贫困家庭能源支出占收入的比重距离能源贫困线8.70%的平均距离为1.72%。2017年能源贫困家庭平均能源贫困缺口为217.18元，社会总能源贫困缺口为46 371.21元，这个值表示如果要使所有受访者中的能源贫困家庭脱离能源贫困，政府需要支付的补贴金额。然而，在政策实施之后，能源贫困深度变为4.33%，能源贫困家庭平均能源贫困缺口为844.87元，是原来的3.9倍，社会总能源贫困缺口为144 472.3元。从河北地区整体的测量结果来看，能源贫困率、能源贫困深度以及能源贫困缺口急剧升高（表10-7）。

表 10-7　河北省能源贫困测算结果

能源贫困指标（$N=171$）	政策实施前	政策实施后
能源贫困率/%	19.29	34.50
能源贫困深度/%	1.72	4.33
平均能源贫困缺口/元	217.18	844.87
社会总能源贫困缺口/元	46 371.21	144 472.3

由于在河北省样本中参与"煤改电"和"优质燃煤替代"的人数比较少，不具有统计意义，因此并不再单独分析其能源贫困指标，主要看"煤改气"对于能源贫困的影响。如表10-8所示，"煤改气"对各方面能源贫困的加剧作用都

十分显著，河北省煤改气政策使能源贫困率上升 16.78%，平均家庭能源贫困缺口增加 675.62 元。

表 10-8　河北省煤改气的家庭能源贫困指标

指标（N=143）	政策前	政策后	差值
能源贫困人数/人	26	50	24
能源贫困率/%	18.18	34.97	16.78
能源贫困深度/%	1.76	4.68	2.92
家庭平均能源贫困缺口/元	230.36	905.98	675.62
社会总能源贫困缺口/元	46 371.21	144 472.30	98 101.09

三、北京市与河北省受访地区能源贫困的对比分析

前文分别介绍了北京市和河北省的能源贫困测量结果，结果显示，北京市社会整体能源贫困率由 21.45% 上升至 21.77%，基本不变，但河北省能源贫困率由 19.29% 上升到 34.50%，政策的加剧作用十分明显。两地的能源贫困问题在统计方法、表现特征和驱动因素上虽有共性，但也存在很大的差异，下面将进行两地能源贫困问题的对比分析。

（1）能源贫困线

根据家庭取暖支出中位数的两倍来确定能源贫困线，得到北京市和河北省的能源贫困线分别是 7.33% 和 8.70%。事实上，家庭取暖能源支出占比类似于能源消费领域的"恩格尔系数"，当这个比例较高时，说明该地区的居民收入较低，比较落后。取暖和食品类似，在北方冬季也属于必需品，当取暖支出占比较高时，也意味着一个家庭在满足基本需求上需要支付较高的比例，家庭在其他消费上的比例就会减少，其生活水平和质量也相对较低。

在受访者中，北京市家庭的人均收入比河北省高 19 083 元，但在政策实施前后，河北省的取暖能源支出要比北京分别高出 112 元和 1359 元。河北省的能源贫困线较高且能源贫困率也高，不仅反映出了河北更加落后贫困，也意味着河北人民受到的取暖支出压力更大，能源贫困问题更为严峻。

（2）初始能源贫困率和变化幅度

从两地能源贫困指标的对比可以看出，在政策实施之前，河北省的能源贫困状况要略好于北京市，但政策实施后，能源贫困各方面指标的上升幅度都高

于北京市，河北省在政策实施后面临着比北京市更为严峻的能源贫困问题（表10-9）。

1）从能源贫困率上来看，在政策实施后河北省的能源贫困问题更为广泛。这可能是由于河北省居民收入较北京市低，并且河北省主要进行的是"煤改气"政策，"煤改气"政策对于能源贫困的影响在三种政策中最大，所以河北省居民在政策实施后更容易陷入能源贫困。

2）从能源贫困深度上来看，政策实施后河北省能源贫困的程度要比北京市更深，且不同的能源贫困家庭情况差别更大，这意味着河北省势必要采取更为广泛、深刻和复杂的补贴。

3）从家庭平均能源贫困缺口上来看，北京市在政策实施前高于河北省，但政策带来的上涨幅度不大。河北省在政策实施前能源贫困为217元，但政策实施后几乎变为了原来的400%。

4）总体来说，河北省的能源贫困形势比北京市更为严重，河北省政府的补贴政策也势必要比北京市困难，需要覆盖的家庭更多、支出更多、差异化更大。

表10-9　北京市和河北省能源贫困指标对比

能源贫困指标	北京市政策实施前	北京市政策实施后	河北省政策实施前	河北省政策实施后
能源贫困率/%	21.45	21.77	19.29	34.50
能源贫困深度/%	1.94	1.96	1.72	4.33
平均能源贫困缺口/元	282.62	319.60	217.18	844.87

（3）主要推行政策及其影响

北京市主要进行的是"煤改电"政策和"优质燃煤替代"政策，"优质燃煤替代"政策作为"煤改电"时的备选项进行，上文分析表明北京市能源贫困问题的加剧主要是由"煤改电"政策导致的，而"优质燃煤替代"政策则有利于减少能源贫困。

河北省主要进行的是"煤改气"政策，并且在政策推行的过程中带有一定强制性，实施程度较为彻底。在政策实施之后，煤炭和其他生物质能源的使用量几乎为零，大多数家庭转为使用天然气。"煤改气"政策大幅增加了能源贫困家庭，并且加剧了能源贫困家庭的贫困程度，使他们的能源贫困深度有了大幅度的上升。

通过三种政策的对比也可以发现，按照影响程度排序，则"煤改气"大于"煤改电"大于"优质燃煤替代"。"煤改气"政策无论是从哪个指标上来看，都会深刻加剧能源贫困问题（表10-10）。

表10-10 三项政策对于能源贫困的变化量对比

指标（变化量）	煤改电 （北京市）	优质燃煤替代 （北京市）	煤改气 （河北省）
能源贫困率/%	5.88	-3.43	16.78
能源贫困深度/%	0.56	-0.40	2.92
家庭平均能源贫困缺口/元	258.48	-76.24	675.62

第四节 结 论

本章研究发现在散煤治理政策影响下，北京市受访家庭能源贫困率基本保持不变，河北省受访家庭能源贫困率从19.29%上升到34.50%，两地能源贫困深度和差异度都有所上升，但河北省的升高幅度更大。通过分政策分析，本章发现"煤改电"和"煤改气"政策都会促使能源贫困加剧，而"优质燃煤替代"政策则会减缓能源贫困。由于在北京市优质燃煤替代政策作为一项伴随"煤改电"政策进行的替代政策，两项政策参与的家庭较多，两项政策对于能源贫困的作用相反，互相抵消，因此北京市整体能源贫困率变化不大。河北省参与"煤改气"的家庭占绝大比例，由于政策实施的强制性更大，所以造成的能源贫困上升幅度更大。

"煤改电"和"煤改气"政策导致能源贫困加剧的主要原因在于电力和天然气的消费支出增加远大于煤炭支出的减少，即在现有技术条件和能源价格下，电力和天然气的取暖效率低，且补贴仍有不足。目前对于优质燃煤的补贴力度较大，所以使得"优质燃煤替代"政策可以减缓能源贫困。但补贴存在不可持续性问题，一旦没有补贴，"优质燃煤替代"政策也会加剧能源贫困。由于政策的强制性推行原因，政策执行对于低收入人群的影响更大，且会使已经陷入能源贫困的人群能源贫困程度进一步加深，能源贫困深度和缺口都进一步扩大。另外，由于未纳入设备支出、补贴不到位、补贴不可持续、居民在面临高价能源情况下选择减少能源使用及降低取暖效用来减少支出等情况，实际中居民取暖支出可能会更高，社会能源贫困率也会高于测算值。

北京市人均收入较高，三种政策同时推行，整体能源贫困率没有出现太大变化，但单项来看，"煤改电""煤改气"政策的实施会出现能源贫困加剧及补贴不足的情况；河北省人均收入较低，主要进行"煤改气"政策，能源贫困问题更加严重。由此预测在国内其他地区推广散煤治理政策时，能源贫困问题大概率会出现也更为复杂和严峻。目前来看，在现行补贴政策下，"优质燃煤替代"政策不会加重能源贫困，在经济落后地区进行散煤治理时，可以先以"优质燃煤替代"政策作为起点，加大对电力、天然气等能源价格的补贴，可以考虑建立能源贫困扶助基金，增强识别能源贫困问题的能力，扩大扶助能源贫困的范围，建立有效率的补贴方式和公平的补贴金额，确保补贴的有效落实，减少居民在取暖清洁能源转化过程中的贫困问题。然而，当补贴不存在时，居民的取暖能源贫困问题会进一步加剧，考虑到财政有限及补贴的难以持续性，政府还应当鼓励技术创新，提高电、气取暖效率，促进居民自发进行能源升级，同时注意控制产能，维持电力、天然气和优质燃煤价格在合理区间运行，保证居民的基本取暖用能需求。

第十一章　散煤治理政策对能源消费不平等的影响

能源消费在经济中有着极其重要的作用。长期以来，能源消费被视为人类社会经济发展的机会、国家经济活动与经济增长的重要指标。获取足量、可靠、可负担、安全与环保的能源服务，对一个社会的就业与减贫、教育与性别平等、健康风险、环境与气候变化等各个方面都会产生一定的影响，因此受到学术界、各国政府和国际组织的高度关注。需要注意的是，由于收入以及获得性方面不平等的存在，能源服务消费的状况在不同的群体和地区间存在显著差异。而一些能源政策的实施，可能会对不同群体家庭的能源消费情况产生不同的影响，进而加剧或减轻不平等的状况，因此，对相关能源政策对能源不平等的影响作出详尽评估，有利于优化政策的设计。

第一节　能源不平等概述

对能源消费不平等问题的研究涉及电力部门产业政策、国家基础设施建设、国家能效政策等一系列问题（Jacobson et al., 2005）。长期以来，关于能源消费的不平等问题方面的研究相对较少。近年来这个问题逐渐受到越来越多的关注。Jacobson等（2005）利用洛伦兹曲线和基尼系数对比了不同国家内部的电力消费不平等程度，并且探讨了影响电力消费不平等程度的因素，如国家的GDP、收入不平等和政府基础设施建设政策等，重点讨论了电力消费不平等与能源利用效率、气候等因素的关系。他们也指出了使用能源量作为评判不平等的指标的局限，即必须假设能源利用与转换效率在不同消费者之间是大致相同的。Pereira等（2011）利用基尼系数作为衡量能源贫困差异度的指标，分析了巴西政府的减贫和促进社会平等政策对能源贫困（即没有足够途径获取足量、可靠、可负担、安全与环保的能源服务）的影响。他们发现基尼系数越大，说明居民的能源贫困差异度越大。这种衡量能源贫困的方法也被运用于中国农村家庭能源贫困现状的分析中（郑新业等，2016）。Obermaier等（2012）采用了非参数估计的密度函数曲线表现和比对了巴西电力消费和居民收入的分布特征并提出可以通过观察函数的尖峰出现位置和函数的分布范围等来定性方比较不平等程度大小。

国内能源消费不平等问题方面的研究还相当有限，尤其家庭层面的能源消费不平等方面的研究，原因可能是家庭层级的能源消费数据难以获得。吴巧生和汪金伟（2013）采用了分析收入不平等的标准性工具来测度1998~2007年各个国家之间能源消费的不平等性。这些工具包括洛伦兹曲线、基尼系数和Theil指数，洛伦兹曲线和基尼系数用于衡量人均能源消费、人均能源生产、经济活动（即GDP）和人文发展水平（即HDI指数）在各个国家之间的分布；Theil指数用于衡量按人文发展水平分组的各个国家组内和组间的能源消费不平等情况。他们的研究是在国家层面展开的，没有涉及居民家庭层面的能源消费。

总体来说，在能源消费的不平等问题的研究上，最广泛运用的指标和工具是基尼系数和洛伦兹曲线。用这种指标衡量不平等问题受到过质疑，Groot（2010）提出，洛伦兹曲线中，样本按照目标衡量的变量从小到大排列，因而衡量不同变量时样本的排列顺序不同。因此，在研究补贴前后能源消费的变化时，如果运用经典洛伦兹曲线及相应的基尼系数难以反映出补贴与能源消费公平性改善之间的关系。另外，经典洛伦兹曲线只能反映出能源消费在人群中的分布，难以反映能源消费对家庭的负担，也难以表现其与能源贫困之间的关系。

在气候变化方面的研究中，也有一些文献尝试使用传统的研究收入分配的分析工具来测度随时间不同国家之间CO_2排放的不平等及其变化趋势，这些尝试丰富了定量衡量不平等程度的指标和方法。CO_2排放的不平等的传统衡量指标包括人均排放量最大的五分之一国家与最小的五分之一国家的绝对和相对差距（Hedenus and Azar，2005）、Atkinson指数（Hedenus and Azar，2005）、Theil指数（Duro and Padilla，2006；Padilla and Serrano，2006）、基尼系数（Heil and Wodon，1997；2000）。Groot（2010）还采用了改良后的洛伦兹曲线作为分析世界各国CO_2排放不平等程度的工具。

为了衡量税收政策的平等和公平程度，Daniel B. Suits于1977年提出了Suits指数，以收入作为排序变量进行作图，横坐标为收入的累积百分比，纵坐标为相应的税收的累积百分比。而对角线以下的面积和曲线之下的面积之差与对角线以下的面积的比则为Suits指数的值。Suits指数能更好地反映出所要衡量的指标与收入的关系，在所要衡量的指标为金额单位时更加适用，尤其在财政税收政策领域有着广泛的应用。

随着"煤改气""煤改电""优质燃煤替代"及高效炉具补贴等散煤治理政策的实施，它们对居民能源消费的影响引起了广泛关注，尤其是这类政策对居民群体不平等程度的影响。刘应红（2017）指出，在当前的气价条件下，采暖"煤改气"超出了农村居民的价格承受能力，采暖"煤改气"后绝大部分居民家庭的燃气采暖支出达到家庭可支配收入的3.0%~32.4%。通过政府补贴，可以将这一比例降至0.3%~3.4%（假设家庭对天然气的消费量在用气量下限），但这将对地方财政造成一定压力。对不同收入群体实施不同的补贴政策可以有更好的效果。此外，已有研究也指出"煤改气"增加了农民的采暖支出负担（王善才，2018）和地方政府的财政负担（王善才，2018）；但现有的文献都没有涉及以"煤改气"为代表的散煤治理政策对居民能源消费不平等程度的影响。

在这种背景下，同时鉴于中国能源消费不平等领域，尤其是散煤治理政策所引起的不平等程度的评估方面的空缺，本书运用 Suits 指数对"煤改电""煤改气"及"优质燃煤替代"等散煤治理政策前后，北京市与河北省经历了相同改造的农村家庭之间能源消费不平等程度变化进行研究，同时将研究散煤治理政策补贴对能源消费不平等程度的影响，并基于此对散煤治理政策的补贴方式提出建议。最后，为了比较散煤治理政策对不同地区家庭能源支出负担的影响，本章将比较北京市和河北省农村家庭在散煤治理政策前后能源消费支出占总收入的比例。

第二节 能源消费不平等的度量方法

本节采用 Suits 指数作为衡量同组家庭之间能源消费不平等程度的指数，以家庭在所有能源上的支出金额作为能源消费的衡量变量。之所以采用 Suits 指数而不是基尼系数是基于以下几点考虑：

第一，能源消费的基尼系数只能反映出能源消费额在人群中的分布关系，而不能反映出能源消费额在不同收入群体中的分布，因此无法反映出能源消费额与收入之间的关系，从而难以从中得出家庭能源消费的可负担性，而家庭能源消费的可负担性是反映能源贫困的重要指标。使用 Suits 指数可以很明显地看出能源消费额与家庭收入之间的关系，从而反映能源消费负担与能源贫困情况。因为能源消费额占家庭净收入的比例是衡量能源贫困的指标之一，这个比例越大，能源贫困越严重（Phimister et al.，2015）。因此 Suits 指数图中的曲线斜率能够在一定程度上反映出群体内部的相对能源贫困状况。

第二，根据相关文献，能源消费的基尼系数很大程度上依赖于收入的基尼系数（Jacobson et al.，2005）。由于收入的增长会推动居民直接能源消费的增长（赵晓丽和李娜，2011），因此能源消费的基尼系数与收入的基尼系数所反映的很可能都是收入不平等程度，因而采用基尼系数衡量能源消费的不平等程度无法突出能源消费自身的特征。

第三，本将需要分析"煤改气"能源政策的补贴对能源消费不平等程度的影响，采用基尼系数的情形下，衡量不同的变量时样本的排列顺序不同，难以看出补贴对能源消费不平等程度的影响。采用 Suits 指数的情形下，样本在衡量不同变量时的排列顺序是一致的（均按收入排序），便于分析补贴的影响。而且补贴作为一种财政政策，本身就负担有在不同的收入群体中进行再分配的责任，因而采用收入水平作为排序变量更有财政政策实践上的意义。

正如前文所提到的，Suits 指数由 Daniel B. Suits 提出，被广泛应用于评估税收的累进性。它的计算方法在第七章中已经进行了介绍，在这里唯一的不同是将补贴额换作能源支出额。与应用在补贴分配分析中的 Suits 指数类似，如果低收入群体的能源消费负担相对高于高收入群体，则 Suits 指数为负，其绝对值越大，表示低收入群体的相对能源消费负担越大；如果高收入群体的能源消费负担相对高于低收入群体，则 Suits 指数为正，其绝对值越大，表示高收入群体的相对能源消费负担越大；如果能源消费在各收入群体间分布是等比例的，则 Suits 指数为零。

第三节 实证分析

为分析各类散煤治理政策对组内家庭之间能源消费不平等的影响，我们计算了北京市"煤改电""煤改气""优质燃煤替代"政策实施前后农村家庭能源支出的 Suits 指数，以及河北省农村家庭"煤改气"政策实施前后能源支出的 Suits 指数，并从不同收入群体的能源消费结构视角解释不同散煤治理政策、同一散煤治理政策在不同地方实施对能源消费不平等的不同影响。此外，我们还对北京市农村"煤改电"家庭、北京市农村"煤改气"家庭、河北省农村"煤改气"家庭在相应的补贴前后能源支出的 Suits 指数进行分析。最后，我们对北京市和河北省农村家庭在散煤治理政策实施前后能源消费支出占收入的比例进行分析和对比。

一、政策实施的影响

（1）散煤治理政策对农村家庭能源消费不平等的影响

本部分呈现了北京市"煤改电""煤改气""优质燃煤替代"及河北省"煤改气"政策实施前后农村家庭取暖季能源支出的 Suits 指数以及对应的累积能源支出曲线①。由于在河北省的样本中，受访家庭大都参与了散煤治理政策，但进

---

① 这里的能源支出是家庭的实际能源支出扣除已经到位的补贴的净支出。这里由于数据限制，收入均采用家庭能源调查中得到的 2016 年家庭收入（即假定一个家庭的收入在所有的家庭的收入中的排序与比重在短时间内是不变的），这样处理也更能表现出每户家庭的能源消费变动。本节中所衡量的"能源消费不平等"都是在组内而言，即这里河北省"煤改气"的家庭收入累积百分比与能源支出累积百分比都是在"煤改气"的家庭组之内的（下同）。

行"煤改电""优质燃煤替代"及高效炉具补贴和其他散煤治理政策的家庭数量非常少,因此本节仅分析河北省"煤改气"政策对农村家庭能源消费不平等程度的影响。基于北京市和河北省散煤治理政策问卷数据,我们在计算北京市散煤治理政策前后的 Suits 指数时,使用的是散煤治理政策之前一年取暖季的能源用量和 2016~2017 年取暖季的能源用量;在计算河北省散煤治理政策前后的 Suits 指数时,使用的是 2016~2017 年取暖季的能源支出和 2017~2018 年取暖季的能源支出(下同)。其中,由于北京市问卷中对能源消费量询问的是物理量,本节利用北京市问卷相应年份的能源价格均值把他们转换为能源消费额。

图 11-1 是"煤改电"政策实施前后北京市农村"煤改电"家庭的累积能源支出曲线。可以看到,北京市的"煤改电"政策实施加剧了能源消费不平等程度,"煤改电"政策实施之后,能源消费曲线更为向上弯曲,意味着低收入家庭负担的能源支出比例相对高收入家庭增大了,意味着能源消费的不平等程度加大。具体而言,"煤改电"政策实施前,北京市农村"煤改电"家庭能源消费的 Suits 指数为 -0.335,而煤改电政策实施后,相应的 Suits 指数变为 -0.385,即"煤改电"政策的实施实际上使能源消费的不平等程度上升了。

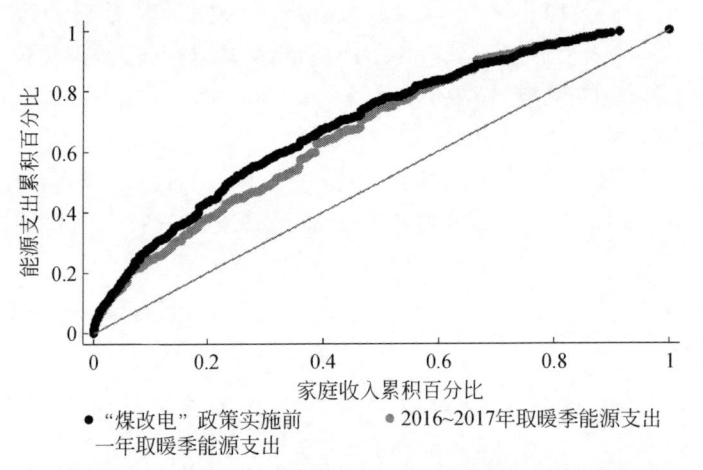

图 11-1 北京市"煤改电"政策实施前后农村家庭取暖季能源支出对比

图 11-2 是"煤改气"政策实施前后北京市农村煤改气家庭的累积能源支出曲线。"煤改气"政策实施前,家庭能源消费的 Suits 指数为 -0.464,而政策实施后,"煤改气"家庭的家庭能源消费的 Suits 指数变为 -0.445。也就是说,北京的煤改气政策在一定程度上降低了家庭能源消费的不平等程度。从图 11-3 可以看出,这种不平等程度的降低是由"煤改气"政策实施之后低收入家庭负担的能源支出比例相对降低导致的。

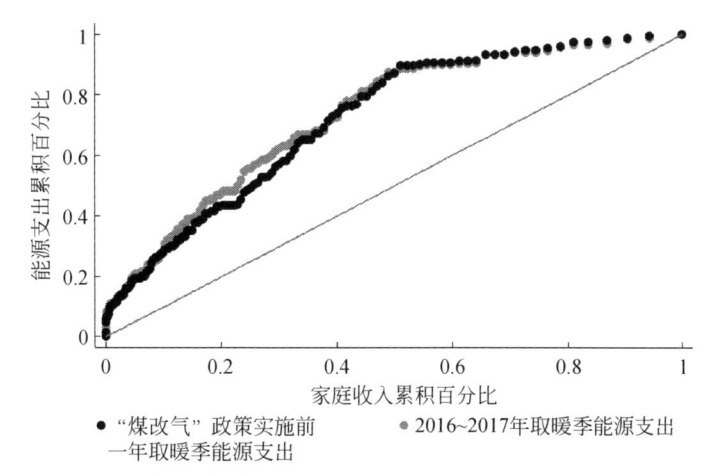

图 11-2　北京市"煤改气"政策实施前后农村家庭取暖季能源支出对比

图 11-3 是"煤改气"政策实施前后河北省农村煤改气家庭的累积能源支出曲线。可以看到,"煤改气"政策实施之后,能源消费曲线更为向上弯曲,意味着低收入家庭的能源支出比例增大,因此,相对来说,"煤改气"政策实施之后能源消费的不平等程度加大,"煤改气"政策加大了河北省农村家庭能源消费的不平等程度。具体而言,"煤改气"政策实施之前,河北省农村家庭能源消费的 Suits 指数为 -0.2426,而"煤改气"政策实施之后的 Suits 指数为 -0.3698。也就是说,"煤改气"政策实施后,河北省农村家庭能源消费的不平等程度显著上升,这主要由于低收入家庭负担的能源支出比例相对增大导致的。

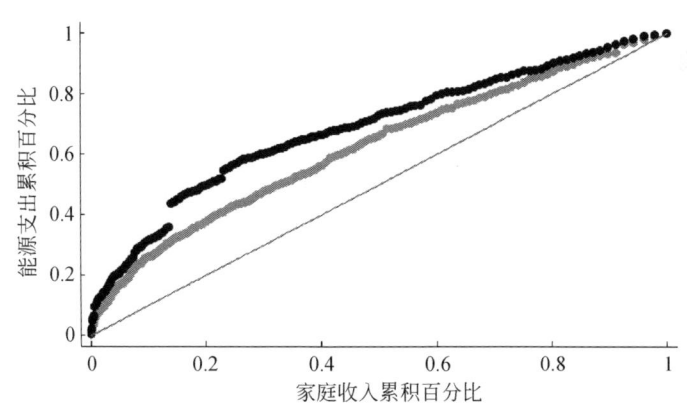

图 11-3　河北省"煤改气"政策实施前后农村家庭取暖季能源支出对比

图 11-4 是"优质燃煤替代"政策实施前后北京市农村优质燃煤替代家庭的

累积能源支出曲线。可以看到,"优质燃煤替代"政策实施前,这部分家庭能源消费的 Suits 指数为 –0.316,"优质燃煤替代"政策实施后,Suits 指数为 –0.340,也就是说,政策实施后,能源消费不平等程度上升了,即低收入家庭负担的能源支出比例相对高收入家庭增加了。

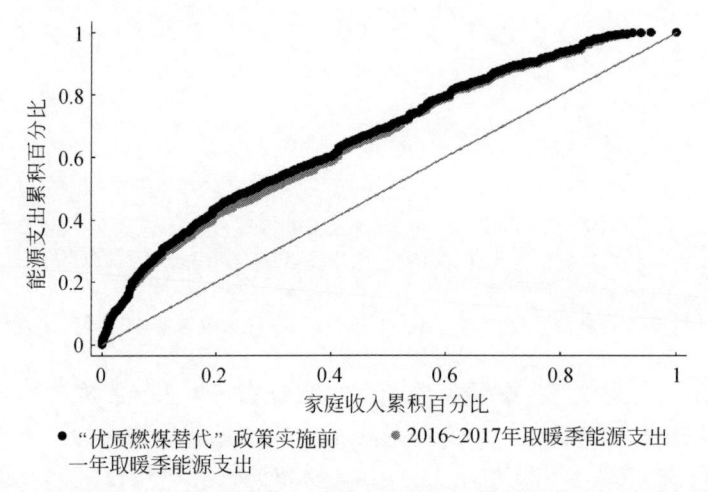

图 11-4　北京市"优质燃煤替代"政策实施前后农村家庭取暖季能源支出对比

(2) 政策影响不同的原因

从上文可以看出,不同散煤治理政策、同一散煤治理政策在不同地方实施对能源消费不平等的影响是不同的。不同散煤治理政策中各收入群体在散煤治理政策实施之后的能源消费额和能源消费结构变化的不同是能源消费不平等程度变化不同的原因之一。下面,我们将分别分析北京市"煤改电"政策、北京市"煤改气"政策、北京市"优质燃煤替代"政策及河北省"煤改气"政策实施前后各收入群体能源消费额和能源消费结构变化。我们将每种散煤治理政策的家庭按照四分位数各分为四组统计其各类能源的平均消费额,以此观察他们各类能源的消费额变动。图 11-5 ~ 图 11-8 分别描绘了北京市和河北省各项措施实施前后不同收入家庭的能源支出结构。图 11-5 中的八个柱从左到右分别为:25% 收入分位家庭散煤治理政策前和政策后的能源支出、50% 收入分位家庭政策前和政策后的能源支出、75% 收入分位家庭政策前和政策后的能源支出和 100% 收入分位家庭政策前和政策后的能源支出。

如图 11-5 所示,各收入群体在"煤改电"政策实施之后对电力的支出增长幅度相似,但高收入家庭节约煤炭支出的幅度较大,从而部分抵消了电力支出的增长,从而导致能源消费不平等程度上升。

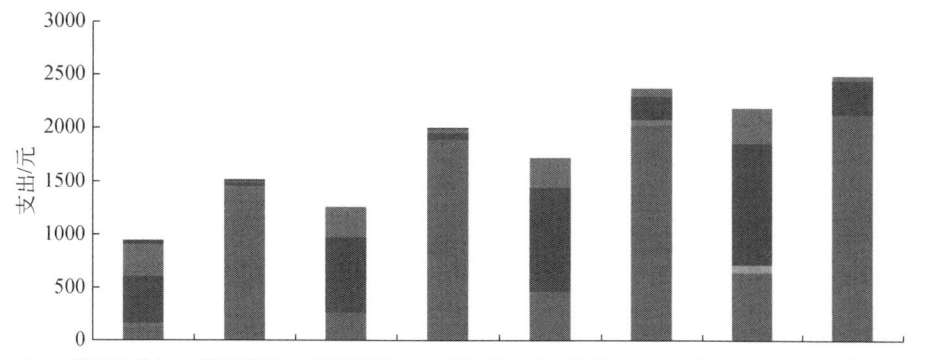

■电 ■管道天然气 ■管道煤气 ■瓶装液化气 ■低质量、高污染煤 ■高质量、低污染煤 ■薪柴 ■木炭

图 11-5　北京市"煤改电"政策实施前后农村家庭取暖季能源支出结构对比

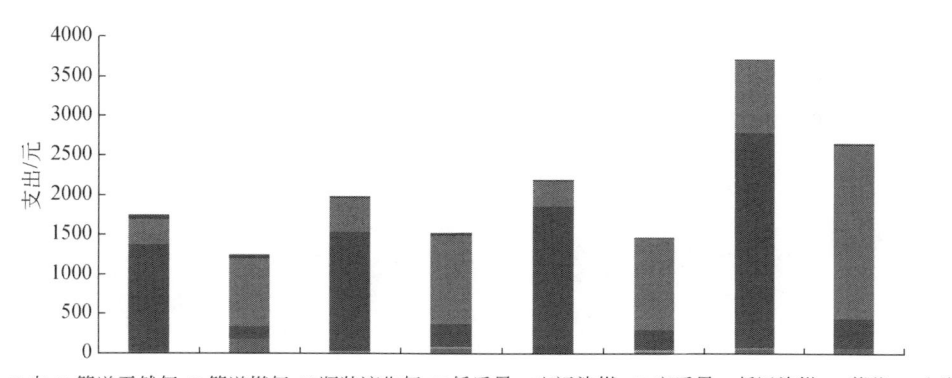

■电 ■管道天然气 ■管道煤气 ■瓶装液化气 ■低质量、高污染煤 ■高质量、低污染煤 ■薪柴 ■木炭

图 11-6　北京市"优质燃煤替代"政策实施前后农村家庭取暖季能源支出结构对比

如图 11-6 所示，北京市农村"优质燃煤替代"政策实施后，由于各收入群体对低质量、高污染煤的支出大幅降低，导致所有收入群体的能源支出都降低。高收入家庭相对于低收入家庭来说高质量、低污染煤的支出增长更大，但同时他们对低质量、高污染煤的支出降低幅度更大。而且低收入家庭的电力支出增长较大，但高收入家庭的电力支出几乎不变。因此高收入家庭的能源支出减少幅度比低收入家庭大，能源消费不平等程度上升。

如图 11-7 所示，北京市农村"煤改气"政策实施后所有收入群体的天然气支出都上升了，从而导致所有收入群体能源支出上升，但高收入家庭的管道天然气消费增长超过了低收入家庭，这是导致北京市能源消费不平等下降的原因。

如图 11-8 所示，河北省"煤改气"政策实施之后所有收入层次的家庭取暖能源消费均上升。这主要是由对天然气的消费导致的，虽然由于对煤炭的管制措施，对煤炭的消费额大幅下降，但管道天然气消费额的增长抵销了对煤炭消费额

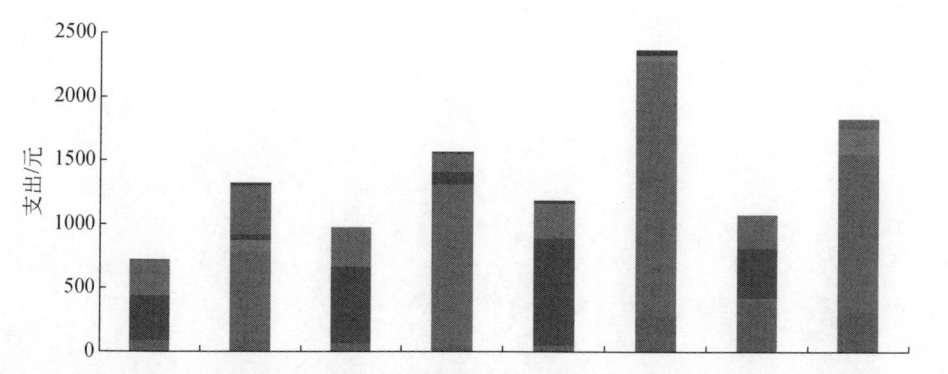

图 11-7　北京市"煤改气"政策实施前后农村家庭取暖季能源支出结构对比

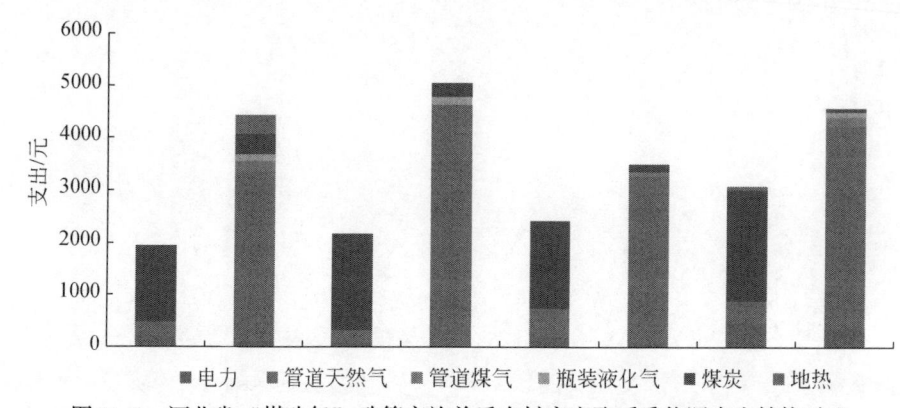

图 11-8　河北省"煤改气"政策实施前后农村家庭取暖季能源支出结构对比

的降低。尤其是较为贫困的家庭在"煤改气"政策实施之后对管道天然气的消费额大幅增长,增长幅度甚至超过了高收入家庭,同时,较低收入家庭对瓶装液化气的消费额增长超过高收入家庭。同时,在"煤改气"政策实施之后,较高收入的家庭节约煤炭、电力、地热等其他取暖能源的幅度大于低收入家庭。这些可能是因为河北省高收入家庭房屋的保暖措施更好,因此他们在"煤改气"政策实施之后的能源消费增长幅度低于低收入家庭。所以河北省"煤改气"政策实施之后农村家庭能源消费不平等程度上升。

二、政策补贴的影响

为进一步分析补贴对农村家庭能源消费不平等程度的影响,我们运用 Suits 指数,对北京市和河北省参加散煤治理政策的家庭补贴到位前和补贴完全到位后的能源消费不平等变化进行了分析。补贴前的能源支出即调查数据中得到的散煤治理政策之后的取暖季能源支出减去已经到位的补贴额，补贴后的能源支出即调查数据中得到的散煤治理政策之后的取暖季能源支出加上还未到位的补贴额。由于部分参加散煤治理政策的家庭没有回答关于补贴情况的问题，因此样本量明显减少。同时由于北京市"优质燃煤替代"政策的补贴额无法计算，这里也不涉及北京市"优质燃煤替代"政策补贴前后农村家庭的能源消费不平等变化。

图11-9和图11-10分别为北京市"煤改电"与"煤改气"政策补贴前后北京市农村家庭能源消费不平等程度变化。经计算发现，"煤改电"政策补贴前后，农村家庭能源支出的Suites指数分别为-0.384和-0.338，"煤改气"政策补贴前后，农村家庭能源支出的Suites指数分别为-0.393和-0.340。北京市"煤改电"和"煤改气"政策补贴确实一定程度上缓解了补贴前的农村家庭能源消费不平等程度。

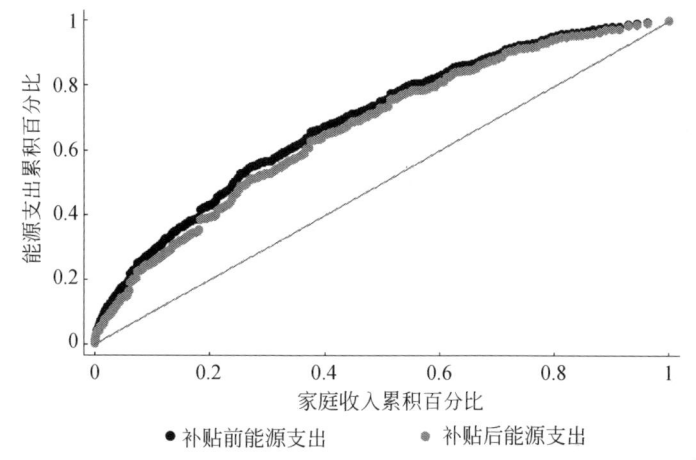

图11-9　北京市"煤改电"政策补贴前后农村家庭取暖季能源支出对比

图11-11是河北省"煤改气"政策补贴前后农村家庭能源消费不平等程度变化。经计算得出，河北省"煤改气"政策补贴前能源支出的Suits指数为-0.204，补贴后能源支出的Suits指数为-0.208，即河北省"煤改气"政策补贴后能源消费的不平等程度反而有了轻微的上升。

这种现象的产生与补贴的累退性程度离不开关系。如第七章所述，由于北京市大量采用按户补的方式，补贴额十分大，导致北京市的"煤改电""煤改气"政策补贴的累退性十分强，低收入家庭获得的补贴额在补贴总额中的比例远高于其收入在收入总额中的比例，在补贴到位的情况下，能有效地补贴低收入家庭，缓解其"煤改气"政策实施后能源开支上涨的压力。河北省采用单一的按用气量补贴的方式，导致河北省"煤改气"政策补贴的累退性较弱，因此并没有降低能源消费的不平等程度。因此，为了尽可能地降低能源消费领域的不平等程度，应当依据家庭收入高低使用不同的补贴方式，对低收入群体采用大额的按户

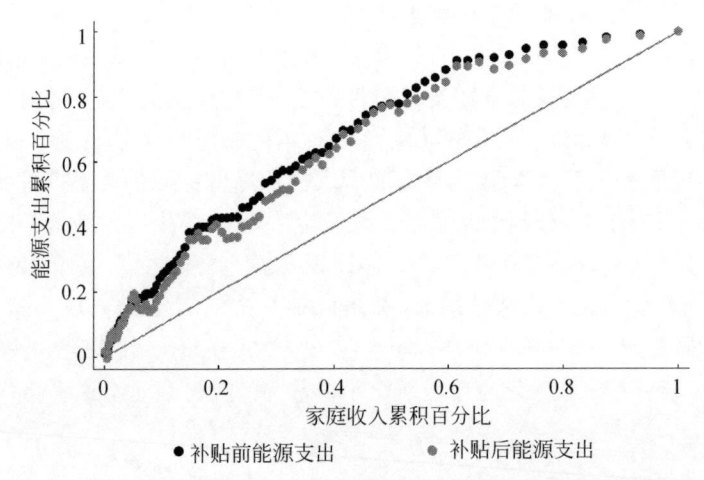

图 11-10 北京市"煤改气"政策补贴前后农村家庭取暖季能源支出对比

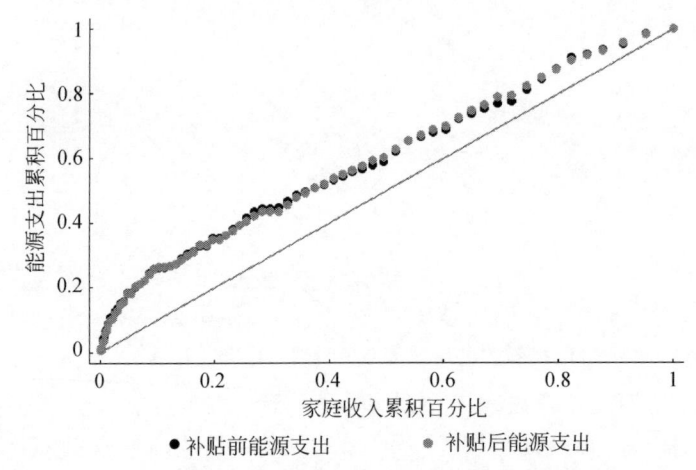

图 11-11 河北省"煤改气"政策补贴前后农村家庭取暖季能源支出对比

补的补贴方式，对高收入群体采用按用气量补贴的方式，从而在更大程度上降低散煤治理政策对低收入居民能源消费负担的冲击。

三、地区间的家庭能源消费不平等

在能源消费不平等方面，地区间能源消费不平等也是一个值得关注的话题。为了比较散煤治理政策对不同地区的影响，我们比较了散煤治理政策实施前后北京市与河北省参加散煤治理政策的家庭的能源支出占收入的比例均值，因为这个比例可以反映出家庭的能源支出负担，具体结果如表 11-1 和表 11-2 所示。

表 11-1　散煤治理政策实施前后北京市农村家庭能源支出占收入比例变化

单位:%

政策	参加前	参加后
煤改电	3.28	4.51
煤改气	2.45	3.43
优质燃煤替代	5.95	4.35
总体	4.52	4.30

表 11-2　散煤治理政策实施前后河北省农村家庭能源支出占收入比例变化

单位:%

政策	参加前	参加后
煤改电	9.76	10.21
煤改气	6.78	15.00
总体	6.79	13.83

如表所示,北京市经历"煤改电""煤改气"政策的家庭能源支出占收入比例上升,但上升幅度不大,经历"优质燃煤替代"政策的家庭能源支出占收入比例下降。整体而言,北京市接受散煤治理政策的家庭的平均能源支出占收入比例下降,表明在散煤治理政策之后,北京市家庭的能源支出负担没有明显加重,部分家庭的能源支出负担减轻。河北省由于数据限制仅统计了经历"煤改电"和"煤改气"政策家庭能源支出占收入比例变化,这两种家庭的能源支出占收入比例均上升,尤其经历"煤改气"政策家庭的能源支出负担上升显著。总体而言,河北省接受散煤治理政策的家庭的平均能源支出占收入比例上升,而且上升幅度较大,表明在散煤治理政策实施之后,河北省家庭的能源支出负担加重。由此可见,散煤治理政策给不同地区家庭带来的能源支出负担的影响是不一样的。

这种现象的产生有多种原因:第一,北京市参加散煤治理政策的农村家庭的收入远高于河北省参加散煤治理政策的农村家庭的收入。北京市参加散煤治理政策的农村家庭的平均收入为 84 836.28 元,河北省参加散煤治理政策的农村家庭的平均收入为 60 672.21 元,这就使河北省家庭更缺乏应对能源支出上升的能力,在面对散煤治理政策带来的能源支出增长时能源支出负担上升迅速。这一定程度上反映了地区经济发展不均衡问题。第二,北京市与河北省参加散煤治理政策的家庭能源支出变化幅度不一样,尤其是北京市参加"优质燃煤替代"政策的家庭在政策实施后能源支出减少,参加"煤改电"与"煤改气"政策家庭的能源支出上升幅度不大,而河北省参加"煤改气"政策的家庭能源支出上升幅度较大。

第四节 结 论

本章分析了散煤治理政策对北京市与河北省经历了相同改造的农村家庭之间能源消费不平等程度的影响和对北京市、河北省两地农村家庭能源消费不平等的影响，本章将 Suits 指数运用于农村家庭能源消费的不平等程度分析，发现在北京市与河北省两地的散煤治理政策中，北京市的"煤改电"与"优质燃煤替代"政策与河北省的"煤改气"政策整体上加剧了有关家庭的能源消费不平等程度，但北京市的"煤改气"政策减轻了家庭能源消费的不平等程度。我们从不同收入群体的能源消费结构视角分析了这些现象产生的原因。同时运用 Suits 指数对北京市和河北省的散煤治理政策补贴前后农村家庭的能源消费不平等程度进行了分析，发现北京市的"煤改电"政策和"煤改气"政策补贴到位之后家庭能源消费不平等程度均有下降，但河北省的"煤改气"政策补贴到位之后家庭能源消费不平等程度略有上升。这是由于河北省的"煤改气"政策补贴累退性不够强导致的。要想运用补贴手段减轻家庭能源消费不平等，应当依据家庭收入高低使用不同的补贴方式，对低收入群体采用大额的按户补的补贴方式，对高收入群体采用按用气量补贴的方式。最后，我们比较了散煤治理政策前后北京市与河北省参加散煤治理政策的家庭的能源支出占收入的比例均值变化，发现整体而言北京市参加散煤治理政策的家庭的能源支出负担上升不明显，尤其参加"优质燃煤替代"政策的家庭能源支出负担下降，而河北省参加散煤治理政策的家庭的能源支出负担上升显著，这一方面是由于北京市与河北省农村家庭收入差距造成的，另一方面是由于散煤治理政策实施后两地家庭的能源支出变化幅度不同造成的。

由于数据与问卷设计等因素的限制，本书研究还存在一些缺陷。本章虽然量化了散煤治理政策实施前后家庭能源消费不平等的变化，但因为问卷内容未涵盖足够信息，未能详尽阐明这种变化产生的机制。例如，北京市与河北省的"煤改气"政策对其各自农村家庭能源消费不平等程度的影响不同，从现有的数据出发还难以解释这种不同的影响产生的原因。因此，在散煤治理政策对家庭能源消费不平等程度的影响方面，可能的研究方向是通过一定的方法分解出现有的散煤治理政策对家庭能源消费不平等的影响的多个具体的传导路径，包括由于天然气消费增长与散煤消费限制造成的直接能源支出负担、由此产生的替代效应与收入效应造成的能源支出变动、补贴的再分配作用等，以更明确散煤治理政策对家庭能源消费不平等的作用机制。在分解出了以上各种因素在家庭能源消费不平等变化中的作用的基础上，可以进一步提出相应的政策建议，尤其是对补贴政策做出更精准的安排，以最大限度减少对家庭能源消费不平等和居民能源贫困的冲击。

第五篇

结论与建议

第十二章　结论与建议

本报告使用中国人民大学能源经济系2017年夏季全国调研数据、2017年夏季北京市调研及2018年春季河北省调研数据，梳理并综合分析了家庭散煤治理过程中"煤改电""煤改气"和"优质燃煤替代"政策的实施、效果、成本—收益以及对能源贫困和能源不平等的影响。本章总结本报告的主要研究发现，以及散煤治理过程中遇到的难点问题，并在此基础上提出相应政策建议。

第一节　主要研究发现

政策推行方式上，北京市和河北省均是采取补贴和强制推行相结合的方式。一方面，政府对清洁取暖设备和清洁能源提供高额补贴，减少居民参与减煤政策的经济负担；另一方面，政府采取多种禁煤措施，限制劣质煤流通、防止散煤返烧。补贴方面，根据各级政府财力决定补贴额度，补贴方式包括分户和按用能量补贴等不同方式。由于主要补贴方式的不同，北京市和河北省的补贴虽然都具有累进性，但是北京市补贴的累进性更强。在强制推行上，禁止燃烧散煤和拆除煤炉是两种普遍采取的禁煤措施。禁煤措施的推行有利于增加家庭的参与率和减煤率，但是也造成了不愿参与家庭的福利损失。

政策实施情况上，北京市主要推行"煤改电"政策，而河北省主要推行"煤改气"政策。北京市农户的平均参与率为80%，河北省农户的平均参与率为84%，略高于北京市。北京市"煤改电""煤改气"家庭的户均减煤量分别为3吨和2.2吨，散煤替代率分别为86%和98%；河北省家庭的"煤改电"和"煤改气"家庭的户均减煤量分别为3.3吨和2.7吨，散煤替代率分别为99%和97%。从减煤量和减煤率来看，河北省的政策实施效果优于北京，这来自于河北省更加严格强制推行政策。但正是因为强制改造，再加上天然气气源紧张、配套资金落实不到位、基础设施不完善等因素，河北省一度出现严峻的"气荒"问题。为保障群众温暖过冬，科学合理、循序渐进地推进散煤治理，相关地方政府对政策强制性的要求有所放松，进一步强调在推进过程中要"宜煤则煤、宜热则热"。总的来看，虽然我国仍然坚持推进散煤治理政策，但政策的强制性程度有所放松，更加强调民众的自愿参与。

取暖支出变化方面，根据调研数据，北京市参与"煤改电""煤改气"政策的家庭的年化取暖支出户均增加约 1000 元，而参与"优质燃煤替代"政策的家庭由于不涉及高额的设备替换成本，在对优质燃煤的高额补贴下，户均取暖支出降低了约 300 元。河北省由于补贴力度低于北京市，参与"煤改电""煤改气"政策的家庭的取暖支出增加高于北京市，约为 1600 元；参与"优质燃煤替代"政策的家庭取暖支出变化和北京市大致相同。

在对清洁取暖改造的主观感受方面，北京市大多数家庭认为改造后室内暖和程度和舒适程度不变或者提高，而河北省家庭对改造后家庭暖和程度和舒适程度的评价呈两极分化。可能的原因在于河北省在改造过程中的一刀切政策，导致部分地区供气不及时；再加上河北省补贴较少，且居民收入相对较低，在高气价面前只能选择减少取暖能源的消费，从而影响了取暖暖和程度和舒适度。在取暖方便程度、室内空气质量、家庭卫生及取暖安全等方面，北京市和河北省的大多数家庭均有较为正面的主观体验，其中收入越高的家庭对改造的主观体验更好，体现出家庭消费者，尤其是高收入消费者对取暖的非价格因素（比如方便程度和安全性等）的重视程度。

从政策的成本—收益来看，散煤治理政策所带来的社会收益大于其成本。其中，"煤改电"和"煤改气"政策的收益—成本比相似，而"优质燃煤替代"政策的收益成本比远高出"煤改电"和"煤改气"政策。主要原因在于"优质燃煤替代"政策不需要新增相关基础设施及设备，成本仅包括家庭采暖支出的变化和政府对煤炭价格的补贴。从收益侧来看，"煤改电"政策吨煤替代所带来的环境收益低于"煤改气"政策，"优质燃煤替代"政策的环境收益相较最低。其原因在于，清洁燃煤散烧的污染物排放和碳排放高于天然气和电力取暖，而电取暖的污染物排放和碳排放高于天然气。我国 60% 以上的电来自于煤电，因此煤电污染物排放和碳排放高于天然气；但是电煤本身的清洁度、污染物排放控制及高空排放带来的危害等方面，是优于散煤散烧的。因此，综合来看，"煤改电"和"煤改气"两种政策所带来的环境收益优于"优质燃煤替代"政策，但鉴于"煤改电"和"煤改气"的高成本，如果短期内政府成本约束较强，"优质燃煤替代"政策也不失为一个适宜的选择。而在"煤改电"和"煤改气"两种政策之间做选择时，虽然两者成本收益比非常相似，但是考虑到我国煤炭储量丰富，加上可再生能源发电的大规模发展，电取暖成本会比较稳定，而收益会随着可再生能源发电比例的增加而增加；而我国天然气对外依存度高，从能源安全的角度，"煤改电"政策更具有长远发展优势。

从散煤治理政策对能源贫困的影响来看，在现行技术条件、能源价格和政策补贴下，"煤改电"和"煤改气"政策加剧了能源贫困，而"优质燃煤替代"政策对能源贫困有所缓解。原因在于电力和天然气的消费支出增加远大于煤炭支出的减少，即在现有技术条件和能源价格下，电力和天然气的取暖效率低，且补贴仍不足。另外，由于政策的强制性推行，政策执行对于低收入人群的影响更大，使已经陷入能源贫困的人群能源贫困程度进一步加深，能源贫困深度和缺口进一步扩大。

从散煤治理政策对能源不平等的影响方面来看，北京市"煤改电"和"优质燃煤替代"政策与河北省"煤改气"政策整体上加剧了家庭能源消费不平等，但北京市"煤改气"政策减轻了家庭能源消费不平等。北京市和河北省"煤改气"政策对能源不平等的不同影响，主要在于"煤改气"政策实施之后北京市高收入家庭管道天然的消费增长超过低收入家庭，而河北省情形却是低收入家庭管道天然气消费超过高收入家庭，这里面可能是政策推行情况和家庭人口结构不同所导致的，但具体原因还需进一步分析。

第二节 家庭散煤治理的难点与对策

一、难点分析

首先，"煤改电""煤改气"改造成本高昂，给社会带来巨大的经济压力。"煤改电""煤改气"政策由于涉及基础设施建设、设备购买及天然气和电力的高成本，不仅一次性成本高，后期燃料成本也远高于散煤。虽然政府会提供部分补贴，可以一定程度上减轻居民的经济压力，但是对于收入水平较低的农村家庭来说，仍然是一笔沉重的负担。

其次，散煤监督难度大，散煤返烧现象频频发生。散煤销售渠道多，消费网点多，难以进行管控，而完善的民用型煤供应体系尚未确立；散煤价格便宜，在价格优势的驱动下，市场广泛，另外政府部门在进行优质煤替代时，财政补贴只以当地户籍人口为依据，外来人口无法享受到补贴，加剧了散煤治理的难度。在高压政策下，散煤治理政策的推行虽然能更有成效，但是不符合消费者经济利益，因此存在政策的可持续性问题。

最后，散煤治理政策的环境收益全民共享，但成本却主要由实行改造的农村家庭承担，而这些家庭往往是收入较低的家庭，政策的公平性有待商榷。散煤治理政策的目的是减少居民取暖用的散煤，改善空气质量，但是散煤的使用者主要是低收入的农村群体，而对空气质量的改善更多的是使对空气质量要求更高的高收入群体收益。另外，财政收入较高的地区往往居民收入水平较高，政策补贴力度也更大，而财政收入较低的地区往往居民收入水平较低，政策补贴较少；散煤治理政策按照情节能源的消费量进行统一的单位用量补贴，不针对居民的收入水平加以区分，相当于能源消费更多的家庭享受了更多补贴，而这部分家庭往往是收入更高的家庭。基于以上几点，散煤治理政策带来的公平性问题是政策推行过程中需要思考和解决的问题。

二、家庭散煤治理对策分析

（1）政策的有效推行是目前清洁取暖政策的工作重点

政策的推行需要因地制宜、因时制宜，将"优质燃煤替代"政策和"煤改电""煤改气"政策相结合，做到"宜电则电，宜气则气，宜煤则煤"。根据本报告政策收益成本比分析，"优质燃煤替代"政策的收益成本比高于另外两种政策，对于政府财政压力较大、居民收入水平不高的地区，短期内适合采用"优质燃煤替代"政策，政府和居民无须承担高昂的设备成本，可实现收益成本比最大化，使散煤治理政策在收入低、取暖压力大的地区更快、更好地推广。

在政策推行过程中，重视用户反馈，优化居民体验，从而减少返烧煤的可能性。参与"煤改电""煤改气"政策的家庭对改造后的方便程度、环境清洁、安全性、家庭卫生状况等指标都给予了较高评价，但是，舒适度这一指标得分相对较低，仍然存在改进的空间；对于"优质燃煤替代"政策，清洁燃煤的耐烧程度这一指标得分相对较低，未来需要着重提高燃煤的耐烧程度。另外，要根据用户的反馈建议，筛选出品质好、效率高的供暖设备。在调研过程中有居民反映，"直热式"电锅炉耗电高效果差，蓄能式电暖器放热量不够，而空气源热泵取暖效果较好且使用成本较低。因此，在下一步政策的推行中，除了增量上要以壁挂炉、空气源热泵等新技术设备为主，存量上也要对技术落后、用户体验差的老设备进行更换替代，切实提高居民的满意感，让居民不仅仅是被迫接受改造，而是在改造后愿意持续使用新设备采暖。

在政策推行过程中还应加强宣传和信息公开透明，改善居民认知。政府部门可协同电气、供暖设备生产公司在居民所在村镇开展宣传活动，讲解"煤改清洁能源"的好处和意义、详细介绍各项具体政策举措，如实际补贴金额、电气价格调整、"优质燃煤替代"完成进度等群众较为关注的问题。信息的公开透明和充分传达，可化解公众的抵触情绪。同时，还可以充分结合电视、广播、微信、APP等多种平台进行公众教育与引导，例如对村民进行设备使用的教学示范，提高住户的使用体验，以增强村民政策的认同，减小政策推行的阻力。

（2）清洁取暖的经济性和公平性是其可持续性的关键

考虑到家庭清洁取暖改造的巨大经济成本，在经济落后地区进行散煤治理时，可考虑建立能源贫困扶助基金，增强识别能源贫困问题的能力，扩大扶助能源贫困的范围，建立有效率的补贴方式和公平的补贴金额，确保补贴的有效落实，减少居民在取暖清洁能源转化过程中的贫困问题。

考虑到补贴带来的财政压力，各级政府应当引入市场机制，鼓励技术创新，提高电、气取暖效率，使得清洁取暖成本降低到居民可负担范围内。目前清洁取暖政策的实施成本高，给居民和政府都带来了较大的经济负担，而政府以强制性的行政管理手段作为政策执行的主要手段，以补贴作为主要资金支持手段，缺乏公众参与机制和政策的自发性，一旦补贴力度下降，可能会出现燃煤反烧现象，使得后续推广难度大。建立高效灵活的市场机制，通过放开供暖行业的市场准入、开放热源侧等途径，可促使厂商提高效率，以及让高效率厂商胜出，提高整体市场的效率，降低成本。另外，还可以考虑采取公司合作制（PPP模式）、特许经营、村集体参股、互联网"众筹"等多种创新模式来筹措资金、解决供暖基础设施的建设运营问题和能源供应问题，以降低融资成本、减轻政府财政压力。

考虑到散煤治理政策带来的能源不平等问题，针对不同的收入群体，将单位补贴额与收入挂钩，提升对低收入群体的补贴。减少散煤使用的主要是低收入的农村居民，而空气质量的改善服务于对空气质量要求更高的高收入群体，且补贴中采用的一户一表的补贴方式使富人享受了更多补贴，穷人承担了更大的经济压力，加剧了农村家庭能源消费不平等的程度。未来，补贴力度应该进一步向低收入群体倾斜，对补贴政策做出更精准的安排，提升对低收入群体的补贴，最大限度减少家庭煤治理对能源消费不平等的负面影响。

(3) 农村地区的保暖改造、生物质能和太阳能取暖等措施将是"煤改电""煤改气"政策的重要补充

农村地区采暖能耗高、建筑保暖效果差，并且目前绝大多数农村住宅都没有保暖措施，而采取节能技术可大幅降低采暖能耗，减轻农民的能源消费负担，提高室内的舒适度。因此，农村地区建筑应该根据当地的地理位置、气候条件，因地制宜地采用合理的节能技术。新建住宅采用节能设计，老旧房屋增加保温设施，例如对窗户玻璃加厚处理，进行门窗封边，对外墙进行保暖改造以及添加隔热绝缘材料等。

另外，我国生物质能源十分丰富，分布较为分散，生物质能取暖设备的资金投入门槛也相对较低，直接面向终端用户就近使用，适合于农村家庭在一定的地域范围内灵活使用。虽然生物质取暖技术有待进一步提高，但不失为一个农村清洁取暖的一个发展方向。我国分布式生物质能的主要技术包括沼气池、生物质气

化和生物质热解等。基于生物质热解气化技术，我国还开发出了生物质炭、气、油多联产系统，为农村居民提供生活所用燃气的同时，还能生产其他工业燃料，产生较好的社会经济效益。

对于太阳能资源丰富的地区，分布式光伏发电是另一种不错的选择。将分布式光伏发电与"煤改电"结合，既能减少散煤使用，也可替代一部分原本需要从发电厂输送而来的电力，降低居民的用电成本。在目前技术条件下，安装一户分布式光伏需要投入数万元钱，成本回收周期达数年，对于农村居民来说也是一笔不小的负担，因此，政府可以考虑积极推动分布式光伏优惠贷款，实现反送电量标杆电价等措施，降低参与居民一次性投入成本，提高农村家庭的参与积极性。

参考文献

柴发合，薛志钢，支国瑞，等.2016.农村居民散煤燃烧污染综合治理对策［J］.环境保护，44（6）：49-50.

陈传波，丁士军.2001.基尼系数的测算与分解——Excel算法与Stata程序［J］.上海统计，(7)：20-24.

陈家建，张琼文.2015.政策执行波动与基层治理问题［J］.社会学研究，30（3）：23-45，242-243.

陈莉，李文硕，谭振刚，2013.等.天然气供热对二氧化碳排放量的影响［J］.煤气与热力，33（3）：26-28.

陈颖军，姜晓华，支国瑞，等.2009.我国民用燃煤的黑碳排放及控制减排［J］.中国科学（D辑），39（11）：1554-1559.

陈占明，朱梦舒.2018."煤改气"后河北省居民采暖用气需求预测——基于大样本农村家庭能源消费微观层面调查数据［J］.中国物价，(7)：64-66.

丁士军，陈传波.2002.贫困农户的能源使用及其对缓解贫困的影响［J］.中国农村经济，(12)：27-32.

丁淑英，张清宇，徐卫国，等.2007.电力生产环境成本计算方法的研究［J］.热力发电，(2)：1-4，27.

高天明，周凤英，闫强，等.2017.煤炭不同利用方式主要大气污染物排放比较［J］.中国矿业，26（7）：74-80，95.

宫昊，罗佐县，何铮，等.2017.推进冬季清洁取暖加速农村能源革命［J］.石油石化绿色低碳，2（4）：6-10.

国家发展和改革委员会应对气候变化司.2014.中国温室气体清单研究［M］.北京：中国环境出版社.

海婷婷，陈颖军，王艳，等.2013.民用燃煤烟气中甲基多环芳烃的排放特征［J］.中国环境科学，33（6）：979-984.

贺洪燕.2015.供热锅炉"煤改气"环境效益分析——以某一个供热站为例［J］.科技资讯，13（18）：131-132.

侯萍，王洪涛，张浩，等.2012.用于组织和产品碳足迹的中国电力温室气体排放因子［J］.中国环境科学，32（6）：961-967.

金玲，闫祯.2016.散煤治理的经验、挑战与对策［J］.中华环境，11（3）：34-37.

孔少飞，白志鹏，陆炳.2014.民用燃料燃烧排放$PM_{2.5}$和PM_{10}中碳组分排放因子对比［J］.中国环境科学，(11)：2749-2756.

李光剑.2013.燃煤中自然产出的二氧化硅与宣威地区农村女性肺癌的关系及致癌机制探索[D].昆明：昆明医科大学博士学位论文.

李俊峰,柴麒敏.2016.论我国能源转型的关键问题及政策建议[J].环境保护,44(9)：16-21.

李慷,刘春锋,魏一鸣.2011.中国能源贫困问题现状分析[J].中国能源,33(8)：31-35.

李珊,李洋,梁汉东,等.2014.北京城郊燃煤汞排放及其对当地空气环境的影响[J].环境科学研究,27(12)：1420-1425.

李昱瑾.2017.考虑环境与资源外部性的发电成本模型构建及应用研究[D].北京：华北电力大学硕士学位论文.

梁云平,张大伟,林安国,等.2017.北京市民用燃煤烟气中气态污染物排放特征[J].环境科学,(5)：1775-1782.

廖华,唐鑫,魏一鸣.2015.能源贫困研究现状与展望[J].中国软科学,(8)：58-71.

刘虹.2015."煤改气"工程 且行且慎重——基于北京市"煤改气"工程的调研分析[J].宏观经济研究,(4)：9-13.

刘颖,谢萌,丁勇.2004.对基尼系数计算方法的比较与思考[J].统计与决策,(9)：15-16.

刘应红.2017.从价格承受能力看居民采暖"煤改气"——以北京市城乡为例[J].国际石油经济,25(6)：45-50.

刘源,张元勋,魏永杰,等.2007.民用燃煤含碳颗粒物的排放因子测量[J].环境科学学报,(9)：1409-1416.

刘长松.2016.国际能源转型进展及其对中国的启示和借鉴[J].鄱阳湖学刊,(3)：113-119,128.

娄博杰,宋敏,韩洁.2014.农户农药使用行为特征及规范化建议——基于东部6省调研数据[J].中国农学通报,30(23)：124-128.

陆慧,卢黎.2006.农民收入水平对农村家庭能源消费结构影响的实证分析[J].财贸研究,(3)：28-34.

罗国亮,职菲.2012.国外能源贫困文献综述[J].华北电力大学学报（社会科学版）,(4)：12-16.

马丽萍,曹国良,郝国朝.2018.陕西省民用散煤燃烧颗粒物排放因子测定及分析[J].环境工程,(36)：161-164.

马亮.2014.政府2.0的扩散及其影响因素——一项跨国实证研究[J].公共管理学报,11(1)：127-136,143-144.

孟照海.2014.试论深化教育综合改革的实现路径——兼论"顶层设计与摸着石头过河相结合"[J].中国人民大学教育学刊,(2)：5-16.

牛云甍,牛叔文,张馨,等.2013.家庭能源消费与节能减排的政策选择[J].中国软科学,(5)：6-7.

潘涛,薛亦峰,钟连红,等.2016.民用燃煤大气污染物排放清单的建立方法及应用[J].44(6)：20-24.

庞军,吴健,马中,等.2015.我国城市天然气替代燃煤集中供暖的大气污染减排效果[J].

中国环境科学, 35 (1): 55-61.

彭瑞玲, 刘君卓, 潘小川, 等. 2005. 三种民用燃料的燃烧颗粒物的含量及其粒径组成 [J]. 环境与健康杂志, (1): 13-15.

裴辉儒. 2017. PM$_{2.5}$污染的社会成本——基于74城市动态气候经济综合模型分析 [J]. 统计与信息论坛, 32 (7): 81-87.

仇焕广, 严健标, 李登旺, 等. 2015. 我国农村生活能源消费现状、发展趋势及决定因素分析——基于四省两期调研的实证研究 [J]. 中国软科学, (11): 28-38.

权衡. 2004. 公共政策、居民收入流动与收入不平等 [J]. 经济学家, (6): 57-63.

祁娟. 2018. 化学计量学在大气颗粒污染物毒性及源解析中的应用研究 [D]. 西安: 西北大学硕士学位论文.

束龙仓. 1991. 中国西南部居民的氟中毒和环境地球化学 [J]. 世界地质, (1): 163-165.

孙凤英, 陆宝玉, 樊秀娥, 等. 2007. 室内空气污染与儿童哮喘病例对照调查 [J]. 中国卫生工程, (3): 141-143, 147.

孙爽. 2016. 能源互联网背景下中国电力行业节能减排路径研究 [D]. 北京: 华北电力大学硕士学位论文.

孙威, 韩晓旭, 梁育填. 2014. 能源贫困的识别方法及其应用分析——以云南省怒江州为例 [J]. 自然资源学报, (4): 575-586.

孙洋洋. 2015. 燃煤电厂多污染物排放清单及不确定性研究 [D]. 杭州: 浙江大学硕士学位论文.

孙竹如, 吴依平. 1988. 上海市燃煤二氧化硫排放因子的研究 [J]. 上海环境科学, (12): 15-18.

孙永龙, 牛叔文, 胡嫄嫄, 等. 2015. 高寒藏区农牧村家庭能源消费特征及影响因素——以甘南高原为例 [J]. 自然资源学报, 2015, 30 (4): 569-579.

唐鑫, 廖华, 魏一鸣, 等. 2014. 国际组织应对能源贫困的方案与行动 [J]. 中国能源, 36 (4): 30-34.

田贺忠, 郝吉明, 陆永琪. 2001. 中国商品能源消耗导致的氮氧化物排放量 [J]. 环境科学, (6): 24-28.

滕恩江, 胡伟, 吴国平, 等. 2001. 室内燃煤取暖与烟雾程度对呼吸道健康的影响研究 [J]. 中国环境监测, (S1): 28-32.

王彩波, 丁建彪. 2012. 社会公平视角下公共政策有效性的路径选择——关于公共政策效能的一种理论诠释 [J]. 吉林大学社会科学学报, 52 (2): 61-66, 159.

王春福. 2005. 公共政策视角下的公平与效率 [J]. 中共中央党校学报, 9 (1): 65-70.

王春兰, 许诚, 徐钢, 等. 2017. 京津冀地区天然气和热泵替代燃煤供暖研究 [J]. 中国环境科学, 2017, 37 (11): 4363-4370.

王璐. 1999. 冬季室内燃煤采暖对空气质量的影响及评价方法探讨 [J]. 广东卫生防疫, (4): 53-54.

王善才. 2018. "煤改气"的是是非非 [J]. 生态经济, 34 (2): 10-13.

王书肖, 陈瑶晟, 许嘉钰, 等. 2010. 北京市燃煤的空气质量影响及其控制研究 [J]. 环境工程学报，(1)：151-158.

王文静，王斯成. 2016. 我国分布式光伏发电的现状与展望［J］. 中国科学院院刊，(2)：165-172.

王效华，狄崇兰. 2002. 江苏农村地区能源消费与可持续发展［J］. 中国人口·资源与环境，12（5）：98-100.

王效华，吴争鸣. 1999. 农村家庭生活用能需求预测方法的讨论［J］. 可再生能源，(4)：1-3.

王效华，郝先荣，金玲. 2014. 基于典型县入户调查的中国农村家庭能源消费研究［J］. 农业工程学报，2014，30（14）：206-212.

王效华，胡晓燕. 2010. 农村家庭能源消费的影响因素［J］. 农业工程学报，(3)：294-297.

魏楚，王丹，吴宛忆，等. 2017. 中国农村居民煤炭消费及影响因素研究［J］. 中国人口·资源与环境，27（9）：178-185.

魏国强，崔桂芳，宋艳彬. 2016. 京津冀各地散煤治理经验探析［J］. 环境保护，44（6）：28-34.

魏学好，周浩. 2003. 中国火力发电行业减排污染物的环境价值标准估算［J］. 环境科学研究，(1)：53-56.

魏一鸣，廖华，王科，等. 2014. 中国能源报告（2014）：能源贫困研究［R］. 北京：科学出版社.

温美荣. 2014. 论公共政策失范问题的发生机理与治理之道［J］. 中国行政管理，(12)：95-99.

吴创之，阴秀丽，刘华财，等. 2016. 生物质能分布式利用发展趋势分析［J］. 中国科学院院刊，31（2）：191-198.

吴巧生，汪金伟. 2013. 能源消费不平等性研究［J］. 中国人口·资源与环境，23（5）：65-70.

肖红波，李军，李宗泰，等. 2017. 北京农村能源消费现状及影响因素分析——基于北京市1866个农村住户的调研［J］. 中国农业资源与区划，38（10）：127-137.

辛方坤. 2014. 财政分权、财政能力与地方政府公共服务供给［J］. 宏观经济研究，(4)：67-77.

邢有凯. 2016. 北京市"煤改电"工程对大气污染物和温室气体的协同减排效果核算［A］//中国环境科学学会. 2016中国环境科学学会学术年会论文集（第三卷）［C］. 中国环境科学学会：3186-3190.

熊翅新，习佳遥，滕玉华，等. 2018. 政策认知、政策力度与农户清洁能源应用政策满意度研究——基于江西省695个农户调查数据［J］. 农林经济管理学报，2018，17（3）：357-364.

徐钢，王春兰，许诚，等. 2016. 京津冀地区散烧煤与电采暖大气污染物排放评估［J］. 环境科学研究，29（12）：1735-1742.

徐静，蔡萌，岳希明. 2018. 政府补贴的收入再分配效应［J］. 中国社会科学，(10)：39-58.

许光建，魏义方. 2014. 成本收益分析方法的国际应用及对我国的启示［J］. 价格理论与实践，(4)：19-21.

杨代福，李松霖.2016.社会政策执行力及其影响因素的定量分析：以重庆市户籍改革为例[J].社会主义研究，(2)：100-108.

姚建平.2013.中国农村能源贫困现状与问题分析[J].华北电力大学学报（社会科学版），(3)：7-15.

虞江萍，崔萍，王五一.2008.我国农村生活能源中SO_2、NO_x及TSP的排放量估算[J].地理研究，27（3）：547-555.

翟敏.2008.学龄儿童呼吸系统疾病的环境影响因素研究[J].现代预防医学，(19)：3690-3692.

张凤霞.2017.天然气在供暖应用中关键问题的研究[D].济南：山东建筑大学硕士学位论文.

张忠朝.2014.农村家庭能源贫困问题研究——基于贵州省盘县的问卷调查[J].中国能源，36（1）：29-33.

章永洁，蒋建云，叶建东，等.2014.京津冀农村生活能源消费分析及燃煤减量与替代对策建议[J].中国能源，36（7）：39-43.

周伯俞，胡经政，袁镇杰，等.1992.906型节煤炉具的研究[J].煤炭加工与综合利用，(1)：29-33.

赵晓丽，李娜.2011.中国居民能源消费结构变化分析[J].中国软科学，(11)：40-51.

赵宇彤.2019.中美印能源消费比较[D].北京：中国人民大学硕士学位论文.

郑新业等.2016.中国家庭能源消费研究报告2015[M].北京：科学出版社.

郑新业等.2017.中国家庭能源消费研究报告2016[M]北京：科学出版社.

支国瑞，薛志钢，李洋，等.2013.基于国内实测的燃煤电厂烟气汞排放估算的不确定度[J].环境科学研究，26（8）：814-821.

支国瑞，杨俊超，张涛，等.2015.我国北方农村生活燃煤情况调查、排放估算及政策启示[J].环境科学研究，28（8）：1179-1185.

周晓铁，何兴舟.2006.室内空气污染对慢性阻塞性肺部疾病的影响[J].中国环境科学，(5)：591-594.

《中国电力年鉴》编辑委员会.2018.2017中国电力年鉴.北京：中国电力出版社.

Arceo E, Hanna R, Oliva P. 2016. Does the effect of pollution on infant mortality differ between developing and developed countries? Evidence from Mexico City [J]. The Economic Journal, 126 (591): 257-280.

AristondoO, Onaindia E. 2018. Inequality of energy poverty between groups in Spain [J]. Energy, 153: 431-442.

Barnes D F, Khandker S R, Samad H A. 2011. Energy poverty in rural Bangladesh [J]. Energy Policy, 39 (2): 894-904.

Barreca A, Clay K, Tarr J. 2014. Coal, smoke, and death: Bituminous coal and American home heating [R]. Washington, DC: National Bureau of Economic Research.

Berechman J, Tseng P H. 2012. Estimating the environmental costs of port related emissions: The case of Kaohsiung [J]. Transportation Research Part D: Transport and Environment, 17 (1): 35-38.

Bhide A, Monroy C R. 2011. Energy poverty: A special focus on energy poverty in India and renewable energy technologies [J]. Renewable & Sustainable Energy Reviews, 15 (2): 1057-1066.

Birol F. 2007. Energy Economics: A place for energy poverty in the Agenda? [J]. Energy Journal, 28 (3): 1-6.

Boardman B. 2010. Fixing fuel poverty: Challenges and solutions. [M] London: Routledge Press.

Boardman B. 1991. Fuel poverty: From cold homes to affordable warmth [M]. New York: Belhaven Press.

Bonatz N, Guo R, Wu W, et al. 2018. A comparative study of the interlinkages between low carbon development and energy poverty in China and Germany by developing an energy poverty index [J]. Energy and Buildings, 183: 817-831.

Budya H, Arofat M Y. 2011. Providing cleaner energy access in Indonesia through the megaproject of kerosene conversion to LPG [J]. Energy Policy, 39 (12): 7575-7586.

Buzar S. 2007. The "hidden" geographies of energy poverty in post-socialism: Between institutions and households [J]. Geoforum, 38 (2): 224-240.

Chen S, Li N, Yoshino H, et al. 2011. Statistical analyses on winter energy consumption characteristics of residential buildings in some cities of China [J]. Energy and Buildings, 43 (5): 1063-1070.

Chen S, Yoshino H, Li N. 2010. Statistical analyses on summer energy consumption characteristics of residential buildings in some cities of China [J]. Energy and Buildings, 42 (1): 136-146.

Chen Y, Sheng G, Bi X, et al. 2005. Emission factors for carbonaceous particles and polycyclic aromatic hydrocarbons from residential coal combustion in China [J]. Environmental Science & Technology, 39 (6): 1861-1867.

Chen Y, Tian C, Feng Y, et al. 2015. Measurements of emission factors of $PM_{2.5}$, OC, EC, and BC for household stoves of coal combustion in China [J]. Atmospheric Environment, 109: 190-196.

Chen Y, Zhi G, Feng Y, et al. 2006. Measurements of emission factors for primary carbonaceous particles from residential raw - coal combustion in China [J]. Geophysical Research Letters, 33 (20) 1-4.

Chen Y, Ebenstein A, Fan M, et al. 2013. New evidence on the impact of sustained exposure to air pollution on life expectancy from China's Huai River Policy [J]. PNAS, 110 (32): 12936-12941.

Clay K, Troesken W. 2010. Did Frederick Brodie discover the world's first environmental Kuznets curve? Coal smoke and the rise and fall of the London fog [R]. Washington, DC: National Bureau of Economic Research.

Currie J, Walker R. 2011. Traffic congestion and infant health: evidence from E-Z Pass [J]. American Economic Journal: Applied Economics, 3 (1): 65-90.

Dahl C. 2006. The urban household energy transition social and environmental impacts in the developing world by Douglas F. Barnes; Kerry Krutilla; William F. Hyde [J]. Energy Journal, 27 (3): 171-173.

Delfino R J, Sioutas C, Malik S. 2005. Potential role of ultrafine particles in associations between airborne particle mass and cardiovascular health [J]. Environmental Health Perspectives, 113 (8): 934-946.

Dear K B, Mcmichael A J. 2011. The health impacts of cold homes and fuel poverty. [J]. BMJ, 342 (19): d2807-d2807.

Davis L W, Fuchs A, Gertler P. 2014. Cash for coolers: Evaluating a large-scale appliance replacement program in Mexico [J]. American Economic Journal: Economic Policy, 6 (4): 207-38.

Duro J A, Padilla E. 2006. International inequalities in per capita CO_2 emissions: A decomposition methodology by Kaya factors [J]. Energy Economics, 28 (2): 170-187.

Eisenbud M. 1978. Levels of exposure to sulfur oxides and particulates in New York City and their sources [J]. Bulletin of the New York Academy of Medicine, 54 (11): 991.

Foster V, Tre J P, Wodon Q, et al. 2000. Energy prices, energy efficiency, and fuel poverty [J]. Energy Policy, 87: 216-223.

Groot L. 2010. Carbon Lorenzcurves [J]. Resource and Energy Economics, 32 (1): 45-64.

Goldemberg J. 2015. One kilowatt per capita [J]. Bulletin of the Atomic Scientists, 46 (1): 13-14.

Guertler P. 2012. Can the Green Deal be fair too? Exploring new possibilities for alleviating fuel poverty [J]. Energy Policy, 49 (10): 91-97.

Hedenus F, Azar C. 2005. Estimates of trends in global income and resource in equalities [J]. Ecological Economics, 55 (3): 351-364.

Heil M T, Wodon Q T. 2000. Future inequality in CO_2 emissions and the impact of abatement proposals [J]. Environmental and Resource Economics, 17 (2): 163-181.

Heil M T, Wodon Q T. 1997. Inequality in CO_2 emissions between poor and rich countries [J]. The Journal of Environment & Development, 6 (4): 426-452.

Heltberg R. 2005. Factors determining household fuel choice in Guatemala [J]. Environment and development economics, 10 (3): 337-361.

Heltberg R. 2004. Fuel switching: evidence from eight developing countries [J]. Energy economics, 26 (5): 869-887.

Hills J. 2011. Fuel poverty: The problem and its measurement [R]. London, UK: Department for Energy and Climate Change.

Hosier R H, Dowd J. 1987. Household fuel choice in Zimbabwe: an empirical test of the energy ladder-hypothesis [J]. Resources and energy, 9 (4): 347-361.

Husar R B, Patterson D E. 1980. Regional scale air pollution-Sources and effects [J]. Annals of the New York Academy of Sciences, 338: 399-417.

Hutton G, Rehfuess E, Tediosi F. 2007. Evaluation of the costs and benefits of interventions to reduce indoor air pollution [J]. Energy for Sustainable Development, 11 (4): 34-43.

International Energy Agency, United Nations Development Program, United Nations Industrial Development Organization. 2010. Energy poverty: How to make modern energy access universal? [R]. Paris, OECD.

International Energy Agency. 2002. Energy and Poverty [M]. World Energy Outlook 2002. Paris: IEA.

Ives J E, Britten R B, Armstrong D W, et al. 1936. Atmospheric pollution of American cities for the years 1931 to 1933 with special reference to the solid constituents of the pollution [J]. The Journal of the American Medical Association, 109 (19): 1572.

Jacobson A, Milman A D, Kammen D M. 2005. Letting the (energy) Gini out of the bottle: Lorenz curves of cumulative electricity consumption and Gini coefficients as metrics of energy distribution andequity [J]. Energy Policy, 33 (14): 1825-1832.

Jenkins K, McCauley D, Heffron R, et al. 2016. Energy justice: a concept ualreview [J]. Energy Research & Social Science, (11): 174-182.

Karásek, Jiří, Pojar J. 2018. Programme to reduce energy poverty in the Czech Republic [J]. Energy Policy, 115: 131-137.

Khandker S R, Barnes DF, Samad H A. 2012. Are the energy poor also income poor? Evidence from India [J]. Energy Policy, 47: 1-12.

Kim Oanh N T, Bætz Reutergårdh L, Dung N T. 1999. Emission of polycyclic aromatic hydrocarbons and particulate matter from domestic combustion of selected fuels [J]. Environmental Science & Technology, 33 (16): 2703-2709.

Krugmann H, Goldemberg J. 1983. The energy cost of satisfying basic human needs [J]. Technological Forecasting and Social Change, 24: 45-60.

Lewis P. 1982. Fuel Poverty Can Be Stopped [R]. National Right to Fuel Campaign, Bradford.

Leach G. 1992. The energy transition [J]. Energy policy, 20 (2): 116-123.

Lenzen M, Wier M, Cohen C, et al. 2006. A comparative multivariate analysis of household energy requirements in Australia, Brazil, Denmark, India and Japan [J]. Energy, 31 (2-3): 181-207.

Lewandowska A, Wajs S. 2014. Fixing fuel poverty: Challenges and solutions [J]. Routledge.

Liddell C, Morris C. 2010. Fuel poverty and human health: a review of recent evidence [J]. Energy Policy, 38: 2987-2997.

Liddell C, Morris C, McKenzie S J P, et al. 2012. Measuring and monitoring fuel poverty in the UK: national and regionalperspectives [J]. Energy Policy, 38: 27-32.

Masera O R, Saatkamp B D, Kammen D M. 2000. From linear fuel switching to multiple cooking strategies: A critique and alternative to the energy ladder model [J]. World development, 28 (12): 2083-2103.

Mehta S, Shahpar C. 2004. The health benefits of interventions to reduce indoor air pollution from solid fuel use: A cost-effectivenessanalysis [J]. Energy for sustainable development, 8 (3): 53-59.

Mekonnen A, Köhlin G. 2009. Environment for development determinants of household fuel choice in major cities in Ethiopia [J]. Environment for Development, 8 (18): 1-23.

Mensah J T, Adu G. 2015. An empirical analysis of household energy choice in Ghana [J]. Renewable and Sustainable Energy Reviews, 51: 1402-1411.

Michelsen C C, Madlener R. 2016. Switching from fossil fuel to renewables in residential heating systems: An empirical study of homeowners' decisions in Germany [J]. Energy Policy, 89: 95-105.

Mirza B, Kemp R. 2011. Why rural rich remain energy poor [J]. The Journal of Sustainable Development, (6): 133-155.

Mohr M D. 2018. Fuel poverty in the U.S: Evidence using the 2009 residential energy consumption survey [J]. Energy Economics, 74: 360-369.

Moore R. 2012. Definitions of fuel poverty: Implications for policy [J]. Energy Policy, 49 (none): 19-26.

Muller N Z, Mendelsohn R. 2007. Measuring the damages of air pollution in the United States [J]. Journal of Environmental Economics and Management, 54 (1): 1-14.

Ni J, Wei C, Du L. 2015. Revealing the political decision toward Chinese carbon abatement: Based on equity and efficiency criteria [J]. Energy Economics, 51: 609-621.

Niu S, Zhang X, Zhao C, et al. 2012. Variations in energy consumption and survival status between rural and urban households: A case study of the Western Loess Plateau, China [J]. Energy Policy, 49: 515-527.

Nussbaumer P, Bazilian M, Modi V. 2011. Measuring energy poverty: Focusing on what matters [J]. Renewable & Sustainable Energy Reviews, 16 (1): 231-243.

Obermaier M, Szklo A, La Rovere E L, et al. 2012. An assessment of electricity and income distributional trends following rural electrification in poor northeast Brazil [J]. Energy policy, 49: 531-540.

Ohara T, Akimoto H, Kurokawa J, et al. 2007. An Asian emission inventory of anthropogenic emission sources for the period 1980-2020 [J]. Atmospheric Chemistry and Physics, 7 (16): 4419-4444.

Pachauri S, Spreng D. 2004. Energy Use and Energy Access in Relation to Poverty [J]. Economic & Political Weekly, 39 (3): 271-278.

Padilla E, Serrano A. 2006. Inequality in CO_2 emissions across countries and its relationship with income inequality: A distributiveapproach [J]. Energy Policy, 34 (14): 1762-1772.

Pereira M G, Freitas M A V, da Silva N F. 2011. The challenge of energy poverty: Brazilian casestudy [J]. Energy Policy, 39 (1): 167-175.

Phimister E, Vera-Toscano E, Roberts D. 2015. The dynamics of energy poverty: Evidence from Spain [J]. Economics of Energy & Environmental Policy, 4 (1): 153-166.

Pope III C A, Burnett R T, Thurston G D, et al. 2004. Cardiovascular mortality and long-term exposure to particulate air pollution: Epidemiological Evidence of general pathophysiological pathways of disease [J]. Circulation, 109 (1): 71-77.

Powell S C. 2009. Particulate matter in the air and its origins in coal-burning regions [J].

Environmental Science and Technology, 43 (22): 8474.

Rajmohan K, Weerahewa J. 2007. Household energy consumption patterns in Sri Lanka [J]. Sri Lankan Journal of Agricultural Economics, 9 (24): 55-77.

Rao N D. 2012. Kerosene subsidies in India: When energy policy fails as social policy [J]. Energy for sustainable development, 16 (1): 35-43.

Reddy A K N, Reddy B S. 1994. Substitution of energy carriers for cooking in Bangalore [J]. Energy, 19 (5): 561-571.

Roberts D, Vera-Toscano E, Phimister E. 2015. Fuel poverty in the UK: is there a difference between rural and urban areas? [J] Energy Policy. 87: 216-223.

Rudge J, Gilchrist R. 2005. Excess winter morbidity among older people at risk of cold homes: a population-based study in a London borough. J Public Health, 27 (4): 353-358.

Sathaye J, Tyler S. 1991. Transitions in household energy use in urban China, India, the Philippines, Thailand, and HongKong [J]. Annual Review of Energy and the Environment, 16 (1): 295-335.

Sagar A D. 2005. Alleviating energy poverty for the world's poor. Energy Policy, 33 (11): 1367-1372.

Saghir Jamal. 2005. Energy and Poverty: Myths, Links, and Policy Issues, Energy Sector Notes, No. 4, Energy and Mining Sector Board [R]. World Bank, Washington, DC.

Sesan T. 2012. Navigating the limitations of energy poverty: lessons from the promotion of improved cooking technologies in Kenya [J]. Energy Policy, 47: 202-210.

ScarpaC, France N. 2014. Energy affordability and the benefits system in Italy [J]. Energy Policy, 75: 289-300.

Shen G, Yang Y, Wang W, et al. 2010. Emission factors of particulate matter and elemental carbon for crop residues and coals burned in typical household stoves in China [J]. Environmental science & technology, 44 (18): 7157-7162.

Sher F, Abbas A, Awan R U. 2014. An investigation of multidimensional energy poverty in Pakistan: A province level analysis [J]. International Journal of Energy Economics and Policy, (1): 65-75.

Smith K R, Apte M G, Yuqing M, et al. 1994. Air pollution and the energy ladder in Asian cities [J]. Energy, 19 (5): 587-600.

Song S. 2014. Ship emissions inventory, social cost and eco-efficiency in Shanghai Yangshan port [J]. Atmospheric Environment, 82: 288-297.

Sovacool B K. 2012. The political economy of energy poverty: A review of key challenges [J]. Energy for Sustainable Development, 16 (3): 272-282.

Streets D G, Bond T C, Carmichael G R, et al. 2003. An inventory of gaseous and primary aerosol emissions in Asia in the year 2000 [J]. Journal of Geophysical Research: Atmospheres, 108 (D21): 30.

Suits D. 1977. Measurement of tax progressivity [J]. The American Economic Review, 67 (4): 747-752.

Tarr J A. 1996. The search for the ultimate sink: Urban pollution in historicalperspective [M]. Ohio: The University of Akron Press.

Tarr J, Clay K. 2014. Pittsburgh as an Energy Capital: Perspectives on Coal and Natural Gas Transitions and the Environment [M]. Pittsburgh: University of Pittsburgh Press.

Van der Kroon B, Brouwer R, Van Beukering P J. 2013. The energy ladder: Theoretical myth or empirical truth? Results from a meta-analysis [J]. Renewable and Sustainable Energy Reviews, 20: 504-513.

VTPI. 2012. Transportation Cost and Benefit Analysis II - Air Pollution Costs. Victoria Transport Policy Institute [R]. https://www.vtpi.org/tca/tca0510.pdf.

Walker G, Cass N. 2010. Carbon reduction 'the public' and renewable energy: Engaging with socio-technical configurations [J]. Area, 39 (4): 458-469.

Woodruff T J, Darrow L A, Parker J D. 2007. Air pollution and pos tneonatal infant mortality in the United States, 1999—2002 [J]. Environmental Health Perspectives, 116 (1): 110-115.

Yang X, Teng F, Wang G. 2013. Incorporating environmental co-benefits into climate policies: A regional study of the cement industry in China [J]. Applied energy, 112: 1446-1453.

Yumkella K K. 2011. Measuring energy poverty: Focusing on what matters [J]. Ophi Working Papers, 16 (1): 231-243.

Zhang Q, Streets D G, He K, et al. 2007. NO_x emission trends for China, 1995–2004: The view from the ground and the view from space [J]. Journal of Geophysical Research: Atmospheres, 112 (D22): D22306.

Zhang Q, Streets D G, Carmichael G R, et al. 2009. Asian emissions in 2006 for the NASA INTEX-Bmission [J]. Atmospheric Chemistry and Physics, 9 (14): 5131-5153.

Zhang Y, Schauer J J, Zhang Y, et al. 2008. Characteristics of particulate carbon emissions from real-world Chinese coal combustion [J]. Environmental science & technology, 42 (14): 5068-5073.

Zhao Y, Zhang J, Nielsen C P. 2013. The effects of recent control policies on trends in emissions of anthropogenic atmospheric pollutants and CO_2 in China [J]. Atmospheric Chemistry and Physics, 13 (2): 487-508.

Zhi G, Chen Y, Feng Y, et al. 2008. Emission characteristics of carbonaceous particles from various residential coal-stoves in China [J]. Environmental science & technology, 42 (9): 3310-3315.